Springer

Youth Cultures
in a Globalized World
Developments, Analyses and Perspectives

全球化世界中的青年文化

发展、分析和视角

[奥]吉拉德·纳普 (Gerald Knapp)

[奥]汉尼斯·克劳尔 (Hannes Krall)   / 主编

王宇航　潘梦阳 / 译

中国商务出版社

·北京·

图书在版编目（CIP）数据

全球化世界中的青年文化：发展、分析和视角 /
（奥）吉拉德·纳普（Gerald Knapp），（奥）汉尼斯·克
劳尔 (Hannes Krall) 主编；王宇航，潘梦阳译 .
北京：中国商务出版社，2024. 8. -- ISBN 978-7-5103-
5207-2

Ⅰ . D585

中国国家版本馆 CIP 数据核字第 2024V44P49 号

北京市版权局著作权合同登记号　图字 01-2024-2974

全球化世界中的青年文化：发展、分析和视角

[奥] 吉拉德·纳普 (Gerald Knapp), [奥] 汉尼斯·克劳尔 (Hannes Krall) 主编
王宇航　潘梦阳　译

出版发行：中国商务出版社有限公司

地　　址：北京市东城区安定门外大街东后巷 28 号　　邮　　编：100710
网　　址：http://www.cctpress.com
联系电话：010-64515150（发行部）　　　　010-64212247（总编室）
　　　　　010-64515210（事业部）　　　　010-64248236（印制部）
责任编辑：刘玉洁
排　　版：北京嘉年华文图文制作有限公司
印　　刷：北京印匠彩色印刷有限公司
开　　本：710 毫米 ×1000 毫米　1/16
印　　张：23　　　　　　　　　　　字　　数：319 千字
版　　次：2024 年 8 月第 1 版　　　　印　　次：2024 年 8 月第 1 次印刷
书　　号：ISBN 978-7-5103-5207-2
定　　价：48.00 元

撰稿人

Dieter Bögenhold 奥地利，克拉根福，克拉根福大学社会学系

Julia Ganterer 德国，吕本堡，勒乌法纳大学社会工作与社会教育学研究

Harriet Gimbo 乌干达，坎帕拉，国际行动援助组织

Gerit Götzenbrucker 奥地利，维也纳，维也纳大学传播系

Anita Harris 澳大利亚，维多利亚，墨尔本，迪肯大学阿尔弗雷德·迪肯公民身份与全球化研究所

Britta Hoffarth 德国，希尔德斯海姆，希尔德斯海姆大学教育科学系

Sherene Idriss 澳大利亚，维多利亚，墨尔本，迪肯大学阿尔弗雷德·迪肯公民身份与全球化研究所

Laban Musinguzi Kashaija 乌干达，坎帕拉，马凯雷雷大学社会工作与社会管理学系

Fares Kayali 奥地利，维也纳，维也纳大学数字教育、数字学习与教师培训中心

Gerald Knapp 奥地利，克拉根福，克拉根福大学教育科学研究所（IfEB）

Hannes Krall 奥地利，克拉根福，克拉根福大学教育科学研究所（IfEB）

Cornelia Mayr 奥地利，克拉根福，克拉根福大学社会学系

Paul Mecheril 德国，比勒费尔德，比勒费尔德大学教育科学、移民教育学和文化工作学院

Farah Naz 巴基斯坦，萨戈达，萨戈达大学社会学系

Yorga Permana 英国，伦敦，伦敦政治经济学院地理与环境系

Ksenija Popović 奥地利，克拉根福，克拉根福大学经济学系

Anita Rotter 奥地利，因斯布鲁克，因斯布鲁克大学教育学系移民与教育方向

Vera Schwarz 奥地利，维也纳，维也纳大学教师培训中心

Reingard Spannring 奥地利，因斯布鲁克，因斯布鲁克大学教育学系

Shirley R. Steinberg 加拿大，阿尔伯塔，卡尔加里，卡尔加里大学

Janestic Mwende Twikirize 乌干达，坎帕拉，马凯雷雷大学社会工作与社会管理学系

Natalia Waechter 德国，慕尼黑，路德维希—马克西米利安大学（慕尼黑校区）教育研究系

王宇航　中国，北京，对外经济贸易大学马克思主义学院

Michael Winkler 德国，耶拿，耶拿大学教育科学系（退休）

Stanley Wobusobozi 乌干达，坎帕拉，国际行动援助组织

Erol Yildiz 奥地利，因斯布鲁克，因斯布鲁克大学教育学系移民与教育方向

禹杭　中国，西安，西北工业大学外国语学院

青年文化、生活世界和全球化

Hannes Krall，Gerald Knapp

  青年生活世界（lifeworlds）以及青年文化是全球化世界的一部分。纵观历史，虽然可以观察到全球化进程及其对生活世界和文化产生的影响，但社会政治、经济和技术领域的新进展也让现代意义上的全球化展示出不同以往的影响力。过去，全球化出现的背景一方面是不断扩张的政治权力、全球贸易和文化交流，另一方面则是天灾人祸、战争和移民。现代意义上的全球化（至少从21世纪初以来的理解来看）则通过经济、社会和文化的加速交流，改变了人们对物理距离和时间的认知。世界已经变成了一个Marshall McLuhan提出的所谓的"地球村"（global village）。社交媒体的出现则使得世界进一步"缩小"。不同的地点和多样的现实在数字化的"此时此地"水乳交融，同时存在。

  青年生活世界不能被简化为时间和空间坐标，而是需要被视为由本土和全球力量共同建构且赋予特性的混合生活世界。一方面，全球化和数字化塑造了生活世界；另一方面，作为一种文化生产力，青年本身也在全球化和数字化进程中发挥作用——积极投身全球化世界，建立自我认同，充分表现自我，参与多种形式的社会互动，从而推动社会归属和青年文化的发展。

  尽管全球化议题经常出现在各类公众和科学讨论之中，但全球化与青年生活世界和青年文化的相互作用却较少有人关注。多数已发表的研究要么从特定文化角度探讨这一主题，要么仅关注青年文化相关问题。

本书旨在从青年生活世界和青年文化角度探讨全球化与青年这一主题。来自不同国家和地区的撰稿人受邀介绍他们的观点。虽然他们的文章主题广泛，但相较于复杂得多的现实世界，他们的研究无法做到包罗万象。尽管如此，撰稿人还是在青年、青年生活世界和青年的社会参与的宏观主题下，分享了自己独到的观察和思考。

本书第一部分对如何理解青年及青年与全球化之间的互动进行了全面的考察。第二部分讨论了青年生活世界和政治参与。而第三部分的重点则是认同与文化多样。第四部分涉及与数字化、经济和工作相关的青年话题。读者可以通过下文综述对本书内容进行更详细的了解。

1. 青年和全球化

本书第一部分尝试提出全球化世界中青年和青春期的概念。"重新定义青年""青年的本质""青年与移民"和"青年的转变"是关键词，这些关键词的含义在日常交流中没有明确得到界定。

在《梳理北美青年观念：以培养领导力为目标创造一套具有变革性和批判性的青年教学法》中，将青年定义为具有特定需求、文化和世界观的不同的存在与公民，引入变革性青年领导力的概念。与其把青年视为"迷你版"成年人，学者们更应通过观察青年如何进行自我定义——青年不是一种亚文化，而是具有不同文化和亚文化特性的年轻男女——来重新定义青年。在Steinberg看来，青年的愿景要靠自我发现，而不是他人强加，学者和成年人的责任是帮助青年发现其作为领导者的能力与潜力，这一点至关重要。为了创造健康和乐观的环境，有必要培养青年领袖。据此，她得出结论：以培养变革性青年领导力为目标的批判性教学法可以影响全球青年，为青年领导力相关研究、教学、实习和赋权创造空间。

在《欧洲青年和青年文化的社会转型：趋势、理论和青年文化场景的相关性》中，Gerald Knapp和Natalia Waechter指出，21世纪的欧洲，青年成长的社会条件发生了变化。今天，青年在一个生活方式、社会目标和价值观、社交机会和参与机会的结构要求与条件高度多样化的社会中成长。在此背景下，这篇文章首先考察了青年、社会和文化之间的相互关系，其次探讨了青年的社会化领域和生活世界，最后讨论了青年经历的某些社会生活情境和冲突领域。此外，这篇文章还探讨了青年文化的意义、青年文化理论和当代青年文化场景。

Britta Hoffarth和Paul Mecheril在《青春期和移民：论归属秩序的重要性》中，对青春期提出了更详细的概念解释——既包括权威的知识背景，又涉及当前的理论解读，特别是从至少三个角度对青春期概念进行批判。三种批判包括：对成长和阶段概念的批判（这些概念认为青春期自然成长是一个准有机过程），对概念规范效应的批判（这些概念假定完成成长任务是一项一般要求），以及对通行的成长阶段概念对于个体差异、成长背景和个性施加抹平性影响的批判。作者得出结论，这些归属分类方法通常与一般的传记概念有关，在一定程度上定义了何为规范。例如，要求青年通过某些考试，或期望他们在申请工作时提交可接受（"正常"）的简历。社会不仅期待个人在正式或其他场合维护这些规范，还期待他们接受并口头认可这种个人传记角度并赋予这种视角可沟通的意义，以此来积极且有意识地"迎合"规范。

Michael Winkler在《青年的本质：或论当代社会中青年消失的假定》中指出，从事青年生活状况研究的社会学家提出一个观点：在现代社会中，青年不再是社会现实中一种持续存在的普遍现象。当然，一些引人注目的论据对这类观点提供了支持，例如向个人主义过渡的总体趋势，以及大众对年龄差异的忽略。然而，一些显著特征的存在仍可证明，在特殊情况下，青年可以在一定程度上被定义为一个群体。同时，当代青年的生活也发生了许多变化，例如，长期依赖父母获得生活来源，或者在经济不稳定的情况下，直到30多岁还在"啃老"。有鉴于此，有必要重新对青年的定义进行考察：一方面将其看作人类成长的一个特殊生命阶段，另一方面将其视为一个习惯于重视自然环境问题的人生阶段，例如世界各地青年抗议政客对气候变化问题的忽视和否认。

2. 生活世界和政治参与

日益增长的多样性、技术进步、移民、数字通信技术的普及和对世界的多角度呈现为青年的自我表现、社交和政治表达开创了新的形式。不平等的经历、对少数群体形形色色的偏见，甚至种族主义，都会引发抗议和自我主张行为，以及对权利和机会平等的诉求。例如，"气候大罢课"（Fridays for future）所倡导的全球环境运动和气候保护理念清晰地展现了进行政治变革的必要性。

全球化确实可以促进民主原则和人权理念的传播，有助于青年发声。然而，如果青年倾向于认同种族中心主义和威权主义原则，民主就会受到威胁。因此，全球化和日益增长的种族多样性也可能导致青年排外场景中民族主义的兴起和对文化同质社会的渴望（在多元化世界中提供所谓的社会保障、身份认同和自我定位）。

在《全球化世界中澳大利亚青年的生活世界和文化》中，作者Anita Harris和Sherene Idriss对全球化及其紧密互联世界中澳大利亚青年成长、成年和成才过程中的生活世界与各类文化进行了生动描述。其间，青年需要面对教育、就业、新的工作环境等带来的诸多不确定性，同时成长为移动性、数字连接性和文化多样性越来越强的新一代人。首先，作者解释了澳大利亚的国家和区位的环境，认为在制定一个情境化、相互关联的全球青年研究议程时，必须认识到环境的重要性。其次，作者探讨了澳大利亚青年文化研究中占主导地位的概念框架，即亚文化/后亚文化方法。再次，作者介绍了澳大利亚青年文化研究中超越亚文化/后亚文化现有知识和认识的一些新方向。最后，作者还关注了新兴研究领域，涉及超级多样性、跨民族主义、流动性和无处不在的数字环境如何通过当代青年文化塑造澳大利亚青年的创造性与集体政治表达方式。

在《本土声音全球化：乌干达的青年文化与民主进程参与》中，Laban Musinguzi、Janestic Twikirize、Stanley Wobusobozi 和 Harriet Gimbo 探讨了全球化的影响：远不只是世界经济的相互依赖，还包括民主的传播等问题。通过借鉴全球流行的民主和青年参与概念，作者展示了全球化对青年本土参与和赋权中发言权的影响方式。通过结构化问卷和与10个地区的青年进行的10次焦点小组讨论，作者收集了553名15～30岁青年的相关数据。研究结果表明，随着民主化程度的提高，新规范和新做法的出现赋予了青年行为新的特点。青年对正式领导职位的参与率很低，只有26%。然而，通过发挥自主性，青年采取了问题导向的方法来对抗不公。此外，借助互联网和社交媒体等流行于青年中间的新兴文化，一种新的青年行动主义也在世界范围内传播。

面对全球环境和气候危机，Reingard Spannring 在《人类世的青年：超人类世界中的代际正义和学习问题》中，试图将环境社会学和环境教育研究引入青年研究与青年工作中。通过呈现人类世现象，并吸引人们关注世界范围内的青年政治参与浪潮（"气候大罢课"校园气候抗议活动），作者为自己的论述进行了背景准备。然而，作者认为"环境"并不仅仅是需要保护或畏惧的东西；相反，人类和非人类系统是以多种形式相互构成与互相重叠的。从这个角度出发，作者继而提出了代际公平和学习问题，讨论了全球环境破坏是如何在一个存在严重不平等和多种压迫的世界中产生差异化影响的，特别关注世代和年龄、地理社会地位和物种归属。最后，作者建议，青年研究和青年工作需要开辟一个生态中心的视角，将青年置于复杂且不断变化的自然文化环境中，视其为生态共同体中肩负责任且有创造力的成员。

3. 认同与文化多样性

本书第三部分讨论了全球化对青年形成个人和文化认同的影响方式。全球化及其社会经济影响对青年自我认知以及信仰和价值观的接受方式产生了巨大影响。人口流动和移民——往往与社会经济地位有关——引发了冲突、抗争和自我主张行为。

对已建立的社会秩序和等级制度的质疑不仅造成不同群体间的斗争，还可能引发群体内部冲突。因此，在全球化和文化多样性背景下找寻个人与社会认同是青年文化不断发展的一个驱动力。

王宇航和禹杭在《新时代中国青年价值观研究》中，以当代中国青年为研究对象，以代际价值观转换理论为基础，从六个维度审视青年价值观，即安全、经济、审美、知识、归属感和自我实现以及个人价值观。研究结果表明，中国青年的价值观倾向于后唯物主义，这意味着青年更重视生活质量、自我表达和自我实现，而不是物质需求，即祖父母甚至父母倡导的典型的唯物主义价值观。中国青年的价值观变化反映了中国过去40年的社会经济发展对个人的影响。40年来改革开放政策的实施，使中国与世界的联系更加紧密。得益于积极融入经济全球化和现行世界秩序的努力，中国经历了深刻的社会和经济变革，中国人的价值观也在发生转变。青年作为社会中最活跃的群体，是社会发展的晴雨表，从他们身上我们可以清楚地看到社会价值观的变化。因此，本研究侧重于中国青年的价值观，并探讨社会经济发展如何对个人产生影响。

Anita Rotter和Erol Yildiz通过《本土的开放和后移民世代：新形

式的反抗和自我主张》，重点介绍了后移民世代、"外籍劳工"子女和孙子（女），以及他们特有的反霸权态度和抵制定位实践。作者以说唱音乐为例，描述公民社会的喜剧和自主组织形式，展示青年如何开展新形式的抗争和自我主张，并据此保护自己，与既有的知识秩序做斗争。在此过程中，他们试图形成一种共同的意识和政治理解，反对歧视性结构和消极归因，并努力以某种程度上具有颠覆性的不同政治行动实现这一点。

　　Gerit Göteznbrucker、Vera Schwarz和Fares Kayali在《维也纳青年与文化间性：跨文化背景下的游戏干预——两个项目案例》中，介绍了一项关于游戏干预和游戏开发及其对维也纳青年影响的研究。在研究过程中，作者首先关注的问题是，玩游戏或创建游戏是否可以改变人们对多样性的理解，从而帮助他们超越性别、社会阶级和种族界限。其次，作者还希望探究游戏是否能够培养新的社交联系，以及跨越上述界限的友谊。为此，他们分析了两个与青年游戏相关的研究项目。在第一个项目中，项目人员开发了一款名为《到你了！》（ YourTurn! ）的Facebook游戏，支持社区玩家共同创建短视频。在第二个项目中，作者以游戏可以作为社会学习媒介为主题，推出了一款为维也纳学校开发的游戏设计项目。来自不同学校、种族和社会背景的三个班级的学生被邀请参与（模拟或数字）游戏开发，借此向他们传授"信息学和社会"有关知识。最后，对游戏参与和开发成果进行了展示，为研究技术发展及其影响等争议课题提供了不同方案。

4. 数字化、经济和工作

　　在本书最后一部分，撰稿人在"数字化、经济和工作"语境下探讨了全球化和青年文化。在他们看来，青年是其生活世界与青年文化的消费者、创造者和生产者。数字化是儿童和青年以消费者和/或生产者身份参与虚拟市场背后的驱动因素。

社交媒体为青年提供了新的参与形式，并对其生活世界产生了社会、经济和政治影响。在全球化世界中，青年面临着日益严重的不平等。接受教育和就业是参与社会的基础。因此，不断上升的失业率令人担忧。青年以不同方式应对这些全球力量带来的影响。他们可能会创造出特定的亚文化场景，利用社交媒体进行社交和分享。然而，在许多欠发达国家和地区，青年被迫背井离乡，通过移民改善生活，从而造成移出地区的老龄化。在较发达地区，青年被视为劳动力市场中创新和生产力的代表，或是全球化世界中发挥积极作用的年轻全球企业家。

Natalia Waechter 在《"全球本土化"的数字青年文化》中，通过展示并讨论四个相关案例，即 Instagram、多人在线角色扮演游戏、Facebook 和 YouTube 上的政治行动主义，以及 TikTok（前身为 music.ly），为当前数字青年文化提供了综述和细致见解，涵盖从童年晚期（TikTok）到成年初期（政治行动主义）的一系列数字青年文化，涉及所有年龄段的青年。文章将青年视为青年文化的消费者和青年亚文化的创造者与生产者，通过案例讨论青年在参与青年文化过程中如何处理自身与本土和区域环境，以及与跨民族、全球背景之间的关系。文中关于数字青年文化和政治行动主义的部分进一步展示了青年如何将社交媒体用于政治目的——从单纯的"懒散行动主义"到发起社会运动。文章的结论是：四种数字青年文化都具有"全球本土化"特征，即兼具全球联系和本土特色；同时，其生产、分配和消费网络的全球本土化趋势也在加强。

在《消费、中产阶级和青年》中，Dieter Bögenhold、Yorga Permana、Farah Naz 和 Ksenija Popovic 指出了社会分层、青年与消费模式三者之间的联系。作者试图将青年引入关于全球化世界中消费和中产阶级之间关系的讨论，关注三个因素之间的联系，向读者介绍对社会不平等和财富情况的初步评估。所有上述论证都具有一定程度的试探性质，论证的展开也很像是在提出一系列假设，因此需要在未来进行更为详细的后续研究。然而，文章的论述不仅以青年和中产阶级消费为学术基础，而且是现代社会关于不公正话题大讨论的一部分。

Gerald Knapp 在《青年与失业：社会影响的实证研究》中指出，对于许多欧洲青年来说，从学校生活向有酬就业过渡的道路变得更加艰难、更加多样化，而且结构也再不那么清晰。由于就业制度的性质不断变化，青年现在需要更长时间才能找到第一份工作。越来越多的青年可能会遇到走弯路、待业、更漫长的求职过程和就业中断等情况。过渡轨迹的改变不仅反映了"工作社会的结构转型"，也反映了社会中普遍存在的个人化和去标准化进程。文章首先分析了青年失业的社会条件以及有酬就业对青年认同发展的意义。在铺垫理论背景后，文章随后介绍了一项研究青年失业问题的实证调查，涵盖其目的、方法、关键数据和主要结果。

Cornelia Mayr 在《全球虚拟市场中的小经济学家：数字虚拟世界与儿童经济参与之间关系的分析》中，对全球消费文化作用的相关讨论进行了批判性梳理，特别提到了儿童作为积极的经济主体可以发挥的作用。文章重点讨论了当前消费文化正在经历的变化——数字化和以技术为媒介的程度越来越高。作者认为，虽然市场和消费模式的全球化可能会导致世界范围内儿童偏好和体验的同质化，但这一过程也会促使"数字儿童"亚文化的出现，即儿童成为新媒体技术专家和信息的积极生产者。通过对全球化和儿童消费文化相关文献进行综述，文章研究了以下问题：（1）全球化是什么，它与儿童消费文化有多大关系？（2）儿童在全球虚拟世界中的经济参与以及与全球数字市场的关联程度如何？为此，我们重新思考两个问题：数字虚拟世界是如何塑造儿童的？儿童又是如何在全球化、经济发展和数字化进程中发挥生产力作用的？

5.结语和致谢

本书的基本假设是：21世纪初的今天，必须在全球化进程的背景下看待世界青年和青年文化。青年个人成长和积极应对生活问题的过程，受到本土和全球力量的影响。因此，青年研究应该更加关注个体行为、社交网络和青年文化创造是如何融入生活世界与全球动态之间的互动过程中去的。

本书收录的文章凸显出，全球化、数字化和社会变革增加了青年塑造自我认同，以及参与文化、政治、工作和社交生活时面临的机遇和风险。全球化和社交媒体提供了许多生活理念模式，让跨越地理和文化边界的交流成为可能。然而，青年同时在其生活世界中也面临着诸多限制，涉及受教育机会、就业和经济环境、不平等和贫困、环境威胁、社会和政治压力、人生方向和指导等各个方面。

本书分章节论述了生活问题、身份认同形式、自我表达和社会活动等青年文化的不同侧面。然而，技术发展、数字化及其对生活世界和青年成长的影响，让全球化和社会变化之间不断产生复杂互动，为了对此进行充分理解和把握，未来仍需对青年文化的更多侧面进行发掘和研究。

作为本书的编辑，我们要感谢所有与我们分享青年研究成果和青年文化体验，从而为本书做出贡献的撰稿人。此外，我们还要感谢Karen Meehan在英文翻译和版面设计方面提供的帮助。

CONTENTS 目录

03 认同与文化多样性

04 数字化、经济和工作

青年和全球化

梳理北美青年观念：
以培养领导力为目标创造一套具有变革性和
批判性的青年教学法

Shirley R. Steinberg

我认为，所谓真正地与青年互动，必须是发自内心的：发自内心地希望与年轻人互动。在以叙述为重点的本文中，我会谈及我眼中北美人对青年的惧怕倾向。根据我的观察，许多"成年人"就是纯粹不喜欢青少年。看看母亲们在Facebook上发的帖文就知道了：她们对自己十几岁孩子的抱怨可谓喋喋不休。

> "我宁愿同时养五个2岁的，也不愿养一个十几岁的""哪位快行行好？把我15岁的女儿接走吧！""儿子刚满16岁，为我祈祷吧！""十几岁的孩子就是麻烦不断。我还记得他们小时候的样子，那时候多乖啊！"

1. 成年人的恐惧

纵观历史，青年并不是一种独特的社会亚文化。事实上，直到20世纪，北美地区的"青年"往往需要在很小的年纪就开始工作，当然他们之中很少有人受过教育（Steinberg，2011）。20世纪50年代，好莱坞引入了叛逆青年的概念，代表人物詹姆斯·迪恩（James Dean）成为当时成年人的噩梦。20世纪50年代的叛逆青年和摇滚乐，催生了20世纪60年代在电视影响下情绪高涨并最终辍学的年轻一代。青年的流行形象造就了一个受欲望和恐吓成年人能力驱使的"嫌疑人社会"（suspect society）。面对青年问题，心理学家和社会学家疲于应付；对青年进行心理分析，将青年归为病态，用制度边缘化青年成为标准做法。青年到底哪里错了？答案是：哪里都错了。

学校试图通过宣传乖乖女和阳刚靠谱男孩形象，抵消北美青年亚文化运动的影响，许多这类形象出现在美国流行电视节目中。当然，克利夫一家从未找过沃利或比弗任何麻烦 [《天才小麻烦》（*Leave it to Beaver*），1957—1963]；帕蒂·杜克最后总是选择乖乖顺从 [《帕蒂·杜克秀》（*The Patty Duke Show*），1963—1966]；老爸永远最清楚 [《老爸最清楚》（*Father Knows Best*），1954—1960]：流行电视节目中塑造的青少年形象，没有质疑，不会反抗，对父母和其他成年人也极尽坦诚。飙车、小混混、"放荡"女孩以及和父母顶嘴是贫民家的孩子们身上才有的低阶层标签。20世纪中叶，青少年领袖被简化为两类典型：一类是穿着硬挺衬衫、打着领带的"好"孩子；另一类是小混混，他们来自较低社会阶层，成天厮混在一起。在电视出现后的头三十年里，大众文化并没有把被赋予权利的有为青年描绘成领导者。事实上，当时也不存在关于赋权问题的讨论。学校没有尝试为青年开设领导力课程，在今天也同样没有。时至今日，青年领导力这一概念仍未获得认真对待。青年就应该被惧怕，被控制，被遏制，被限制。

对青年的恐惧根深蒂固，我们要"对付年轻人"已经成为社会共识的一部分。被这些社会思潮裹挟的青年男女往往得不到爱，不被理解，让人畏惧。学校和家长关注的重点可能并不正确，而成年人将青年问题框定在以下范围内：不服从、叛逆、早孕、霸凌、犯罪、拉帮结派、暴力、无家可归、对父母和成年人不敬、无聊、使用屏幕时间、未来规划为零、缺乏主动性、性取向、身份、不当言语等。

人们在谈论青年时，往往将他们视为一个问题。至于为何如此，则尚无相关讨论。学校课程设计旨在确保青年知道他们需要做出改变，需要承担责任；但多数学校的经营都不是以促进青年积极发展为中心的，也很少考虑青年的发展愿望。不幸的是，我们的学校没有以任何有意义的方式探讨北美青年教学法和领导力问题。与欧洲（Steinberg，2005）、亚洲和地中海地区的某些课程不同，加拿大和美国（课程）在与年轻人互动方面没有纳入尊重和责任理念（Steinberg，2011）。

本文中，我没有讨论所谓的"青年问题"，也不会笃定地表示青年是"风险群体"。实际上，我将开启一场关于青年领导力、可能性和挑战的对话。青年并非我们文化或教育系统中的一个问题，真正有问题的是系统如何看待和定义青年。我们对青年的认识是不足的，呈现出心理化、病理化、制度化和边缘化特点。一言以蔽之，就是：成年人惧怕青年。

2. 成年人是否希望青年成为领导者？

领导力（leadership）这个词的内涵不够灵活，属于非变革性范畴。我也不知道用哪个词替换更好，但想事先说明一点，我不太喜欢它。说到领导力就意味着存在一个等级结构，领导者处在顶端，被领导者跟随其后。任务或责任可能被下放，但领导力的存在往往意味着领导者仍将是权力的最终拥有者。作为一名批判理论家，我认为领导力这个说法是存在问题的。在批判教学法领域，人们重点关注权力的运作和自我复制方式；如何在没有掌权的情况下成为领导者；以及，如何将青年培养成不打算行使权力的领导者。以上是我要在本次讨论中不能忘记的棘手问题。

变革性的青年领导力概念必须基于这样一种表述，即青年是特征鲜明的存在和公民，具有特殊的需求、文化和世界观。与其把青年看成"迷你版成年人"，不如通过观察青年如何自我定义来重新定义青年——青年不是一种亚文化，而是拥有自身独特文化的年轻男女。从这些青年文化之中，又诞生了亚文化（通常由青年自己创造）。在研究工作中，我观察到许多成年人不愿直言这些青年文化的名字，而是以轻蔑、病态或边缘化的态度讨论它们。这里，我们再次引用Facebook上的帖子：

> "他这个年纪正是喜欢重金属音乐的时候。""Instagram已经成为他们生活的一切。""他玩《世界战争》只是为了避免与家人待在一起。""她总是在玩手机。""我也是，我恨所有成年人。""她要明白这身装扮在我们家是不可接受的。""这音乐已经无法无天了。""他认为自己是同性恋；对此我们不要理会；等他长大了就会恢复正常。""嘻哈音乐太暴力了；我们家禁止播放。"

青年很少因为每天所做的决定而受到赞扬和尊重。谈论认同问题会招致他人嘲笑，许多老师和家长将青年对选择的关注视为阶段性现象或无足轻重的一时狂热。

当然，师范教育并没有教会初、高中教师如何为青年领导力和赋权提供便利；对于赋权，多数父母和照顾者的本能也不是支持，而是压制。常常追忆过去的成年人，忘记了自己也曾经历过青春期和青年时代，并在那段时间里做了很多好事。成年人的记忆通常可分为两类。一类是：我做了，后悔了，不想让我的孩子知道我做过，也不想让孩子重蹈我的覆辙。另一类是：当我在那个年龄的时候，为了满足别人的期待，别人怎么说我就怎么做，没有为自己争取"空间"，我是家庭的一分子。

对于"青年领导力"，多数教育者和家长只是嘴上说说，内心毫无诚意：抛出"领导力"这一词汇，却攥住权力不肯放手。似乎没有人希望青年发挥领导作用、做出负责任的决定，并最终改变停滞不前的现状。但具有讽刺意味的是，该来的迟早会来。当然，过去十年的全球政治态势表明，成年人做得并不好。为了帮助成年人战胜心中的青年恐惧症，特别是帮助那些为青年设计课程和创造模拟领导角色的成年人，我们必须创立一套新的教学法。这既是我们的使命，也是我们工作的意义所在。

3. 如何改变成年人对青年的看法

创建一套社会公正的青年领导力课程要克服诸多挑战，而且涉及的人群越接近市区、被剥夺的权力越多，挑战就越大。但是，我们要用辩证的眼光看待挑战和机遇，将青年视为与众不同的个体，他们可能与其他青年男女相似或不同。我们要摆脱固有假设，为学校和学生创造有利于发展领导力的空间和教学法，对各个群体进行独立研究和观察。我们必须理解并顺应现有学校或社区组织的社会文化背景。这就需要对青年的成长背景、青年的赋权和去权地位、青年给课堂或组织带去的知识、（文化和亚文化中的）青年语言，以及上述情况对授课和学习过程的塑造进行情境化与内化分析。

考虑到青年领导力范畴的复杂性和矛盾性，我们必须在创建变革性青年领导力项目时研究并重点关注其独有特点，在与城市和边缘青年互动时尤其如此。那究竟应该研究哪些内容呢？可以参考以下建议：

· 青年在选择居住地点时会考虑人口密度的哪些方面？

· 学校大小，是否有社区中心。

· 郊区和乡村地区的大型学校是否更适合为更多社会经济地位较低的学生提供服务？

· 拥挤的市区生活是否导致大量学生被忽视？

在这种情况下，城市和边缘学生群体很难树立并感受社群意识。而这种疏离体验通常会导致在校成绩差、辍学率高，意想不到的领导、帮派关系，以及负面亚文化联想。

· 研究由巨大贫富差距造成的地理分区能给我们带来哪些启示？

少数族裔学生及其家庭尤其受到城市集中贫困的困扰，这让他们的求学之旅面临重重阻碍。在城市中，学校和社区中心（如果存在的话）存在严重的资源短缺、财政不公、基础设施违规、年久失修和空间缺乏问题，这剥夺了青年做自己、被信任和做决策的空间。

· 城区的民族、种族和宗教多样性程度更高。

在人口稠密的城区，拥有不同民族、种族和宗教背景，来自不同经济、社会和语言领域的人们比邻而居。在美国，近三分之二的城市青年不属于白人或中产阶级范畴；而在白人或中产阶级中间，相当高比例的学生人口可以享用免费或优惠午餐。贫困少数族裔青年的成就率一直低于白人和社会经济较高的阶层，而他们的失败往往证明，辍学、从事非法活动能够带来成功的想法是错误的。

· 我们的工作是如何覆盖同性恋、双性恋、变性和疑性恋人群的？
· 土著青年在哪些方面符合对青年的固有定义？移民和外来青年呢？
· 如何将外来或难民青年嵌入重构后的青年概念？

在学校董事会、市议会和青年特别工作组任职的成年人，经历过为争夺资源和影响力而进行的派系内斗，而这种斗争往往最终沦为成年人对青年的恐惧，认为青年不能成为领导者。就像一位牧师曾对我说的，"我一定是出了什么问题。我怎么能容忍和信任青年呢？"在这些董事会、议会和特别工作组中，没有人尝试引入青年的声音。青年被认为是社会的缺陷，即所谓的"青年问题"。

在北美，与教师共事的行政管理人员和领导者经常会被无效的商业运营拖住后腿。硬件设施发挥作用需要依赖基本资源，尤其是在城区环境中，然而却没人有能力改变现实。目前，我在纽约布朗克斯区从事青年工作。我非常重视统计设施完备的运动场数量，这些运动场要配备功能完好的篮筐，以及最低数量的跳绳和手球。当地的青年活动中心通常位于老旧废弃的地下室或临时建筑中。这些建筑和空间处在报废的边缘，但企业却不愿为修缮工作提供资金支持。

青年工作往往不包括促进健康和福祉的举措。而越是被社会剥夺，青年的健康和安全问题自然就越严重。学校的行政管理人员往往更关心大冷时教学楼的保温问题，而不是修缮卫生状况堪忧的洗手间（在脏乱差的卫生间中见面对青年来说是糟糕的体验，而某些学校甚至连这一点都无法保证）。社区担心青年聚众，商场选择在某些时间段歇业，孩子外出必须有大人陪同。最后，街角、店铺前的台阶成为青年会面的地方。

人员流动性大也困扰着弱势城区学校。学生、教师和社区领袖，特别是行政管理人员，经常选择离开。工作本来可能正在有序进行，但发生人员更替时，一切都会停下来。分析人士指出，学生越贫困，搬家的概率可能就越大。城区和贫困学校平均每两名教师中就有一名在五年内离职，造成很高的教师流失率。社区组织者的身份由志愿者承担，但他们收入微薄，甚至无法要求最低限度的涨薪。

城区和贫困学校服务的移民人口更多。虽然民族背景的差异意味着每个移民群体都会有一些特殊需求，但他们却几乎无法获得相应的政府或教育支持以顺利开始新生活。

城区学校还面临着独特的语言挑战。例如，仅纽约市就有350多种语言和方言。但由于学校的管理人员和教师都是白人或中产阶级，他们很难具备传承意识和教育背景来充分利用这种语言的多样性。事实上，语言多样性被视作问题，而不是独特机遇。

大环境很重要。比如，我们知道许多青年男女年纪轻轻就要肩负责任。社会经济阶层较低或某些特定文化中的青年在自己还是孩子时就要承担起某些成年人的责任。例如，照顾年幼的兄弟姐妹/侄女和侄子，照看年迈的祖父母，在成人家长和医生或护工中间充当翻译。在上述充当翻译和负责决策的过程中，青年被迫承担了无力的领导者角色。而由于经济和文化背景方面的差异，他们的导师、老师和社工往往可能居住在其他社区，导致城市青年无法从稳定的领导力榜样那里获得指导和建议。

4. 改变成年人对青年的固有印象

除讨论上述思想形成的背景外，还要对之前存在的青年概念和定义进行简短的解构。需要强调的是，"少年"（teenager）一词在20世纪30年代末40年代初才开始出现在文学作品中，是对大龄儿童的另一种称呼。该词的出现可谓是波澜不惊。最初，少年指十几岁（13～19岁）的孩子。大多数青少年研究工作者对此都有不同的定义，而我一般研究10～25岁的年龄区间。但据我观察，少年或青年是试探性的词语，伴随它们出现的是对认知和行为层面的期望。Jean Piaget对少年概念进行过研究，据他观察大约在12岁，少年阶段正式开始，这是一个更加开明和成熟的认知发展阶段。科学、逻辑和抽象思想是在这个年龄段形成的，许多年轻人可以将具体想法抽象化，能够理解词语和思想的含义，思考关系，并对正义、道德、公平等概念具有操作层面的认知。在与Joe Kincheloe合作的研究"后形式思维"的论文中（Kincheloe and Steinberg，1993），我们对Piaget的理论进行过批评。我们当时提出的问题主要是，虽然Piaget对青年概念的建构进行了权威阐释，但概念本身也是要发展的，不是不能改变的。Piaget的发展主义方法是有限的、本质主义的，无法解释青年的细微差别，尤其是在后现代时代。我们不能用陈旧的发展主义方法与青年互动，教育青年或培养青年领导力；随着对青年、成年以及技术和网络空间文化资本的重新定义，青年成长方式已经发生了变化（当然，我认为Piaget的模型不是对青年的恰当解读）。

青年成长不是分阶段完成的，而是由其所处环境和个人经历在文化与社会上决定的。促进青年成为具备社会意识的道德领袖需要深入了解每个青年的生活世界。在"处理与青年关系"方面不存在现成的方案，因此，要想处理好这个关系，我们必须承认和青年合作的重要性，这样才能创造个性化且符合实际的领导力赋权方案。与青年讨论赋权和领导力时我们采用的方法必须是试探性的与持续不断的，而参与讨论的成年人必须喜欢青年，不畏惧青年且致力于发挥青年领导力。

5. 创建一种变革性批判教学法，培养青年领导力

在对青年领导力进行批判教学概念重构时，我们必须借鉴弗莱雷式（Freirean）对话技巧，提出以下问题：在青年领导力方面可以做些什么？我们努力促进并树立的究竟是什么（Steinberg，2018b）？弗莱雷（Freire）（1970）提醒我们，赋权不是教出来的；我们可以做的是充当渠道，为赋权/启蒙创造安全的空间和机会。作为具有批判思维的教育者，我们首先要学会从非主流文化视角来看待世界。因此，我们要从青年视角审视这个世界。青年如何看待权力？他们是否认同自己在世界、

网络现实中所处的地位？他们能够发现机会吗？他们愿意成为领导者和导师吗？今天的青年是什么样的？如何做好组织工作？性格是可以塑造的吗？领导力的道德要求是什么？信任如何与领导力相适应？展现领导力需要哪些沟通技巧？施展领导力需要表现出某种态度吗？领袖不是天生的，而是后天培养的，我们必须开展对话，为辅导和指引青年发展创造空间。批判意义上的青年领导力包括性格、责任、尊重和知识。那些与青年一起打造领导机遇的人们也承认青年领导力由上述特质组成。在这种情况下我可以断言，与青年互动的过程中最重要的是尊重。因此，培养具有民主意识的公民，使其具备整体和社会意识，才是我们青年工作的使命。

我们鼓励并指导青年领袖学会表达愿景，理解其在权力结构和社会中的地位。我们鼓励以身作则、脚踏实地的领导风格，并积极寻找/研究那些已具备领袖之实，却没有领袖之名的个体。我经常用加拿大运动员 Terry Fox 举例子：Fox 年纪轻轻就因癌症接受了截肢手术，随后决心跑步横穿加拿大全境，借此提高人们对癌症研究的认识。从纽芬兰出发时他只是个拖着条金属假腿的孩子，并没有大张旗鼓，但心中却有一个愿景。后来，随着声势愈发浩大，他成为坚韧、信念和领导力的象征。Fox 就是这样一位不追求领导他人，只希望做好本职工作的领袖。由此可见，良好的工作成绩可以塑造领导力。

我们要提醒自己，青年确实能够成功担任领袖。2018 年 2 月，美国佛罗里达州一所学校发生针对青少年和成年人的骇人的谋杀事件后，青年用实际行动表达对学校、州和国家的不满，宣称他们有权决定自己的未来。他们的诉求之一就是禁止枪支和攻击性武器，以防止成年枪手闯入学校、射杀无辜。在华盛顿特区的一场戏剧性游行中，这些青年拒绝让任何年满 18 岁的成年人与观看游行的数百万人交谈。他们这么做是想表达，既然成年人连保护公众安全这么简单的事情都无法做到，那么现在就该听听青年的声音了。

不要将领袖的概念与榜样或英雄混淆，这很重要。在媒体的推波助澜下，那些被定义为榜样的人常常是好莱坞化的领袖。许多人都被错误地贴上了英雄的标签。英雄是指那些不追求留下英雄事迹，却因为利他主义动机和无私精神而被看作英雄的人。教学的重要一环就是将领袖和榜样或英雄区分开来。一个领袖并不渴望被"追随"，而是如我前面所说的，只渴望做好本职工作。佛罗里达枪击案发生后走上华盛顿特区街头的青年是英勇的。Paulo Freire 也是这样一位典型领袖。Freire 是一位沉默寡言的知识分子，对政治充满愤怒，被监禁和流放，不求名利，试图开创社会争议方面的对话，为赋权开辟道路。参与青年领导力对话需要青年具备鉴别能力，找出那些能够定义领导力和做好本职工作的人。青年领导力批判教学法要求青年思考青年领袖需要具备哪些特质，以及谁最能体现这些特质（Steinberg，2018a）。

青年可以参与对青年领导力的定义；关于倾听、尊重、学习欲望、分享、授权、终身学习的讨论，都是在帮助人们理解何为领袖素质。我们要探究"什么时候要发挥自身领导力""什么时候作为领袖要支持别人发挥领导力"。此外，领导力还意味着在必要时放弃领导。青年应该成为领袖，他们也确实是领袖。然而，几十年来，青年却被视为小流氓、帮派分子、暴徒和弃儿。因此，需要改变的不仅是社会对青年的看法，还有青年的自我认同，二者都需要时间。

6. 现在应该做些什么？

我们要避免重复与青年有关的陈词滥调，要清晰地列出青年的需求、面临的问题和所处的社会环境。在提出安全、健康的领导力愿景时，我们要扮演导师的角色，将青年视为青年领袖、年轻的同事，互相尊重，平等合作（Steinberg，2018b）。我们要求青年为愿景的提出做出贡献，而不是将愿景强加给他们，我们要帮助他们发现自身的领袖能力和潜力。我们不应对领袖的定义做出限定，而应该灵活变通；有些人会成为心照不宣的领袖，有些人会成为公开的领袖，有些人会分享领导权，有些人则会支持领导权的行使。

青年领袖不是新课程标准下才出现的概念（Steinberg，2018c），也不是教育学领域的流行新词；为了创造一个健康和乐观的环境，必须培养青年领袖。变革性青年领导力批判教学法具有世界性意义，为青年领导力相关研究、辅导、实习和赋权创造空间。

（注：经允许，本章部分内容摘自 C.Shields 编辑的 *Transformative Leadership* 中的 "Redefining the Notion of Youth: Contextualizing the Possible for Transformative Youth Leadership" 章节。作者 Shirley R.Steinberg。纽约：Peter Lang Publishing 出版社。版权所有：Shirley R.Steinberg，2011。）

参考文献

Abrams, M., Asher, W., Butler, D., Horwitt, A., Kammerman, R., & Sheldon, S. (1963-1966). *The patty duke show*, *ABC Television*.

Connelly, J., & Mosher, B. (1957-1963). *Leave it to beaver*, *CBS-ABC Television*.

Freire, P. (1970). *Pedagogy of the oppressed*. London: Continuum Books.

James, E., Bolen, M., Burton, K., & Van Hartesfeldt, F. (1954-1960). *Father knows best*, *NBC-CBS Television*.

Kincheloe, J. L., & Steinberg, S. R. (1993). A tentative description of post-formal thinking: The critical confrontation with cognitive theory. *Harvard Educational Review*, *63*（3，Fall），296-321.

Steinberg，S. R.（Ed.）.（2005）. *Teen life in Europe*. Greenwich，CT: Praeger Press.

Steinberg，S. R.（2011）. Redefining the notion of youth: Contextualizing the possible for transformative youth leadership. In C. Shields（Ed.），*Transformative leadership: A reader*. New York: Peter Lang Publishing.

Steinberg，S. R.（Ed.）.（2018a）. *Thirty activists under thirty: Global youth，social justice，and good work*. Leiden，the Netherlands: Brill/Sense Publishing.

Steinberg，S. R.（2018b）. Introduction: Effecting change，making a difference: Celebrating youth activism. In S. R. Steinberg（Ed.），*Activists under 30: Global youth，social justice & good work*. Leiden，the Netherlands: Brill/Sense Publishing.

Steinberg，S. R.（2018c）. Contextualizing the possible for transformative youth leadership. In J. L. Kincheloe & S. R. Steinberg（Eds.），*Classroom teaching: An introduction*. New York: Peter Lang Publishing.

欧洲青年和青年文化的社会转型：
趋势、理论和青年文化场景的相关性

Gerald Knapp，Natalia Waechter

1. 青年和社会转型

21世纪，欧洲青年成长环境已经发生改变（Bundesministerium für Wirtschaft，Familie und Jugend，2011；Knapp and Lauermann，2012；Institut für Jugendkulturforschung，2019）。当今社会，生活方式、社会规范和价值观多元化，社交和社会参与机会的结构性要求与条件多样化。一方面，以"多元化""个性化"和"去标准化"为形式的社会转型过程（Beck，1997；Keupp et al.，1999；Böhnisch et al.，2005；Knapp and Salzmann，2009；Borrmann et al.，2019），为青年规划生活提供了多种选择；另一方面，转型也意味着风险，因为可供青年参考的既有规范、价值观、社会规则和生活规划更少了。

青年必须面对多元而复杂的社会现实，为自己的生活承担责任。他们被迫做出人生抉择，并因此享受机遇或承担风险（cf. also Fend，1988，p. 296）。然而，并非所有青年都拥有相同的客观条件和生活机遇。青年不利的社会处境（工人阶级、移民背景、单亲家庭、残疾儿童）意味着他们的家庭和学校条件较差，可支配的社会资源较少，难以应对日益复杂的社会需求（Raithelhuber，2008；Knapp and Pichler，2008；Klinglmaier，2013；Peuckert，2019）。欧洲学校和教育系统的制度与组织条件，似乎无法解决所属社会阶层不同造成的社会不平等问题（Mansel and Speck，2012）。

同时，当下的社会现代化进程伴随着社会和文化纽带的松解。后现代社会条件下成长起来的青年（Giddens，1992；Keupp and Hohl，2006）越来越"读不懂"自身所处的生活世界（Sennet，1998），无法从中借鉴足够的生活经验、掌握必备的生活技能。因此，青年如今要面对的不仅是社会矛盾，还是过多的要求和不稳定的前景，而当前影响欧洲的经济和金融危机进一步加剧了这些问题（存在地区差异）。

在上述经济和社会趋势之下，青年越来越多地面临失业、贫困、毒品、暴力和健康等社会问题（Ecarius et al.，2011）。此外，学业和学历竞争加剧也给他们带来了双重影响：一方面，在校和参加培训的时间延长（Münchmeier，2001；Knapp，2012）；另一方面，经济上需长期依靠家庭支持（Knapp and Salzmann，2012）。

获得人生成功所需满足的复杂条件给社会化领域和青年生活世界带来了新挑战，这些挑战来自家庭、学校、同龄人群体和工作环境。

虽然上文讨论的对青年造成影响的社会转型已演变为全球趋势，造成全球南方和北方青年之间的不平等状况（Cicchelli and Octobre，2019），但本文关注的重点是欧洲青年。

2.多元化、全球化社会中的青年

"青年"一词描述了一种历史、社会和文化现象，在不同社会制度、文化和时期中，其表现形式多种多样。一直以来，这些维度都对青年生活条件和生活环境、主观取向模式、兴趣和需求以及心中的自我和他人形象产生了影响。历史、社会、文化和政治大环境与个人传记及生活世界间的相互作用（Hitzer and Niederbacher，2010；Knapp and Lauermann，2012；Hugger，2014），对青年（现象）的社会教育学解释和分析非常重要。

在每个社会和文化中，童年向青春期以及青春期向成年的转变都与社会行为期望的变化有关，而期望的变化与"新的"社会地位有关。此外，任何社会、文化和时期，都有关于社会成员应如何行事以及他们拥有什么权利和义务的普遍信仰、价值观和规范。通过社会化过程和完成阶段性具体成长任务，青年可以熟悉并掌握这些行为要求。

虽然前工业化社会在内容和时间上对地位转变有着明确定义，但今天却几乎不可能对个人的转变过程进行预测（Fend，1988；Scherr，2009；Fass and Zipperle，2014）。从前，所有人的身份转变过程相当统一；如今，身份转变过程已被细分为多个领域，且呈现高度时间离散性。童年向青春期的转变过程尤其呈现高度分段性特点，这意味着从社会学角度来看，无法根据个体的生物年龄确定转变发生的明确时点。相反，我们看到的是一个渐进的"与角色多样化过程同时发生的行动范围扩大过程"（Hurrelmann，1994，p. 39）（作者翻译）。

在被社会正式接纳为一员的过程中，青年须满足的社会期望和履行的义务日益复杂。脱离家庭独立生活的过程被看作接受独立社会角色的决定性阶段之一。然而，不能忘记的是，青年在努力完成这些任务时几乎没有有用的社会援助和定向模式。如今，青年和青年文化面对的是一个多元化的全球社会（Villanyi et al.，2007）。

3. 青年，社会化领域和生活世界

青年在多元生活环境和致力于提供养育和教育的机构中成长。尽管有理论认为社会现代化进程（Beck，1986）与个性化和多元化有关，并导致了"青春期阶段的结构性变化"，或青年生命历程的"解构"和"去标准化"（Ferchhoff，1985，p. 46；Ferchhoff and Neubauer，1989；Fuchs-Heinritz and Krüger，1991；Zinnecker，1987；Heitmeyer and Olk，1990），但是社会化机构，如家庭、同龄群体、学校、工作环境、媒体和娱乐部门仍对年轻人的成长与日常行为具有重要意义。虽然同龄人、媒体和娱乐在社会化进程中越来越重要，但家庭和学校仍对青年的认同与生命进程起着重要作用（Ecarius et al.，2011）。每个社会化领域内部都在独立发展具体的法律、制度和组织结构，这些结构可能被认为是混乱的、碎片化的甚至是相互冲突的。因此，青年在探索个人发展和社会融合道路时面临着更大的挑战。同样地，青年的人生轨迹不再是一条单纯的直线（完成学业、进入劳动力市场、组建家庭、养育子女），而是变得更加开放和多元。

研究人员认为，青年时期存在一种自我社会化趋势（Zinnecker，2000；Tenbruck，1965），突出表现为媒体社会化（Fromme et al.，2014；Süss，2006）。"自我社会化"这一概念并非没人讨论过，但一种普遍的看法是，在过去几十年中，青年对社会化过程的贡献有所增加。同龄人和媒体社会化有着密切的联系，因为年轻人从小就在许多情况下独立于成年人和教育者使用媒体。自"Web 2.0"出现以来，青年已成为在线媒体上青年相关内容的自主生产者。他们不需要成年人帮助就能创建账户和同龄人网络，制作和上传图片与视频，并在同龄人之间共享。社交媒体为对等学习（peer to peer learning）提供了重要环境，支持青年完成特定的成长任务，如身份认同发展和与同龄人建立密切关系等（Subrahmanyam et al.，2008）。自我社会化概念的提出还意味着，要树立一种重要认识，即青年不仅是社会矛盾和社会变革的被动接受者，还是有机会积极影响和塑造自身生活世界的主体与行动者。然而，自我社会化的重要性并不意味着传统上致力于养育和教育的机构（尤其是家庭和学校）已经失去了其对青年社会心理成长与社会参与的重要意义。

4. 青年、生活环境和抗议

越是在重要的生活领域（家庭、学校、同龄群体、工作环境、娱乐等），青年感到社会弱势和被排斥的程度越高，对国家和民主的认同感就越低。此外，社群技能以及文化和政治参与也有减少的危险。青年失业率上升和青少年贫困风险增加，以及越来越多欧洲青年申领社会福利救济带来了长期的社会心理影响（例如，暴力倾向上升、右翼极端主义态度、毒品滥用、不良健康影响），欧洲方面的贫困问题研究对此进行了细致论证（Knapp and Pichler，2008；Knapp and Salzmann，2009）。虽然欧洲某些地区的青年失业率正在下降，但其他地区（欧洲南部）的情况却没有得到改善。例如，从捷克、德国、西班牙到希腊的失业率逐渐升高，分别为 4.3%、5.9%、30.3% 和 35.6%（Eurostat，2019）。

近年来，欧洲（及欧洲以外地区）青年的生活状况呈现出多层次、异质性和不稳定趋势。例如，巴黎、伦敦和雅典郊区的青年骚乱引发了更多关于保持代际契约，以及教育、贫困和犯罪问题的讨论。如果大量青年的生活状况得不到改善，社会和政治团结将难以维系，我们可能不得不面对未来社会的紧张局势和冲突。

但是，青年可以通过各种方式表达其对被社会排斥的担忧。虽然英国或法国的郊区骚乱展示出极大的愤怒和绝望，但西班牙的"愤怒运动"（"Movimento 15-M"）或"占领运动"却有着基于政治和经济理论的明确政治议程。除政治运动之外，青年也在与政治无关的青年文化中反思并挑战社会规范和价值观：

> 一方面，反全球化运动等现代后期政治运动确实包含了（青年）文化活动维度；另一方面，青年文化本身在使用/占用（公共）空间、通过象征性政策塑造形象，以及认同政策（如性别认同塑造）方面被视为参与式运动。(Pohl et al., 2007, p. 42)

因此，在下一节中，我们将进一步探寻：在个性化和全球化时代，在不同青年文化中成长的意义是什么？

5. 论青年文化的意义

青年文化的社会和个人意义似乎比表面看起来更大，因为如今的青年为了成功地迎接新的社会挑战，需要满足一系列要求。在此过程中，参与青年文化可以提供稳定性，并为追求个人发展道路提供支撑。前几代人能够在更大程度上保有对既定人生道路的信任，换句话说，他们认为取得文凭后很快会从事与之相关的职业，就像第一次认真恋爱后可能就会谈婚论嫁一样。这样的人生路径嵌入阶级结构中，从一开始就限制了选择范围。而当今社会的特点是个性化、灵活性和去标准化。今天，青年的生命历程不再是预先确定的，而必须是个人精心设计的。青年的人生经历不太容易预测，而是需要他们自己来创造。因此，青年阶段变得越来越重要。研究人员认为青年作为一个人生过渡阶段被延长了，原因是受教育年限增加和进入劳动力市场时间延后，而29岁之前青年处于一个新的人生阶段（"成年初显期"，emerging adulthood）(Arnett，

2000，2015）。成年的时间因人而异，通常与承担人生第一份重要责任同时发生，例如有了第一个孩子或开始从事一份需要负责的工作，以及进入成人社群。向成年过渡通常以多次尝试和挫败为标志。在就业市场上，青年往往面临缺乏保障的工作条件（临时合同、实习、边缘就业、兼职等），失业、继续教育和备考职业资格考试会让就业出现中断。参与青年文化虽不能改变自身处境（尽管这正是政治导向的青年文化所倡导的），但却可以帮助青年在个人主义的世界中找到属于自己的道路。例如，Beck认为虽然个性化是强加给年轻人的，但他们有机会书写自己的人生篇章："年轻人不是被动地接受个性，而是自主完成个性化。"（Beck，1998，p. 62）（作者翻译）

今天，年轻人可以体验各种各样的青年文化，但他们通常只是在边缘试探，并非全盘接受，且在不同场景间频繁切换。只有青年场景的核心成员才不会那么灵活（Waechter，2006）。对青年文化的偏好是在朋友、个人性格和社会背景共同作用下形成的。

通过参与青年文化，青年可以完成重要的成长任务。摆脱了家庭关系羁绊和学校设置的年龄分组限制，青年可以自行结成群体。而群体的形成促进了青年向外分化：从成年人和他们掌控的机构，从年龄更小的孩子（未进入青春期阶段的孩子），以及从其他不接受某种青年文化或倾心其他青年文化的同龄人中分化出来（Waechter and Triebswetter，2009）。多次的外向型分化反过来也加强了群体内部的凝聚力。

大多数青年文化都认同自我描述和自我表现的重要性。通过标榜自己认同某种青年文化，青年一方面表现了个性和独特性，另一方面也展示了对群体的归属（Stauber，2001）。事实上，只有一小部分青年全心全意地信仰特定青年文化，更多人则是选择使用从不同场景中提取的青年文化符号进行"抽样式"自我展示。然而，在自我展示时，他们总是要在区别和归属之间进行权衡。使用不同青年文化的元素符合社会对灵活性的需要，因为越灵活，就越能够应对社会变化。个体嵌入青年文化可以用"稳定性平衡灵活性"（Stauber，2001，p. 65）（作者翻译），而这种平衡在社会变革过程中已经部分丧失了。

下文中，我们将介绍青年文化相关的理论和讨论。而在之后的《本土声音全球化：乌干达的青年文化与民主进程参与》一文中，作者对当代青年文化场景进行了分类，就音乐、体育、计算机/媒体和意识形态导向的青年文化以及粉丝文化进行了深入分析。

6. 青年文化相关理论

现今意义上的青年文化最早出现在十九世纪末至二十世纪初。在此后的各时间阶段，青年文化的表现形式都不是唯一的，而是多种或冲突或相容的文化趋势共同存在（Waechter，2012）。青年文化研究几乎和青年文化本身一样古老。在奥地利和德国，青年文化研究的建立与Bernfeld（奥地利）和Wyneken（德国）关系密切；二人都关注且支持资产阶级的"青年运动"（即"候鸟运动"，Wandervogel），并将社会教育学作为工作的重点（Waechter，2006，2011）。虽然，Bernfeld和Wyneken在当时就已经开始关注中上层青年的赋权问题，但十九世纪末形成的（国际）青年工人运动却正忙于争取更好的工作条件。

随着时间的推移，青年文化及其学术研究方法都发生了变化（Waechter，2012）。二十世纪四五十年代，青年文化的研究是从工人阶级青年的越轨行为角度切入的。Whyte（1943）在他的人种学著作《街角社会》（*Street Corner Society*）中表示，偏离主流社会规范的行为仍然受到某些规则和架构的指导。他分析了群体架构的产生和维持，以及特定青年文化中社会流动和从属关系之间的关联方式。他对美国的研究解释了为什么青年在街头漫无目地闲逛，以及他们为何很难考上大学或找到工作。社会学术语"亚文化"（subculture）于二十世纪四十年代引入美国，随后也被欧洲青年文化研究者所采用。引起最多关注的相关研究是由伯明翰当代文化研究中心（Centre for Contemporary Cultural Studies，CCCS）进行的。研究发现，青年亚文化已经嵌入现有社会阶层结构中，这意味着某些亚文化要么是（中上阶层）主流文化的子系统，要么是工人阶级文化的子系统。因此，青年亚文化的发展总是与各自对应的阶级文化相关（Willis，1981）。

在二十世纪七八十年代的青年文化研究中，反文化（counterculture）概念占据突出地位。在此时代背景下，反文化指的是对主流成人文化和社会观念的脱离（Waechter，2012）。英国青年文化研究将其理解为工人阶级青年的"反文化"（cf. Willis，1977），但1968年发生的学生运动或朋克亚文化也被视为反文化。青年运动被视为社会亚文化或反文化意义上的"青年亚文化"，其价值观和规范与一般社会不同。在以德语为母语的研究者中，Rolf Schwendter对青年亚文化的研究具有代表性。他提出的"亚文化理论"，将亚文化描述为"独特社会的一部分，在制度、习俗、工具、规范、价值分类系统、偏好、需求等方面与一般社会中的主流制度有着显著不同"（Schwendter，1973，p. 11）（作者翻译）。

认为社会出身与特定青年文化之间存在强大相关性的假设在提出后便很快遭到了批评。例如，德国青年研究者Baacke（1987）认为，不应使用亚文化的概念来描述和解释青年文化，原因有三：第一，不应（继续）将亚文化理解为一种由"主流"文化主导的文化；第二，这一概念错误地假设亚文化可以精确定位，即它们发生在特定的社会阶层或与特定的政治态度有关；第三，亚文化并不是社会的独立分支，二者之间存在日渐模糊的边界。

因此，Baacke 当时预测未来人们会拒绝使用"亚文化"概念，而这也确实成为后来青年文化研究的一个常识。自二十世纪九十年代以来，青年研究越来越关注独立于社会出身和意识形态的自主选择的生活方式与青年场景。这就是如今所谓的"后亚文化"（post-subcultural）研究方法，代表人物是英国和德国的青年文化研究者（cf. Muggleton，2000，2005；Ferchhoff，2006，2011）。该方法认为，鉴于整个社会发生的结构性变化（个人化、重构、去标准化、差异化和多元化），青年文化也被视为快节奏、灵活和对内对外均呈开放姿态的文化。内部开放意味着在适应社会规则的同时，可能参与青年文化。外部开放意味着与其他场景和成人社会整体文化之间的界限不再那么严格，更具开放性。该方法假设青年可能同时参与多个场景，但多数情况不是处在场景中心，而是边缘。与早期青年亚文化相比，今天在场景之间切换更容易。最后，该方法假设青年是在不受社会（阶级）背景影响的情况下独立进行场景选择的。然而，总体而言，后亚文化研究方法忽略了结构方面的考虑，更倾向于对场景、时尚和音乐的描述（Waechter，2011，2012）。

最近关于青年文化的研究认为结构性意义受到了忽视（cf. Shildrick and MacDonald，2006；McCulloch et al.，2006），并通过理论和实证研究证明，社会结构背景仍然决定着青年可能加入的青年文化场景。Shildrick 和 MacDonald 指出"社会分工在青年休闲生活和青年文化认同与实践的形成及塑造中持续发挥作用"（2006，p. 125）。同样地，德国青年文化研究中也出现了批评的声音。"除了审美上的自我表现，青年的阶层、环境、种族出身或性别等社会—结构背景继续在其欣赏青年文化的过程中发挥核心作用。嘻哈乐迷是来自土耳其移民家庭的年轻男子，还是来自白人学者家庭的年轻女子，这是有根本区别的"（Spatscheck，2005，p. 424）（作者翻译）。最近，对奥地利和德国的活动人士以及

"气候大罢课"运动参与者的研究表明，从教育水平来看，他们中的大多数人显然属于社会中上阶层（Sommer et al.，2019；Waechter，2020）。

必须坚持的一个假设是：场景的成员身份仍由阶级、性别和种族等社会类属决定（Waechter，2012）。虽然并非所有青年文化都可以明确划入统治阶级或工人阶级文化范畴，但在许多青年文化的范围内，已经出现了不同的子场景，而参与子场景很大程度上仍取决于个人的阶级、性别和种族归属。

另一个需要回答的问题是青年文化总体上是否经历了意识形态化过程（Waechter，2011，2012）。去意识形态化的迹象可以在松散的阶级结构以及生活条件的差异化和个性化中找到。例如，Ferchhoff（2006）指出，青年文化不再指一种共同的主导文化；相反，今天的青年文化以娱乐和消费为导向。然而，也可以认为青年文化中的政治思想和抗争精神并未消失，只是不那么明显罢了。在青年日常文化活动中，可以观察到与主流社会规范相违背的价值观。"活跃在青年文化中的青年通常是具有创造性和格调的，因此应该被视为建设性的行动者，正是这群人以嬉戏的方式发动着对社会规范的颠覆性攻击。"（Waechter，2011，p. 271）（作者翻译）

近期的研究则将视角转向全球化进程的青年文化和消费者维度（Bookman and Hall，2019；Roudometof，2019）。一方面，日益增强的全球互联互通促进了青年文化的全球化，这些文化在不同地区和国家的追随者中有着相同的风格、态度和行为。例如，嘻哈和说唱音乐是"阿拉伯之春"（Arab Spring）运动中青年抗议者表达与动员的重要工具（Waechter 2019 and Waechter，in this volume）。另一方面，重要的本土元素（涉及本土文化和时事）仍能让本土青年文化场景鲜明且具体。例如，"阿拉伯之春"期间，说唱歌手用阿拉伯语表达了对本国政府和政局的恐惧与担忧。这种全球趋势和本土文化引用间的相互作用表明我们应该使用"青年文化的全球本土化"这种表述，此处借用了Robertson（1995）提出的"全球本土化"（glocalization）概念。

7. 当代青年文化

Waechter（2006，2012，2021）描述了五类青年文化：音乐、体育、媒体、以政治为导向的青年文化、粉丝文化。我们可以发现不同类别之间有一些重叠，例如，一些体育类青年文化偏好特定风格的音乐（朋克摇滚和滑板曾经有着密切的联系）。对于许多被视为与"媒体"不沾边的青年文化而言（比如抗议运动或音乐场景），社交媒体已经成为一个重要的活动领域。

7.1 音乐类青年文化

在现代青年文化领域，一种音乐亚文化的形成可能需要长达一代人的时间［最具代表性的包括：二十世纪二三十年代的摇摆青年（swing youth），以及二十世纪五十年代的摇滚乐］。二十世纪七十年代，各种各样的青年音乐文化如雨后春笋般涌现——许多最先在伦敦和纽约发展起来——继而出现百家争鸣的局面：从朋克摇滚（punk rock）、新浪潮（new wave）、光头党（skinheads）、摇滚青年（rockers）、摩登（mods）、机械舞舞者（poppers）、哥特（goth）、乡村摇滚乐（rockabilly）、重金属（heavy metal）、前卫摇滚（prog rock）、华丽摇滚（glam rock）、迪斯科（disco）、雷鬼（reggae）、斯卡（ska），到后来的嘻哈（hip-hop）。二十世纪九十年代初，不仅嘻哈音乐发展了起来，许多其他俱乐部音乐风格［尤其是浩室音乐（house）、泰克诺音乐

（techno）、电子舞曲（drum bass）和从林音乐（jungle）]也开始出现，并迅速传播到各个国家。从那时起，电子音乐就不断发展出无数的子流派。时至今日，电子音乐风格的多样化更是让人眼花缭乱。但是，早期的青年音乐文化也没有消失，甚至连摇摆乐（swing）也脱胎换骨、重获新生 [发展出电子摇摆（electro-swing）]（Waechter，2021）。

差异化程度加深不仅表现在子流派领域，也体现在社会类属上。例如，在大城市中，围绕种族认同或社会阶级等社会类属形成地方场景的趋势变得愈发明显。与此同时，对（音乐类）青年文化的描述也越来越趋向"全球化"。"全球本土化"（glocalization）（Robertson，1995）指的是本土社区与世界其他地区之间的相互联系以及全球和本土趋势间的相互作用。在音乐类青年文化语境中，全球音乐场景的出现在形式和内容方面对世界各地本地场景的影响越来越大（例如，对嘻哈音乐进行定义），但本土经验对本土场景仍起到一定的塑造作用（see Waechter, in this volume）。

除经典的抗议歌曲外，音乐和政治类青年文化之间还有着其他更为紧密的联系形式。许多（子）音乐场景以共同的意识形态、态度和价值观为表征，例如朋克场景中的无政府主义或左翼态度。即使不能做到直截了当，某些青年文化也可以通过典型的服装和造型（身体、发型和妆容）挑战性别规范 [比如二十世纪七十年代的迪斯科、二十世纪八十年代至今的哥特、21世纪初的情绪硬核（emo）]。

音乐和青年文化之间的互联互通并不是什么新鲜事，但这种联系正变得越来越紧密，因为所有的音乐类青年文化都在使用社交媒体进行分享和传播，建立网络和交流思想。此外，最近的某些音乐类青年文化只存在于社交媒体上，比如 Musical.ly 和 TikTok 上流行的对口型假唱类视频。

7.2 体育和身体类青年文化

对于体育类青年文化，人们通常有一个疑问：体育是怎么成为一种青年文化活动的？虽然研究关注的重点是对某项体育运动的实践，但实践也是嵌入特定青年体育文化中的。这类文化通常有自己的风格、媒介、语言规范和活动，并且往往与其他青年文化元素和环境重叠。与传统运动不同，滑板、滑雪或跑酷等"青年文化"运动场景也是由年轻人自主发展起来的（Waechter，2012）。最初，此类运动衍生出的比赛是在公认的国际体育锦标赛范围之外举行的，参赛并赢得胜利也都不是最终目标。与实际赛场表现相比，通过视频和社交媒体展示自我，展现轻松、自由和独立的生活方式更为重要。场景中志同道合的成员形成共同体，而从属的场景让人产生认同感（Waechter，2021）。

滑板场景可以分为两个流派：街头滑板（使用公共街道和带有扶手和楼梯等"天然"障碍的场所）和公园滑板（在配备U型池的专用滑板公园中活动）。二者通常都有政治诉求：公园滑板者可能在说服城市当局提供资金并开放滑板公园时采取政治行动，而街头滑板者必须就其对公共空间（超出城市和社会管理规划）的使用方式开展协商。

体育类青年场景通常青睐那些需要勇气且能够促进肾上腺素分泌的运动类型。然而，当前开展规模最大的青年运动却是健身。通过健身，青年可以在社交媒体上展示自我和健美的形体，借此寻求认同和积极的同龄人反馈。从近来发展迅速的文身文化和某些饮食习惯也可以观察到一种新的身体崇拜。例如，素食主义就表达了与减少动物痛苦、气候变化和健康问题相关的政治态度（Waechter，2021）。

7.3 计算机和媒体类青年文化

如今，大多数青年文化使用（社交）媒体进行网络和社区建设，发

布信息和表达自我，完成青年文化产品的传播和消费。一般而言，青年
是所有年龄段中在社交媒体上最活跃的群体。通常，他们有自己的移动
设备，使用一系列应用程序，如 WhatsApp、Snapchat、Instagram、
TikTok、YouTube、Tumblr 和在线游戏。在软硬件支持下，他们有机
会与同龄人建立联系、结识新朋友、协商现有关系、展示自我、接受同
龄人反馈、尝试发展认同并获得对同龄人群体的归属感。下面，本文将
呈现两个以媒体为中心的青年文化场景，其存在和互动主要通过网络进
行：一个是典型的女孩文化（TikTok 上的视频创作者），另一个是典型的
男孩文化（在线游戏玩家）。

德国进行的《青年，信息与媒体》(*Jugend，Information，
Medien，JIM*) 代表性研究（2019）发现，TikTok 的主要用户群体是
12~15 岁的女孩。TikTok 之所以在该年龄段（以及本研究可能未涉及更
为年轻的女孩群体）大受欢迎，是因为她们能够借助平台分享自制音乐
视频。对口型假唱类视频在视频平台上受欢迎程度最高：女孩会挑选一
首喜欢的歌曲，演唱（对口型假唱），并随着音乐起舞。通常，她们会在
家中或住所附近拍摄视频。分享视频后，她们通过收获的点赞数和粉丝
数获得反馈。使用手势表达歌词内容是一种常见的表演元素（Rettberg，
2017）。一些女孩分享的内容跨越了国界，让她们蜚声国内外。例
如，德国双胞胎少女 Lisa 和 Lena 就拥有 3000 多万粉丝（Waechter，
2021；and Waechter，in this volume）。

虽然手机游戏更受女孩青睐，但网络游戏（即 MMORPG，大规模
多人在线角色扮演游戏）中男孩身影出现的频率更高。在此类角色扮演
场景中，12~13 岁的年龄段人数最多（JIM，2018）。游戏伙伴有同学，
也有来自网络的陌生人，后者在一段时间的共同游戏后也可能成为朋友。
在游戏过程中（以及游戏前后），他们通过 TeamSpeak 或 Skype 软件进
行密集交流。因此，MMORPG 可用于建立和塑造伙伴关系，促进伙伴

学习并推动个人发展（Waechter and Hollauf, 2018）。然而，数字游戏中被广泛接受和使用的一类青年语言却引发了担忧，那就是仇恨言论（Brehm, 2013）。年轻且经验不足的玩家（"新手"）最有可能成为仇恨言论甚至霸凌的受害者。

7.4 意识形态类青年文化

意识形态类青年文化可以分为政治动机的抗议文化和基于共同宗教信仰的青年文化。人们常说青年对政治不抱幻想，青年文化也被描述为非意识形态和非政治性的。虽然首次选民的投票率确实往往低于总人口投票率，且年轻人比老一辈更不愿意与政党和政治组织发生联系，但社会运动在很大程度上是由年轻人开展的。自1999年西雅图世界贸易组织会议举办期间发生反全球化抗议运动以来，在社交媒体和网络活动人士的帮助下，出现了一系列跨国抗议运动，比如"愤怒运动"（outrage movements）（例如法国的"黄背心"运动或西班牙的反紧缩运动）和导致数十年独裁者下台的"Facebook革命"——阿拉伯之春（Waechter, 2019）。如今，我们正见证着有史以来规模最大的全球学生抗议运动（Fridays for Future, "气候大罢课"），该运动旨在说服国内外政治家改变经济和环境政策，同时倡导个人责任担当（Rucht and Sommer, 2019; Waechter, 2020）。年轻人之所以参与社会运动，是因为他们可以与同龄人和志同道合者一起支持或反对一项事业，但却不必为此像加入政党一样投入大量时间。此外，我们还发现了另一种抗议文化，那就是政党内部存在对母党持批评态度的青年组织（例如德国社会民主党下属的青年社会主义者组织Jusos）（Waechter, 2021）。

抗议运动覆盖整个政治光谱，有趣的是，右翼团体现在一般使用"另类左翼"（left-alternative）的抗议和行动形式。在右翼激进青年文化领域，有极端右翼（学生）兄弟会、光头党（Redskins 和 Sharp Skins 除外）和新纳粹分子。如今，政治倾向与音乐偏好的关系较小。目前，在许多青年文化音乐风格中，活跃着一些采用右翼极端主义意识形态和符号的乐队（Ecarius et al.，2011）。

宗教文化也是多层次的，可以分为两个方面。一方面，年轻人往往在主要宗教的框架内建立本地社群，这些社群后期或多或少地变得以宗教为导向。另一方面，宗教领域也存在青年文化变体（Waechter，2021）。

7.5 粉丝文化

与其他类型的青年文化相比，粉丝文化是参与人数最多的。粉丝文化虽然也有许多表现形式，但都有一个共同点，即青年粉丝对音乐、体育或媒体名人的狂热崇拜。男孩对体育明星（运动员和俱乐部）更感兴趣，女孩则对音乐和媒体名人更感兴趣。作为粉丝场景的一员通常意味着参与一系列活动。接下来，我们将简要介绍以流行乐粉丝为代表的女孩文化和年轻男性的"死忠"（ultra）文化。

以流行乐粉丝为代表的女孩文化不仅包括崇拜明星和将明星作为自身认同发展的榜样（Wegener，2008），还包括与志同道合的朋友进行集体活动（Fritzsche，2007）。这些活动包括收集和交换粉丝物品，穿戴周边商品（T恤、帽子等），在社交媒体上与名人和其他歌迷建立联系，现场参加演唱会（涉及排队进场、大合唱和尖叫），以及收集和交流专业知识。一般来说，粉丝都是童年向青年过渡的年轻女孩。通过粉丝群体，女孩们体验到了凝聚力和亲密友谊，这是这个年龄段需要完成的基本成长任务。她们还通过将自己与同龄人（尤其是男孩群体）、年龄小于自己的人和年龄大于自己的人（年轻人和成年人）区分开来，利用共同的经验领域形成身份认同（Waechter，2021）。

所谓"死忠"粉丝文化，主要指年轻男性组成团体，支持自己最喜爱的足球俱乐部。大型足球俱乐部甚至都有几个独立于官方俱乐部体系的"死忠"球迷团体。除在主客场比赛时无一例外地到场支持外，比赛间隙"死忠"粉还会为下场比赛编排特殊的看台互动方式，并制作相关材料，比如巨大的横幅。毕竟，评判"死忠"团体的重要标准之一就是谁的看台互动做得最棒。根据政治倾向的不同，各类"死忠"团体之间的关系可能是友好或敌对的，也可能导致暴力冲突。但是，必须将"死忠"团体与足球"流氓"区分开来，足球"流氓"是赤裸裸的暴力球迷。其他可以建立认同的活动还包括自行制作和销售球队周边商品，以及对俱乐部政治进行批判性讨论（例如球员交易）（Waechter，2021）。此外，他们还认为必须要对将粉丝文化定义为非法的行为进行抗争。比如，许多年前，大多数国家和地区开始禁放烟火，而烟火正是"死忠"文化的基本元素之一。

8. 青年工作与政治的结论与展望

最后，本文将从青年研究、青年工作和政治之间的关系出发，讨论若干观点和挑战。从跨学科角度进行青年研究不仅对于科学地审视作为人类生命阶段之一的青年时期至关重要，而且也更符合青年工作和青年政治的实际情况。这是全面把握青年和青年文化社会现象的广度与复杂性，充分应对青年面临社会问题所必需的。

从个人、制度和整体社会层面分析青年和青年文化，不仅需要使用发展和社会心理学方法，还需要运用青年研究中的组织和宏观社会学理论方法，比如"心理发展理论""心理分析""基于社会化理论的方法""社会生态方法""基于社会理论的方法"和"文化理论和文化比较方法"（Krüger and Grunert，2002）。社会教育学是一个与青年和青年生活世界密切相关的领域。在社会教育学理论发展过程中，青年时代是经典研究领域之一，被视为人生历程和社会建构中最重要的阶段之一。在社会教育学理论方面，青年相关研究主题正在发生"去标准化"，而且青年阶段的层次性也使得对其本质的分析变得愈发困难，因为童年、少年和青年之间的边界正在逐渐消解（Krüdener，2009；Göppel，2009，pp. 44-74）。鉴于年轻人受到社会中复杂的个体化、多元化和差异化过程影响，继续通过社会工作关注年轻人、帮助他们应对青年阶段的各类问题并在人生管理方面提供帮助具有重要意义。

鉴于上述社会化领域和生活世界中青年面临的社会问题，以及由其引发的社会心理后果，未解决的问题越来越多地被转交给社会工作机构（如青年福利机构）。在对教育或治疗等社会救助需求不断增加的背景下，"应对生活的理念"在社会工作领域越来越受到重视。在该语境下，"应对生活是指在社会心理平衡——自尊和社会认知——受到威胁的危急生活状况下，采取行动的主观能力"（Böhnisch，2001，p. 1119）（作者翻译）。

然而，在社会救助过程中，社会工作本身陷入了困难和矛盾的境地。一方面，社会工作应该为应对生活提供帮助，为处于关键阶段的青年提供社会支持、指明人生方向，并鼓励他们发展自主性。另一方面，在欧洲，一旦涉及青年暴力、刑事犯罪或滥用药物，社会工作就被迫承担起更多监管职能，这与社会工作提倡自我体会和预防性教育措施的做法相矛盾。

更重要的是，随着救助频率的增加，社会工作的开展却因解决问题压力的增大和财政资源支持的下降而陷入两难。一个非常现实的风险是各机构的社会工作质量无法继续得到保证，或者社会工作的质量水平在不同机构之间存在显著差异。一方面，人们对高质量社会工作的需求具有粘性；另一方面，欧洲经济和债务危机导致青年福利工作出现了一个明显趋势，即省钱。这意味着为青年提供指导、支持和救助，并与其保持可持续的互动关系变得越来越难。

为了应对不利局面，我们需要制定能够促进和改善青年发展与生活机会的政策。政界和政府官员应该建立相关法律、机构与财务框架，保障抚养和教育机构（家庭、幼儿园、课后辅导机构、学校）与社会工作机构（咨询服务、儿童之家等）能够各司其职，协同发挥作用。因此，满足儿童和青年的发展需求、促进资源和机会平等是一项政治责任与挑战（Knapp and Köffler，2009；Filzmaier et al.，2015；Institut für Jugendkulturforschung，2019）。青年政策必须是"跨领域交叉政策"，将社会、家庭、教育、卫生、住房和区域政策联系在一起。

青年问题研究人员（see，e.g. Pohl et al.，2007，2012）和儿童相关研究（Prout and James，1990）指出，青年必须被视为主动行为者，而不仅仅是环境的被动受害者。本文的论证表明：通过青年文化活动，年轻人一方面表达了对政府、政治和社会规范的抗议，另一方面也发展了新的文化、政治、经济和社会视角。然而，研究进一步表明（e.g. Waechter，2011），青年的参与往往被视为暂时的和令人不安的，而非被社会广为承认的政治参与。

参考文献

Arnett，J. J.（2015）. *Emerging adulthood：The winding road from the late teens to the late twenties*. Oxford：Oxford University Press.

Arnett，J. J.（2000）. Emerging adulthood：A theory of development from the late teens through the twenties. *American Psychologist*，*55*（5），469-480.

Baacke，D.（1987）. *Jugend und Jugendkulturen. Darstellung und Deutung*. Weinheim and München：Juventa Verlag.

Beck，U.（1986）. *Risikogesellschaft.* Frankfurt am Main：Suhrkamp.

Beck，U.（Ed.）.（1997）. *Kinder der Freiheit.* Frankfurt am Main：
Suhrkamp.

Beck，U.（1998）. Soziologische Aspekte：Demokratisierung der
Familie. In C. Palentien & K. Hurrelmann（Eds.），*Jugend und Politik.
Ein Handbuch für Forschung，Lehre und Praxis.* Neuwied and Kriftel：
Luchterhand.

Bookman，S.，& Hall，T.（2019）. Global brands，youth，
cosmopolitan consumption：Instagram performances of branded moral
cosmopolitanism. *Journal of Youth Studies*，*1*（1），107-137. Special Issue by
V. Cicchelli & S. Octobre（Eds.），*The rise and fall of cosmopolitanism.*

Borrmann，S.，Fedke，Ch.，& Thiessen，B.（Eds.）.（2019）.
*Soziale Kohäsion und gesellschaftliche Wandlungsprozesse. Herausforderungen
für die Profession Sozialer Arbeit.* Wiesbaden：Springer Vs.

Böhnisch，L.（2001）. Lebensbewältigung. In H.-U. Otto & H. Thiersch
（Eds.），*Handbuch Sozialarbeit/Sozialpädagogik*（pp. 1119-1121）. Neuwied
& Kriftel：Luchterhand.

Böhnisch，L.，Schröer，W.，& Thiersch，H.（Eds.）.（2005）.
Sozialpädagogisches Denken. Wege zu einer Neubestimmung. Weinheim and
München：Juventa Verlag.

Borden，I.（2019）. *Skateboarding，Space and the City：Architecture
and the Body.* London：Bloomsbury.

Brehm，A. L.（2013）. Navigating the feminine in massively multiplayer
online games：Gender in world of warcraft. *Frontiers in Psychology*，*4*
（Article 903），1-12.

Bundesministerium für Wirtschaft，Familie und Jugend（Ed.）.（2011）.

6. Bericht zur Lage der Jugend in Österreich（Teil A，B）．Wien.

Cicchelli，V.，& Octobre，S.（2019）．Introducing youth and globalization and the special issue：The rise and fall of cosmopolitanism. *Journal of Youth and Globalization*，*1*（1），1-18.

Ecarius，J.，Eulenbach，M.，Fuchs，T.，& Walgenbach，K.（2011）．*Jugend und Sozialisation.* Wiesbaden：VS Springer.

Eurostat.（2019）．*Europäische Union：Jugendarbeitslosenquoten in den Mitgliedsstaaten im Dezember 2019.* https：//de.statista.com/statistik/daten/studie/74795/umfrage/jugendarbeitslosig keit-in-europa/.

Fass，S.，& Zipperle，M.（Eds.）．（2014）．*Sozialer Wandel. Herausforderungen für Kulturelle Bildung und Soziale Arbeit.* Wiesbaden：Springer VS.

Fend，H.（1988）．*Sozialgeschichte des Aufwachsens. Bedingungen des Aufwachsens und Jugendalters im Zwanzigsten Jahrhundert.* Frankfurt am Main：Suhrkamp.

Ferchhoff，W.（1985）．Zur Pluralisierung und Differenzierung von Lebenszusammenhängen bei Jugendlichen. In D. Baacke & W. Heitmeyer（Eds.），*Neue Widersprüche. Jugendliche in den 80er Jahren*（pp. 46-85）．Weinheim and München：Juventa Verlag.

Ferchhoff，W.（2006）．Jugendkulturen im 21. Jahrhundert. *Deutsche Jugend. Zeitschrift für Jugendarbeit*，*45*（3），124-133.

Ferchhoff，W.（2011）．*Jugend und Jugendkulturen im 21. Jahrhundert. Lebensformen und Lebensstile.* Wiesbaden：Springer VS.

Ferchhoff，W.，& Neubauer，G.（1989）．*Jugend und Postmoderne. Analysen und Reflexionen über die Suche nach neuen Lebensorientierungen.* Weinheim and München：Juventa Verlag.

Filzmaier, P., Plaikner, P., Hainzl, Ch., Duffek, K., & Ingruber, D. (2015). *Jugend und Politik. Generationsdialog oder Generationskonflikt?* Wien: Facultas.

Fritzsche, B. (2007): Sozialisation und Geschlecht in der Medienkultur. In D. Hoffmann & L. Mikos (Eds.), *Mediensozialisationstheorien. Neue Modelle und Ansätze in der Diskussion.* Wiesbaden: VS.

Fromme, A., Biermann, R., & Kiefer, F. (2014). Medienkompetenz und Medienbildung: Medienpädagogische Perspektiven auf Kinder und Kindheit. In A. Tillmann, S. Fleischer, & K.-U. Hugger (Eds.), *Handbuch Kinder und Medien* (pp. 59-73). Wiesbaden: Springer VS.

Fuchs-Heinritz, W., & Krüger, H.-H. (Eds.). (1991). *Feste Fahrpläne durch die Jugendphase? Jugendbiographien heute.* Opladen: Leske und Budrich.

Giddens, A. (1992). *Kritische Theorie der Spätmoderne.* Wien: Passagen.

Göppel, R. (2009). Theorie (n) der Jugend: Ein Überblick über die Jugenden. In J. S. Krüdener (Ed.), *Lebensalter und Soziale Arbeit. Band 3, Jugend* (pp. 44-74). Baltmannsweiler: Schneider Hohengehren.

Heitmeyer, W., & Olk, T. (Eds.) (1990). *Individualisierung von Jugend. Gesellschaftliche Prozesse, subjektive Verarbeitungsformen, jugendpolitische Konsequenzen.* Weinheim and München: Juventa Verlag.

Hitzer, R., & Niederbacher, A. (2010). *Leben in Szenen. Formen juveniler Vergemeinschaftung heute.* Wiesbaden: VS Verlag.

Hugger, K.-U. (Ed.). (2014). *Digitale Jugendkulturen.* Wiesbaden: Springer VS.

Hurrelmann, K. (1994). *Lebensphase Jugend. Eine Einführung in die sozialwissenschaftliche Jugendforschung*. Weinheim and München: Juventa Verlag.

Institut für Jugendkulturforschung. (2019). *Die Österreichische Jugendwertestudie 2019*. Wien: Eigenverlag.

JIM. (2018). *JIM-Studie 2018. Jugend, Information, (Multi-) Media. Basisstudie zum Medienumgang 12-bis 19-Jähriger in Deutschland.* [*JIM-Study 2018. Youth, Information, (Multi-) Media. Basic study on the media habits of 12- to 19-year-olds in Germany*]. Stuttgart: Medienpädagogischer Forschungsverbund Südwest.

JIM. (2019). *JIM-Studie 2019. Jugend, Information, (Multi-) Media. Basisstudie zum Medienumgang 12-bis 19-Jähriger in Deutschland.* Stuttgart: Medienpädagogischer Forschungsverbund Südwest.

Keupp, H., Ahbe, T., & Gmür, W. (1999). *Identitätskonstruktionen: Das Patchwork der Identität in der Spätmoderne.* Bielefeld: Rowohlt Taschenbuch Verlag.

Keupp, H., & Hohl, J. (Eds.). (2006). *Subjektdiskurse im gesellschaftlichen Wandel. Zur Theorie des Subjekts in der Spätmoderne.* Bielefeld: Transcript Verlag.

Klinglmaier, R. (2013). *Determinanten von Bildungsarmut bei Jugendlichen. Eine Analyse für Kärnten.* Saarbrücken: Südwestdeutscher Verlag.

Knapp, G., & Pichler, H. (Eds.). (2008). *Armut, Gesellschaft und Soziale Arbeit. Perspektiven gegen Armut und Soziale Ausgrenzung in Österreich.* Klagenfurt, Ljubljana, and Wien: Hermagoras.

Knapp, G., & Köffler, M. (2009). Kinderrechte und kindbezogene Politik in Österreich. In G.Knapp & G. Salzmann (Eds.), *Kindheit,*

Gesellschaft und Soziale Arbeit. Lebenslagen und soziale Ungleichheit von Kindern in Österreich（pp. 574-595）. Klagenfurt, Ljubljana, and Wien：Hermagoras.

Knapp, G., & Salzmann, G.（Eds.）.（2009）. *Kindheit, Gesellschaft und Soziale Arbeit. Lebenslagen und soziale Ungleichheit von Kindern in Österreich.* Klagenfurt, Ljubljana, and Wien：Hermagoras.

Knapp, G., & Lauermann, K.（Eds.）.（2012）. *Jugend, Gesellschaft und Soziale Arbeit. Lebenslagen und soziale Ungleichheit von Jugendlichen in Österreich.* Klagenfurt, Ljubljana, and Wien：Hermagoras.

Knapp, G.（2012）. Jugend und Schule. In G. Knapp & K. Lauermann（Eds.）, *Jugend, Gesellschaft und Soziale Arbeit. Lebenslagen und soziale Ungleichheit in Österreich*（pp. 393-423）. Klagenfurt, Ljubljana, and Wien：Hermagoras.

Knapp, G., & Salzmann, G.（2012）. Jugend und Familie. In G. Knapp & K. Lauermann（Eds.）, *Jugend, Gesellschaft und Soziale Arbeit. Lebenslagen und soziale Ungleichheit in Österreich*（pp. 368-392）. Klagenfurt, Ljubljana, and Wien：Hermagoras.

Krüdener, J. S.（2009）. Lebensalter Jugend und Soziale Arbeit. Bedingungen des Aufwachsens in der Jugendphase und ihre Konsequenzen für Jugendliche, Jugendforschung und Soziale Arbeit. In J.S. Krüdener（Ed.）, *Lebensalter und Soziale Arbeit. Band 3, Jugend*（pp. 1-42）. Baltmannsweiler：Schneider Hohengehren.

Krüger, H. H., & Grunert, C.（Eds.）.（2002）. *Handbuch Kindheits-und Jugendforschung.* Opladen：Springer VS.

Mansel, J., & Speck, K.（Eds.）.（2012）. *Jugend und Arbeit. Empirische Bestandsaufnahme und Analysen.* Weinheim and Basel：Beltz

Juventa.

McCulloch, K., Stewart, A., & Lovegreen, N. (2006). "We just hang out together": Youth cultures and social class. *Journal of Youth Studies*, *9*(5), 539-556.

Muggleton, D. (2000). *Inside subculture: The postmodern meaning of style*. Oxford and New York: Berg.

Muggleton, D. (2005). From classlessness to clubculture: A genealogy of post-war British youth cultural analysis. *Young*, *13*(2), 205-219.

Münchmeier, R. (2001). Jugend. In H. U. Otto & H. Thiersch (Eds.), *Handbuch Sozialpäda-gogik/Sozialarbeit* (pp. 816-830). München: Reinhardt Ernst.

Peuckert, R. (2019). *Familienformen im sozialen Wandel*. Wiesbaden: Springer VS.

Pohl, A., Stauber, B., & Walther, A. (2007). *Youth—Actor of Social Change: Theoretical reflections of young people's agency in comparative perspective*. Interim Report (D12) of the Up2Youth project. http: // www.up2youth.org/downloads/task, cat_view/gid, 19/.

Pohl, A., Stauber, B., & Walther, A. (2012). *Jugend als Akteurin sozialen Wandels*. Weinheim: Juventa.

Prout, A., & James, A. (1990). A new paradigm for the sociology of childhood? Provenance, promise and problems. In A. James & A. Prout (Eds.), *Constructing and reconstructing childhood: Contemporary issues in the sociological study of childhood*. London: Routledge.

Raithelhuber, E. (2008). Junge Erwachsene. In A. Hanses & H. G. Honfeldt (Eds.), *Lebensalter und Soziale Arbeit* (pp. 152-173). Baltmannsweiler: Schneider Verlag.

Rettberg, J. W.（2017, October-December）. Hand signs for lip-syncing: The emergence of a gestural language on musical.ly as a video-based equivalent to emoji. *Social Media+Society*, *3*, 1-11.

Robertson, R.（1995）. Glocalization: Time-space and homogeneity. In M. Featherstone, S. Lash, & R. Robertson（Eds.）, *Global modernities*（pp. 25-54）. London: Sage.

Roudometof, V.（2019）. Cosmopolitanism, glocalization and youth cultures. *Journal of Youth Studies*, *1*（1）, 19-39. Special Issue by V. Cicchelli and S. Octobre（Eds.）, *The rise and fall of cosmo-politanism*.

Rucht, D., & Sommer, M.（2019）. Fridays for Future. Vom Phänomen Greta Thunberg, medialer Verkürzung und geschickter Mobilisierung: Zwischenbilanz eines Höhenflugs. *Internationale Politik*, *4*, 121-125.

Scherr, A.（2009）. *Jugendsoziologie. Einführung in Grundlagen und Theorien*. Wiesbaden: VS Verlag.

Schwendter, R.（1973）. *Theorie der Subkultur*. Köln: Kiepenhauer-Wirsch.

Sennet, R.（1998）. *Der Verfall des öffentlichen Lebens. Die Tyrannei der Intimität*. Frankfurt am Main: Fischer.

Shildrick, T., & MacDonald, R.（2006）. In defence of subculture: Young people, leisure and social divisions. *Journal of Youth Studies*, *9*（2）, 125-140.

Sommer, M., Rucht, D., Haunss, S., & Zajak, S.（2019）. *Fridays for Future. Profil, Entstehung und Perspektiven der Protestbewegung in Deutschland*（ipb working paper 2/2019）. Berlin: Institute for Social Movement Studies.

Spatscheck, C. (2005). Jugendkulturen zwischen Herrschaft und Emanzipation. *Deutsche Jugend. Zeitschrift für Jugendarbeit*, *53*(10), 419-426.

Stauber, B. (2001). Junge Frauen und Männer in Jugendkulturen. *Deutsche Jugend. Zeitschrift für Jugendarbeit*, *54*(3), 62-70.

Subrahmanyam, K., Reich, S. M., Waechter, N., & Espinoza, G. (2008). Online and Offline Social Networks: Use of Social Networking Sites by Emerging Adults. *Journal of Applied Developmental Psychology*, *29*(6), 420-433.

Süss, D. (2006). Mediensozialisation zwischen gesellschaftlicher Entwicklung und Identitätskonstruktion. In K.-S. Rehberg (Ed.), *Soziale Ungleichheit, kulturelle Unterschiede: Verhandlungen des 32. Kongresses der Deutschen Gesellschaft für Soziologie in München* (pp. 3370-3380). Frankfurt am Main: Campus.

Tenbruck, F. (1965). *Jugend und Gesellschaft*. Freiburg: Rombach.

Villanyi, D., Witte, M. D., & Sander, U. (Eds.). (2007). *Globale Jugend und Jugendkulturen. Aufwachsen im Zeitalter der Globalisierung*. Weinheim und München: Juventa.

Waechter, N. (2006). *Wunderbare Jahre? Jugendkultur in Wien. Geschichte und Gegenwart. Enzyklopädie des Wiener Wissens Band IV* (H. Ch. Ehalt, Ed.). Weitra: Bibliothek der Provinz.

Waechter, N. (2011). Partizipation und Jugendkultur. Zum Widerstandscharakter von Jugendlichen am Beispiel von SkateboarderInnen und HausbesetzerInnen. In A. Pohl, A. Walther, & B. Stauber (Eds.), *Jugend als Akteurin Sozialen Wandels. Veränderte Übergangsverläufe, strukturelle Barrieren und Bewältigungsstrategien* (pp. 263-286). Weinheim und München：Juventa.

Waechter, N. (2012). Jugend und Jugendkulturen. In G. Knapp & K. Lauermann (Eds.), *Jugend, Gesellschaft und Soziale Arbeit. Lebenslagen und soziale Ungleichheit in Österreich* (pp. 308-326). Klagenfurt, Ljubljana, and Wien：Hermagoras.

Waechter, N. (2019). The participative role of social media for the disadvantaged young generation in the Arab Spring. In C. Musik & A. Bogner (Eds.), *Österreichische Zeitschrift für Soziologie 44* (pp. 217-236), Special Issue 1/19. Digitalisation and Society.

Waechter, N. (2020, September 17). *Fridays for Future im Spannungsfeld von Handlung und Struktur. Conference Paper.* In 40th Congress of the German Sociological Association. Technical University Berlin.

Waechter, N. (2021). Jugendkulturen. In A. Berngruber & N. Gaupp (Eds.), *Erwachsen werden heute.* Stuttgart：Kohlhammer.

Waechter, N. (accepted). Gendered social media cultures between individuality and collectivity. In V. Cuzzocrea, B. Gook, & B. Schiermer (Eds.), *Forms of collectivity among contemporary youth：A global perspective.* Leiden：Brill.

Waechter, N., & Hollauf, I. (2018). Soziale Herausforderungen und Entwicklungsaufgaben im Medienalltag jugendlicher Videospieler/ innen. *Deutsche Jugend. Zeitschrift für die Jugendarbeit, 2018* (5), 218-226.

Waechter, N., & Triebswetter, K. (2009). "Fashioncore" oder "echte" Jugendkultur? -Emo auf dem Prüfstein der Authentizität. In M. Büsser, J. Engelmann, & I. Rüdiger (Eds.), *Emo：Porträt einer Szene* (pp. 12-28). Mainz：Ventil Verlag.

Wegener, C. (2008) . *Medien, Aneignung und Identität: „Stars" im Alltag jugendlicher Fans.* Wiesbaden: Springer VS.

Whyte, W. F. (1943) . *Street corner society.* Chicago: University of Chicago Press.

Willis, P. (1977) . *Learning to labor: How working class kids get working class jobs.* New York: Columbia University Press.

Willis, P. (1981) . *Profane culture: Rocker, Hippies: Subversive Stile der Jugendkultur.* Frankfurt am Main: Syndikat.

Zinnecker, J. (1987) . *Jugendkulturen 1940-1985.* Opladen: Springer VS.

Zinnecker, J. (2000) . Selbstsozialisation. Essay über ein aktuelles Konzept. *Zeitschrift für Soziologie der Erziehung und Sozialisation, 20* (3), 272-290.

青春期和移民：
论归属秩序的重要性

Britta Hoffarth，Paul Mecheril

1. 青春期：一个充满可能性的空间

本文中，我们将对相关概念进行更为详尽的解释，这些概念代表了对青春期现象的一种支配性认识，以及对当前的理论解读。特别地，我们将从至少三个方面对青春期概念进行批判。一是对成长和人生阶段概念进行批判，此类概念认为具有归化作用的青春期是准有机过程（Erikson，2017；Melzer，1976）；二是对一些概念产生的规范性效应进行批判，这些观念假设完成成长任务时需要满足某些基本要求（Hurrelmann and Bauer，2020；Hurrelmann，2012）；三是对普世的人生阶段概念的差异、背景和抹平效应进行批判。在批判的背景下，我们认为与其说青春期是一个生命阶段，不如说是一种（空间性）生活环境，在这种环境中，个体深入审视与自我的关系，这是一种与所处社会环境关联的自我反思形式。

空间的形象和概念在社会科学中发挥着重要作用，在定向模式语境下讨论主体的情境性和构成时尤其如此。将空间隐喻与像青春期这样看起来一去不复返的现象联系起来，目的是强调社会现象发生的语境，或者至少是对其进行标记。社会空间是社会建构的现象，是象征性归因竞合过程的产物，源于行动者在特定社会空间中进行的意义归因过程（Löw，2001）。在上述假设的基础上，我们首先将青春期理解为建构过程和建构实践带来的一种影响，其次将其视为一种无法存在于"行为意义"过程范畴之外的行为现象。

在下面的论述中，青春期不仅被视为外在表现，还被看作青年协商可能和不可能之间关系的空间。为人所熟知的青春期行为和体验包括：努力与家庭保持距离，尝试其他生活方式和关系形式，以全新方式（甚至在无人指导的情况下）体验效能感，将体验本身视为一种生活方式，体验边界、越界和边界的建立，第一次获得社交和身体方面的体验（主要通过与其他身体的亲密接触实现，会让个体改用其他姿态并获得对自我的不同认知）。因此可以说："青年实现个性化需要［……］游戏和冒险，需要尝试和越界，需要探索自己的创造潜力"（Winkler，2005，p. 30）。

将青春期与固定人生阶段脱钩是本文的首选视角，这种脱钩与强调去传统化、多元化和个人化的特定文化及社会过程密切相关；也就是说，我们应该将这种脱钩大致视为一种相对脱钩（和相对耦合）和一个特定的人生阶段，虽然如此，它仍然以特定的方式（社交和媒体）与青年的意义和归因联系在一起。因此，在讨论青春期特点时，我们要理解两个事实：第一，青春期是一个可以对好玩的"假设"进行验证的试验场、测试区；第二，这种测试和验证行为是人们能够谈论青春期所必需的。此外，我们建议将青春期理解为一个空间，在这个空间中，对社交生活的某个方面应该采用嬉闹还是严肃的态度是不确定的，个体需要进行协商和应对。一个承认青年空间存在的文化期望那些被认为是青年的个体是实验性的、别扭的、过分的、夸张的、误入歧途的和笨拙的：简言之就是他们的行为是"幼稚的"（Hoffarth，2019）。否则，青春期和非青春期之间的差异将无关紧要。事实上，在多元化和去标准化的条件下，人们对"别扭"和"清晰"的看法（比如青年对比其他人）本就已经变得模糊与多元；但这并没有改变一个事实，即只有理解暂时性和个性化等具有重大实践性意义的概念之后，才能开始讨论青春期问题。所以，本文建议的视角实际上是使用"差异"而非"成长"来对"青春期"进行文化意义上的识别和认定。

因此，可以对涉及青春期的两个观念进行区分。第一种观念认为青春期属于关系"个性化"中的经验和可能性领域，且不一定按常规理解将"青春期"看作一段生理时期。另一种观念将"青春期"视为对应生理阶段的一种文化建构，虽不具有决定性，但却有效，且以不同方式影响着行为类型、自我观念、意义分配模式、合法性，以及合理性的界限。与16岁的女孩相比，50岁的女性可能更难理解某些"荒谬想法"的社会意义，这些"荒谬想法"可能是可感知的，也可能与其他人有关。

青春期是一种相对独立于某个人生阶段的生活环境，其特点是以一种重大且夸张的方式表现出复杂关系：通过主动与自我建立一种认知、情感、身体、象征和审美关系，自我也就能够与政治、文化和社会环境建立联系，反之亦然；由于被动地与自我建立了一种认知、情感、身体、象征和审美关系，我将被动地与政治、文化和社会环境建立了联系，反之亦然。正如引用 Winkler 的观点时所指出的，青春期的表现可以被理解为玩闹和风险并存的，因为将青春期作为严肃话题看待关系重大。

在这方面，我们假设文化符码"青春期"以一种特殊的方式被教育过程所表征，而这些教育过程就是在此类关系中构成的。因此，像我们一样，那些更喜欢非规范性青春期概念的人们会放松青春期与既定的人生阶段之间的联系，却不排除成年人可以经历生理青春期"状态"的可能性。此外，人们最终会（同步地）将青春期视为一种与特定环境相关的、夸张的条件性状态。

为了清晰表述我们所理解的青春期生成（becoming）的特定时刻，下文中我们提到了教育（Bildung）的概念。在这里，生成不仅是一种被动接触，还是主体与自身和世界之间的积极互动。本文中的教化被设计为一个在主体化和能动性（不要与控制混淆）之间的张力场。青年是他们生活世界中的一个主体，他们对社会环境的参与是通过对其局限性和可能性进行积极塑造与对抗来表达的。这种由自我主导活动塑造的个性化过程与生成（generativity）条件相辅相成，因此也与代际秩序的形成有关。生成可以理解为青年个性化的辩证补充（King，2013，pp. 105，181），它描述了"可用或已提供的态度和资源的总和"以及"在个性化过程中实现有效性的地位和能力"（ibid., p. 276）。因此，本文重点讨论的青春期概念实际上是将行动和目标可能性的日常条件，以及为实现社会地位而进行的协商和努力与对代际互动的参与过程（不限于单一人生阶段）统合了起来。然而，我们假设个人通过跨越和坚持边界而获得的地位在社会语境中是偶然的。这意味着两件事：一是获取地位并不一定需要通过这种方式（尽管发生的原因可以解释）；二是社会地位可以发生改变（这意味着社会地位是不稳定的、可撤销的）。

在化学实验中，我们将元素混合，观察和评估反应过程，以证实或证伪先前制定的假设。心理学实验则是一种有控制的调查方法，实验条件具有系统性和操作性，负责观察实验对象行为的不是行为对象，而是实验对象自己。在这里，已知条件是自变量，未知反应是因变量。

与之形成对比的是，针对青春期进行的社会实验（特别是在社会多样化加速发展创造的后传统和代际传统条件下）是缺乏系统结构的，对于实验参与者来说，此类社会实验的特点通常是"变量"取决于不可控和不可预测的实验环境。在非实验室条件下的常规实验过程中，对于个性化和生成过程具有建构性作用的教化过程得以启动：对行为模式的实验性测试以及在给定情况下对边界和可能性的体验会产生认知、身体与社会后果。这些后果还会进一步影响行动、定向以及与自我和世界的关系。与书本中描述的科学实验相比，这一过程目标导向程度较低，其特点是拥有（必要的）承担风险的意愿、高度的情感承诺，以及应对可能失败带来的挑战。上述特点无法预测，但可以拆解开并置于情境中进行解释。犯错，以及在传统、法律和道德层面遭遇阻力虽然可能削弱或伤害自身，但是也提供了机会，让人摆正与社会规则之间的关系，同时发展其他解读和行为模式。

这种从尚未成年到不再成年（再到即将再次成年）的社会实验可以被描述为一个过程，由一种明确的意愿构成，即参与知识与非知识、文化熟悉与不熟悉、社会归属与非归属的辩证相互作用，其目的是自己来塑造游戏，并从社交和社会角度沉浸在游戏设计中。

与浪漫青春电影和时而返老还童的错觉相比，青春期体验发生的领域是不自由的和空虚的，正如空间隐喻已经表明的那样，领域的局限性可以被那些身处其中的行为个体和由其变化而来的主体感知到。这些空间由归属感以及与其相关的特定规则所建构。在这些空间内进行实验有其局限性：在某种程度上是由世代关系、学校或学校制度的规则，或特定（青年）文化群体的行为准则所规定的。

对这些局限性和边界的体验和（再）叙述，以及个体在其中所处的位置，是构成主体（subject）的经验。"经验"在语用上可以理解为意义和表征的归因，不是行为的附带现象，而是行为的构成部分，产生于行为的语境下。正如 John Dewey（2000）所言，经验既不是主动的，也不是被动的，而是导致了"做"和"痛苦"之间的纠缠："我们影响对象（object），对象又反过来影响我们［……］"（ibid., p. 186）。与同龄人和其他非成年人协商互动方式，与权威（即在非成年人关系背景下处于被信任和/或被尊重地位的人）对抗，促成了自身行为风格和行事方式的发展。Dewey 把在惯常环境中无阻碍进行的日常行为和交流过程，以及由其产生的不言而喻的经验（即经验和对象的共生关系）称为"初级经验"（primary experience）。然而，一旦此类情况出现问题，即如果看似可靠的解释模式无法继续作为久经考验的行动模式的基础，这种经验就会变得不稳定。在此情况下，反思的过程使我们有可能抽象出具体的东西，为形势中的问题方面（例如个人行为的后果）构建一个框架，将可能的后果降低到可控范围，从而让我们保有能够采取临时行动的能力。Dewey将这一意义的重建（或新建构）称为"次级经验"（secondary experience）（Neubert，2004）。

Käte Meyer Drawe的"现象学—主体化—理论"经验概念对这一实用主义视角进行了拓展，引入了消极时刻和力量时刻。

为了对学习这个核心消极时刻进行解释，Meyer Drawe使用了"归纳"（epagoge）一词，并借此引出了Günther Buck的观点：

> 这个词描述了"（经验的）消极特征"。它提醒人们注意这样一个事实，即只有在某个经历迫使我们转过身来，重构我们的先见时，我们才会创建一种经验。[……] 学习被视为一个重新认识的过程，即当我们对不恰当的预期感到失望、否定对当前经历的权威解读时，学习就会以重新学习的方式发生（Meyer-Drawe，1996，p. 89）。因此，每次经历也都会让主体失去一些东西，使主体认为有必要审视自身与世界之间的关系。同时，在经历的过程中，我们总是面临着自我以外的事物，一个与我们完全不同的人挑战着我们对自我的概念，并向我们追问："社会性作为人类生存的基本模式，指向这样一个事实：自我总是由他人所共同构成的，自我的发展是通过过度的非同一性来保持的，从某种意义上说，我将永远对自己感到陌生，我的个人特质总是存在于他人的干预之中。"（ibid., p. 94）

正是在这样反思自身行为及其后果，并发展出新意义的时刻，我们发现青春期的主线就是创造力、能动性和转型。这种转型的个体表征（比如叙事、记忆和对自我与世界的概念）一方面是在对（冒险）行为的辩证分析中构建的，另一方面也反映了对经验和可能性领域进行实验性"涉足"产生的结果。但是，有效行为、情感参与以及变（差异）与不变（认同）的表征又同时受到不同社会环境秩序的影响，这构建了归属和疏离社会概念背景下的青春期的全部可能性。

2. 国家—种族—文化归属秩序

将青春期抽象理解为个体能动性和反思的综合体，假定青春期为一种社会空间，需要结合近期的社会环境变化进行讨论。人类社会进入现代后期的特征是受全球发展和权力结构影响的几种不平等模式同时存在，其中最为关键的可能是移民。

即便移民不是一种专属于现代的现象，但现代条件赋予了移民一些具体特点。近年来，人口的跨境流动对世界各地的个体和社会具有特殊意义，是全球化的主要来源之一。当前全球化移民的重要性通常与以下几方面有关（Mecheril，2018）。

（1）移民数量随着现代思想的传播而增加，反之亦然。由于移民，"现代"理念重要性日益提升。从本质上看，移民可以看作对自身所处地理、生态、政治和文化位置进行掌控的一种尝试。因此，移民是现代生活方式的典范，同时，现代生活的所有矛盾、幻觉和可疑的附带后果也都会发生在移民过程中。

（2）移民随着对全球不平等和不公正认识的增加而增加：武器技术进步导致现代战争残酷性提升，世界范围内财富分配不均，不同程度的生态环境变化和自然资源破坏，以及全球不平等加剧等是移民现象的主要原因。不平等表现方式的变化、世界人口总数不断增加，以及全球知识传播（电视和计算机等信息技术增加了对世界面貌的呈现），使得全球失调和不平等从未像现在这样明显。

（3）时间和空间的改变：由于运输和通信技术的发展，时空"收缩"成为当前世界的一大特征，尤其是在经济资源方面。这对于人们在时空关系发生变化的世界中对自我和机遇进行理解与感知非常重要。此外，这一特点还有助于（至少是鼓励）人口进行跨境流动。

移民塑造和重塑了熟悉与现有的边界。关于移民的政治和日常讨论总是涉及民族国家如何设定边界，以及如何处理边界内的差异、异质性和不平等问题。移民让边界变得复杂。在这里，边界一词指的并非具体的领土边界，而是象征性的归属边界。移民现象将归属问题转化为一个关于个体、社交和社会结构问题，而不再仅仅涉及移民人口本身，因为移民对产异化秩序提出了疑问，而产异化秩序又是社会对"内部"和"外部"进行区别对待的最根本机制。因此，仅仅将移民定义为穿越边界的过程显然是不够的。重要的是我们要认识到，移民也是一种现象，它涉及对"内部"与"外部"、"我们"与"非我们"之间边界的讨论和问题化，从而潜在地质疑但也加强了社会秩序的基本分化。

在此背景下，归属经历和现象在当下如此重要的原因就变得清晰起来：在移民社会中，归属关系变得模糊，归属已然变成一个问题——既是一个主题，也是一种经验。而我们关注归属是因为对于个体和超个体来说归属已经变成一个问题。

为了更精确地阐述这一点，在结合Meyer-Drawe观点的基础上，我们比Dewey更进一步，将"经验"理解为严格意义上的社会、语言、文化和政治语境化的现象。经验不会自动发生或"积累"，彼此之间也不是孤立存在的，而是深深植根并产生于话语语境中的。我们认为，在根本意义上，无论是语言前体验（例如注意力改变、定向反应、强烈的情绪或立即感受到的影响）还是语言体验（例如日记、叙事、理论），都是由微观文化规范所传授的；这些规范使对意义和实践形式的特定归因成为可能，同时防止其他归因。

在移民社会中，尽管存在其他影响因素，但归属秩序赋予青春期经历一种具有意义的结构。对于这些秩序（由于具备基础的社会、政治和个体意义，性别、种族和阶级等秩序被定义为基础秩序），青少年不仅被动遭遇，而且也相当熟悉，因为它们对人生早期的经历、理解方式和行为形式具有结构化影响。

通过将自我观念以实践（比如认知和直观的方式）、感官和身体的方式进行传授，归属秩序会产生教化效果（Bildungseffekt）。这些自我概念反映了社会地位和分层，同时传授了一种对世界的理解方式，据此人们可以明白自身的定位。归属秩序尤其指霸权差异秩序；在此类秩序的规范下，重要的差异得以凸显，人们相互熟悉，关于如何对待自己的身体、如何说话和如何思考的常规与惯例得以创建，方便人们明确自己在一系列等级结构中（稳定却不僵化）的定位。

社会不平等和不公正的呈现是多维度的（呈现方式是超越人类想象的），可能影响不同归属秩序之间的互动方式。性别、阶级和种族是不平等与差异的不同维度，影响着人类的兴趣、性格和认同，即（基本）归属秩序具有的主体化效应。

由于在讨论青春期时使用"认同"一词并不罕见——而且一些知名科学家认为"自我认同"发展是青春期的最重要功能（Erikson，2017）——我们想简要在此讨论一下为什么选择从归属理论而非从认同角度来研究青春期问题。"认同"是一个（社会）心理学范畴，根据个人的生活史和基本社会条件所显示的个人能力来检验个人生活脚本的适当性。从个人和相关社会语境角度来看，对于"我是谁？"这个问题，有成功的和失败的认同形式，也有愉快的和不愉快的答案。

相比之下，主观化理论中的"归属"更明确地指代一种关系。研究

"社会归属"实际上就是研究个体和某种社会情境之间的关系，而区分"归属"和"疏离"的行为与观念构成了这种情境。"归属"一词侧重于个人与其所处社会情境之间的关系，"认同"强调的则是个体在社会上获得的能力；此外，个体还必须独自承担与能力相关的责任。在这种关系中，由George Herbert Mead提出的"与众不同（being like no one else）"和"泯然众人（being like everyone else）"悖论必须在实践、认知和情感上得到平衡与体现。认同不是给予个体的，而是"分配"（Böhme，1996）给他们的，必须执行和维护。此外，为了能够维护自己的认同，还需要掌握某些技能。这些技能是社会传授的，但主要在个人层面上发挥作用，包括"同理心"、"角色距离"（role distance）、"容忍模棱两可的能力"和"表达认同的能力"（Krappmann，2000）。"认同"一词关注个体如何建立自我的连贯性、连续性和一致性，或者如何（有效）应对不连贯、不连续和不一致的情况。相比之下，"归属"一词则聚焦个体在何种社会、政治和社会状况下理解、承认与尊重其对特定情境的归属感，并考察这些条件所造就的个人境遇。

归属经历是指个体在社会情境中体验自身地位并通过情境认识自己的现象。当我们考虑归属关系如何因移民现象而变得模糊时，通常使用"种族"归属或"文化"归属等术语。在本文中，我们选择使用术语"国家—种族—文化归属秩序"（Mecheril，2003）。这种归属维度构成了移民社会中属于青年的体验和可能性，我们将使用差异化的分析方法对其进行更为详细的研究（此处省略了归属的其他维度及其相互作用的复杂方式）。

从个体角度来看，国家—种族—文化归属语境是基于事实的想象空间，不与个体成员相对立。在此类空间中，个体可以理解并表达自我，这从根本上影响了他们的行为方式。

在国家—种族—文化归属经验中，个体将自己置于国家—种族—

文化归属语境中；借助这些经验，他们摆正了自己与象征性和想象语境（领土边界概念）之间的关系。知识、行动和幸福的总体架构是由自我关系和他人关系之间的辩证关系产生的，简单来说就是两种关系都包含积极和消极的归属经验，代表肯定和否定归属经验间的关系和状况。这些架构使个体能够理解自身在特定情境中的归属状态。归属经历催生了归属观念。归属观念指能够整合、抽象和强化归属情境体验的情感、认知、实践与身体模式。这些模式在由积极和消极经历构成的同时，也对归属经历进行了建构。归属观念是选择和建构的系统，在个人归属的整体情境中赋予每次经历以意义。

归属或疏离的经历有助于归属观念的发展，尤其是在青春期阶段的试验和成长空间中，在此过程中对归属社会类别的协商起着核心作用。基于这些归属观念——它们虽不完整且处于不断变化中，但却持续塑造着个体与自我、他人及世界的社会和认知关系——个人在社会情境中行动和认识自己，使进一步获得归属经验成为可能。

个体与归属情境间的关系取决于归属情境对个体采取的关系，以及这种关系如何通过社会要求、日常经历和由此产生的预期展现出来。归属观念属于积极的定位和去定位行为，受行为发生的社会领域结构影响。主观归属观念则指个体（理解的）与社会情境之间的相对关系。这些关系由个体对"他人"观念塑造。对归属情境内、外具体人的想法（提供关于归属的直接或间接信息），以及来自大众的可预期、确认和想象的反馈，构成了一个人的归属观念。他人对归属的表达——一个手势、一个问题（"你从哪里来？"）、一条评价（"你的德语很好"）——建立了个体对自身归属感的完型和建构模式（Solórzano and Pérez Huber，2020）。

归属经验塑造了国家—种族—文化归属概念，而归属经验的发生是以国家—种族—文化归属的政治、互动和语义秩序存在为前提的。没有

（归属）秩序，就不可能产生（归属）经验。

3. 结语——归属的力量

在本文中，我们的目标是提出青春期的概念。一方面，我们对结构主义方法持批判立场，从文化理论和权力分析角度将青春期理解为一个实验空间。另一方面，除这个抽象的角度外，对于全球移民，我们提出了一种方法，将关于自我和社会性的复杂协商视为情境化实践，我们称之为情境谈判和归属授权。"归属秩序"应被理解为强有力的情境，通过促进和调节的复杂组合，以及象征、文化、政治和传记的包容与排斥，构成了个体并对其施加积极影响。在全球移民的背景下研究青春期时，这一点就显得尤为重要了。归属秩序是产生主体的情境和空间，是个体成为主体的完型和建构情境。

关于归属秩序和权力之间的联系，可以从三个核心方面进行分析：首先，国家—种族—文化归属秩序是强大的，因为在秩序影响范围内它们通过各种方式对主体进行训练，帮助主体建立习惯并对主体进行约束。其次，国家—种族—文化归属秩序是强大的，还因为一般来说，这类秩序代表了支配情境，情境中某些形式的国家—种族—文化归属类别在政治和文化层面上通常优先于其他类别。最后，国家—种族—文化归属秩序是强大的，也因为它们是基于排他性逻辑运作的秩序，要求个体在秩序中表达并理解自身的定位。

归属秩序可以被描述为主体差异化的完型和建构情境。在一个由归属秩序建构的空间中，对可能性和局限性的体验是通过做事与受罪的对立统一实现的，而青春期主体形成的结果就是建立一种受归属秩序力量深刻影响和支持的人生定位。

（本文完整版最初发表时采用德文撰写，作者注。可参见，Mecheril，P. & Hoffarth，B.（2009）. Adoleszenz und Migration. Zur Bedeutung von Zugehörigkeitsordnungen. In V. King & H.–Ch. Koller（Eds.）Adoleszenz–Migration–Bildung. Bildungsprozesse Jugendlicher und junger Erwachsener mit Migrationshintegrund（pp. 239–258）. Wiesbaden：Verlag für Sozialwissenschaften. ）

参考文献

Böhme，G.（1996）. Selbstsein und derselbe sein. Über ethische und sozialtheoretische Voraus-setzungen von Identität. In A. Barkhaus，M. Mayer，N. Roughley，& D. Thürnau（Eds.），*Identität -Leiblichkeit -Normativität. Neue Horizonte anthropologischen Denkens*（pp. 322-340）. Frankfurt a.M.：Suhrkamp.

Bourdieu，P.，& Passeron，J.-C.（1971）. *Die Illusion der Chancengleichheit. Untersuchungen zur Soziologie des Bildungswesens am Beispiel Frankreichs. Texte und Dokumente zur Bildungs-forschung*. Stuttgart：Klett.

Dewey，J.（2000）. *Demokratie und Erziehung. Eine Einleitung in die philosophische Pädagogik*. Weinheim：Beltz.

Erikson，E. H.（2017）. *Identität und Lebenszyklus. Drei Aufsätze*. 28. Auflage. Frankfurt a.M.：Suhrkamp.

Hoffarth，B.（2019）. Dekorierte Körper in der weiblichen Adoleszenz. Prozesse der Inkorporierung als illusio. In T. Böder，P. Eisewicht & G. Mey（Eds.），*Stilbildungen und Zugehörigkeit. Materialität und Medialität in Jugendszenen. 1st ed. 2019*. Erlebniswelten.

Hurrelmann，K.（2012）. *Bachelor | Master：Sozialisation*. 1. Aufl.

Weinheim：Julius Beltz（Pädagogik 2013）.

Hurrelmann, K., & Bauer, U.（2020）. *Einführung in die Sozialisationstheorie. Das Modell der produktiven Realitätsverarbeitung.* 13. Auflage（Pädagogik）.

King, V.（2013）. *Die Entstehung des Neuen in der Adoleszenz.* Wiesbaden：VS.

Krappmann, L.（2000）. *Soziologische Dimensionen der Identität.* Stuttgart：Klett-Cotta.

Löw, M.（2001）. *Raumsoziologie.* Frankfurt am Main：Suhrkamp.

Mecheril, P.（2003）. *Prekäre Verhältnisse. Über natio-ethno-kulturelle (Mehrfach-) Zugehörigkeit.* Münster：Waxmann.

Mecheril, P.（2018）. Orders of belonging and education：Migration pedagogy as criticism. In D. Bachmann-Medick & J. Kugele（Eds.）, *Migration：Changing concepts, critical approaches*（pp. 121-138）. Berlin：De Grutyer.

Melzer, G.（1976）. *Sozialisation in der Schule. Sozialpädagogik hilft Lern- und Verhaltensstörungen heilen.* Freiburg：Herder.

Meyer-Drawe, K.（1996）. Vom anderen lernen. In M. Borelli & J. Ruhloff（Eds.）, *Deutsche Gegenwartspädagogik*（pp. 85-98）. Hohengehren Schneider-Verlag.

Neubert, S.（2004）. Pragmatismus. Thematische Vielfalt in Deweys Philosophie und in ihrer heutigen Rezeption. In L. Hickman, S. Neubert, K. Reich（Eds.）（2004）. *John Dewey. Zwischen Pragmatismus und Konstruktivismus.* Münster：Waxmann.

Solórzano, Daniel G., & Pérez Huber, L.（2020）. *Racial microaggressions in education. Using critical race theory to respond to everyday racism*. New York：Teachers College Press（Multicultural education series）.

Winkler，Ch.（2005）. Lebenswelten Jugendlicher. Eine empirisch-quantitative Exploration an Berufsschulen zur sonderpädagogischen Förderung im Regierungsbezirk Oberfranken. Dissertation an der LMU München（Fakultät für Psychologie und Pädagogik）.

青年的本质：
或论当代社会中青年消失的假定

Michael Winkler

1. 论当代青年话语

就科学话语而言，有时天真地相信常识和日常生活用语是有价值的。毕竟，每一个科学陈述都是从前概念（pre-conceptual）开始的。这就要求我们反对一条如今流传甚广的关于青年问题研究现状的说法。这种说法认为：不再存在所谓"青年"，关于青年的讨论已经终结，无须继续。

这种说法就是无稽之谈。如果换作哲学家 Harry G.Frankfurt，他一定会批评这种主张是胡说八道，然后一本正经地重复老一套理论：当然，少年是存在的，青年也是存在的。然而,（青年不复存在）这一主张已然占据了上风。它是在向社会科学过渡期间建立的，当时的青年研究越来越遵循社会学导向，批评将青年看作自然化（naturalising）概念的观点，主张必须在权力理论的启发下对其进行解构。这使得青年概念显得过时了，因为青年概念认为青年至少认同基于生命发育和过程的自然概念与现实。从这个角度看，青年在社会学意义上解体了。矛盾的是，心理学也为这一观点提供了支持，即心理学往往只从障碍或优化的角度思考问题、关注认知相关的领域，似乎与生命阶段无关。因此，我们发现发展心理学已经从教师培训准则中消失了，这让青春期的到来在教师的眼中变成一种现实冲击：虽然他们掌握了关于学生社会出身和生活状况制约因素的数据报告，但却没有做好与青年面对面互动的准备。

以社会学和社会科学为主导的研究方法认为，将青年视为非青年（non-youth）的假设是合理的，理由是现代社会正在放弃青年概念，因为青年已经多元化和碎片化，以至于无法再识别共同的、由社会决定的生活状况。论证路线有三条：第一条认为，青年仅仅是一种社会现象，最终产生于特定的社会条件中。第二条引用社会环境相关实证研究结果，目的是消解统一且整体有效的青年概念；假设当前同时存在许多与彼此没有任何关联的青年个体。也就是说，一个青年就代表了一种杰出标准，无法将某个青年划入相关的代际分层。（该路线进一步得到了以定性和传记重建为特色的青年研究方法的支持。虽然这些方法很有帮助，但由于研究工具的完善，它们也产生了重大的副作用：过于注重研究个体生命进程，以至于完全忽视结构。随后的传记研究——比如"Shell青年系列研究"——仅将研究范围限定在特定青年群体身上，如今更是很少关注学校环境之外他们曾经或正面临的集体情况。）第三条论证认为，现代社会不再允许对人生阶段进行区分。基本上从出生到死亡，具有灵活性和特质的个性化个体取代了群体或同龄人群体，每个人都以一种独特的方式将个人生活当作项目一样运营（cf. Boltanski n. y.；Reckwitz，2017）。个性化、持续工作的要求和消费共同构成了人生的主线。无论一个人几岁，都必须通过努力获得产品，同时还（可能）要投入精力终身学习。所有这一切都是以新开始和少年化（juvenilisation）为形式展开的；面对消费世界的种种新发明，人类永远都是学徒，无论几岁。

虽然很难否认这些观点。但是，仅凭它们就足以抛弃青年概念了吗？人们至少要从根本上或方法论角度对这种做法表达反对和质疑：不加批判地将（可能发生的）青年消失简单解释为社会变革过程中某个时间点发生的现象。也许，除青年现在再次以青年的身份出现这一事实（可能是通过将人类生命的自然条件视角与个体生活的本质视角进行结合实现的）外，青年的本质也成为研究主题。需要特别强调的是：自然一方面指人类存在的基本条件，另一方面也揭示了对社会占有过程的抵制。也许，今天的青年让我们认识到人性的一个事实，即人类需要依靠自然环境实现种族延续。

因此，以下思考不仅是对社会科学中的重复和对社会条件的维护提出批评，而且建议我们感知人生各阶段面临的来自自然条件的制约性，即自然让人产生了对个性和独特性的看法。这类思考代表一种挑衅性的尝试、一种漫无边际甚至赌博的思维方式，目的是激发受主流支配的一类话语中的新想法（甚至是旧想法）。在这里进行某种程度哲学思考的目的是重新建立一种认识，即我们需要一个通用且连贯的青年概念来理解人类生命周期中的一个重要阶段。研究人员通常强调不同青年群体、不同文化和不同社会之间的差异。但是，我认为数量更多的文化和社会模式其实支持了这样一种假设：青年可被视为一种跨文化现象。在本文中，我将指出世界各地，至少是现代社会中可以观察到的一些青年生活趋势。全球范围内可观察到的一种趋势是：青年是抗议者，他们积极参与争取更多民主、个人自由和独立的斗争。个人自主是青年的努力方向——这可以被视为一个全球特征。作为这一论点的背景，我认为相关研究不仅需要关注社会和文化过程，而且应该将青年视为一种人类学和自然现象。这里，我提出一个不同寻常的想法：像"气候大罢课"这样的运动将向我们展示一种与青年的自然状态有关的对自然的特殊感受力。这个想法听起来有点疯狂。但是，在目睹生态环境恶化，经历气候变化影响之后，人们应该考虑如何调动资源来阻止人类生活本身发生剧烈变化。因此，我要强调：建立对青年概念的全新叙事，现在正是时候！在认识到人类终极命运还远未确定的基础上，我的此番思考将有助于为此谋划一条路径。

2. 对青年生活状况的一些观察

最新发布的《德国儿童与青年报告》（简称《报告》）（Deutscher Bundestag，2017）[①]，让青年消失的理论变得流行起来。这可能意味着青年观的社会科学化，或者说青年不再被视为一个核心概念，而且青年也不再是一个现实问题。令人惊讶的是，这份《报告》的内容前后根本不一致。《报告》的主要部分展示了这样一个图景：青年不再是一个连续的整体概念，而是包含许多不同的生活方式，其决定因素包括环境、所属阶层和所在家庭的不同经历（比如移民）。也就是说，在现代社会中，我们不能再将青年当作一个整体概念讨论。但在《报告》的引言中，我们还是可以发现将青年视为人生重要阶段的有力论据。因此，可以说《报告》的调查结果中存在一个悖论：一方面，青年根本不存在；另一方面，这段人生至少是通往民主的政治学习的开端。然而，第十五版《报告》确实从广义上反映了任何想要清楚了解该年龄段年轻人状况的人会经历什么。同时，像Schierbaum那样从相反方向进行研究的尝试仍然很少（cf. Schierbaum，2018；cf. also Bock et al.，2013）。

然而与《报告》相呼应的一种主张已经占据了上风：无论是在公共或政治领域，还是在专业讨论中，青年都不再真正出现。甚至连关于解

[①] 《德国儿童与青年报告》在全球范围内是独一无二的：该《报告》由德国政府发布，公开之前首先交付德国议会审议，每个立法周期审议一次。《报告》由一个致力于研究儿童和青年现状以及青年工作进展的独立团队编制，为相关专业人士和研究人员提供重要的信息参考来源。

读模式的争论，比如将青年视为人生的暂停期、过渡期或是短暂阶段，也看起来过时了。将青年视为一种现象或事实，甚至一种解释性概念的做法也被完全抛弃了。即便是最新版本《报告》收录的专业文章（包括参考文献），也对是否可以将青年视为研究主题提出疑问；概念模糊和真正的混淆是成对出现的；正如 Sander 和 Witte 在最新版本的《社会工作》（Soziale Arbeit）大纲中所言，结构和边界的解体，教育和职场间的脆弱关系与不稳定过渡是占据支配地位的。有趣的是，他们引用了一项跨度近三十年的研究（cf. Sander and Witte，2018）。而真正令人惊讶的是，对解构和划界理论的顾虑至今未能得到表达。

相比之下，如果还有人坚信哪怕是一种模糊的青年概念，那么他们能发现青年生活状况的哪些趋势呢（即便如此，也无法从方法论角度忽略）？虽然看起来荒谬，但是，我们仍然需要青年概念，即便我们对它的需要只是为了证明青年的消失。

2.1 人口结构和劳动力市场

青年已消失的假设首先建立在人口数据上，比如，中欧社会的人口调查结果。这些事件首先是有数据作为支撑的。在许多国家，年轻人占总人口比重在20世纪下半叶就下降了，尽管近年来不断上升的出生率以及持续的移民潮让我们发表此类观点时必须保持谨慎。比重下降还意味着人口结构变化正在减少年轻一代的政治权重。与越来越多的老龄和极高龄人口相比，（青年）政治参与和产生影响的机会正在减少，虽然政治家们反复强调青年对未来的重要性，及其（对政治的）积极参与。政治权重下降还与劳动力市场的两个发展有关：一方面，随着时间的推移，自动化，以及（至少在短期内）更多女性进入劳动力市场意味着对年轻人的需要变少；一个特别致命的影响是，长期以来一直提供大量公众就业机会的服务业，如今受数字化和劳动力减少的影响尤其严重。另一方面，（以较低的价格）从国外引进劳动力满足了用工需求；企业更青睐这种选择，因为在经济危机时期，解雇这些工人更容易。在这种背景下，Hannes Hofbauer（2018）的一篇立场偏左又不带种族主义或仇外情绪的关于移民的批评文章值得一读。此外，我们必须假设，对更高学历的需求，以及支撑这种需求的（更高学历带来）更好生活机会的承诺，将趋于破灭。当然，这些发展绝非一成不变，而是既有地区差异，也有系统差异。以法国为例，促进生育的人口政策取得了与预期相反的效果；而在德国，低出生率正逐步转变为生育热潮，与所有人的预测相反。这证实了一个众所周知的观点，即生育行为很难预测。此外，移民目前推翻了对人口发展的总体预测，而年轻人在移民中占比最大。

因此，总的来说，可以假设青年人口正在增长。在存在培训和就业市场的背景下，对工商业学徒的需求显著增加，因此少年和青年的地位肯定得到了加强。尽管如此，一些不一致情况的存在还是令人惊讶：一方面，人们仍然在根据毫无意义的国际比较研究鼓吹学术化，枉顾欧洲核心国家已经提供了高质量职业教育，而其他国家（包括英国）却将高等教育作为一项基本资质（即便是对于半熟练工作也是如此）的事实；另一方面，我们也可以发现对资质的程式化要求和求职经历之间的不一致：即使是据称需求量很大的工程师或IT专家类岗位，求职者也不能确保被轻松录用。

2.2 是儿童而不是青年

也许，由此产生的去主题化和将青年重构为非青年与以下事实有关——正如经验所证明的那样——社会和文化的关注重点，以及福利国家必要的经济和人力资源投入，已经转移到童年；这当然也是第十五版《德国儿童与青年报告》将重点放在青年主题上的原因。事实上，儿童和青年福利机构也要承认其主要服务对象所属的年龄群体是14岁（如果不是16岁的话）。社会和社会政治关注的权重已经决定性地转移至童年，特别是幼儿期和家庭；诚然，这么做在过去和现在都可能带来风险。然而，著名的"间隔儿童"（gap children，指9至12岁的儿童）概念已经从人们的意识中消失了，而这种忽视同样适用于青年。青年的生活状况、愿望和需求、阶段性危机以及父母（包括需要养育青年子女的单亲父母）的处境越来越被忽视。

对于这种政治上有意为之的淡出，我们当然可以猜测背后的动机；有人提出一个相当直接但暂时看来像是巧合的理论，即与其同已经拜倒在新自由主义影响之下的青年群体打交道，不如直接从儿童入手，帮助后者做好应对新自由主义的准备。无论如何，政治家和专业人士都表现得好像青春期不存在危机似的，好像一切都可以由参与者自己解决似的，好像仅靠（全日制）学校就可以最终解决所有问题似的。

事实上，学校给该年龄段的年轻人带来很大压力，而且他们也充分意识到自己属于迷惘一代这一事实——尤其是当他们没有特权的时候。平均收入一直是其中的一个关键因素。这方面值得注意的是：儿童贫困问题得到了深入讨论，此类讨论往往是具有前瞻性的，认为必须采取行动应对潜在贫困风险。另外，尽管贫困是困扰年轻人的一大问题，但青年贫困似乎并未得到充分讨论，这可能带来危险。令人难以接受的是青年似乎再次遭到了忽视：有证据显示，各类社会保障系统均未能为青年提供兜底保障，事实上他们正在被社会遗忘。

2.3 指定空间中的青年

然而，实际上，青年确实回归了公共领域；人口结构因素导致的人数下降趋势得到逆转，尽管可能附带一些不好的影响，比如年轻人口中犯罪的比率可能更高。然而，两个事实确是毋庸置疑的：我们对年轻人的需要是众所周知的；毕竟，年轻人就是未来。他们是社会发展的必要原材料。他们是他律和工具化的对象。这反映了一个事实，即教育的意义虽然仍被大肆宣传，但教育的实质早已变成培训。更为重要的是：由于明显的年龄差异而具有异质性的社会公众，被转变为高度同质化的个人消费者群体，成为公共领域的合格成员。年龄不重要，但购买力重要。即使是关于贫困的辩论也开始变味。年轻人更容易受到贫困的威胁或暴露于贫困之中，这确实让人愤慨——尽管应该谨慎对待一些风险场景，尤其是当它们强烈地与"参与"一词联系在一起时。

最引人注目的是，这种无所不在的巨大社会分化如何清楚地反映在年轻一代身上；排斥过程无处不在、涉及各个年龄群体，在年轻一代中尤其引人注目，因为它们对人生历程有着持久影响：对于一些年轻人来说，世界比以往任何时候都更加开放，他们享受着从前只有上层阶级才有的旅行和教育机会。而其他人则无法离开家乡，视野几乎无法延伸到更远的地方，让他们得以成长的经验对他们来说仍然是封闭的。然而，旅行的机会和文化见解与体验的影响关系不大。事实上，政治参与和共同塑造在这里的重要性有限。那些抱怨缺乏参与的人实际上是在抱怨年轻一代的消费方式不符合消费社会的期待，无法满足消费社会的逐利要求。

然而最重要的是：与此同时，年轻人正在被转移到他们自己的空间。我们所见证的无疑是一个缓慢的、世俗的空间规划过程，已经持续了数个世纪。由于几乎所有的社会过程都与场所和地点的分配有关，因此社会分化为不同年龄群组也总是以空间组织的形式出现（cf. Sennett，2018）。我们马上就能想起画家Bruegel的名作《儿童游戏》（*Children's Games*）中采用的扩散构图；画中既不能识别群组间的从属关系，也不能识别特定的空间。如今的情况则完全不同：某些群体不再出现在公众面前，如果他们误入，人们立即就会怀疑他们是不是逃学了。这就是年轻人的归宿。晚上，他们不是坐在电脑前，就是去蹦迪。因此，年轻人只被允许进入特定场所。一条强制执行的规则有时会令人感到错愕：当年轻人在安装监控的公共场所和地点徘徊，且他们不是白人或者步行速度慢了那么一点时，警报就会响起（cf. Davis，1992）。英国在这方面做得很极端：首先是颁布社会行为令，让闲逛的年轻人可能面临干预和临时监禁；其次是安装电子设备，播放只有年轻人才能听到的高频声音，将他们赶出购物中心，网络购物成为他们唯一的选择。有人可能会说，英国脱欧确实在某种程度上可以讲得通，因为它展示了如果年轻人仅仅将自己看作消费者而不去履行投票义务会导致什么后果。

2.4 是社会问题，不是青年问题

困境在于，生活状况不再被理解为一种青年（更准确说年轻人）的生活状况，而是主要被理解为移民的生活状况，甚至在可能的情况下，还可以根据移民模式或来源进一步细分。根据这种逻辑，加油站周围闲逛的俄罗斯年轻人就不再被视为青年。这是由青年的法律地位造成的，即人们仅仅看到的是一群没有成人陪伴的青年流浪者，而不是一个在缺乏父母支持情况下还要努力理解并应对个人处境的弱势群体。家庭凝聚力是年轻人的一个特征，同时也是紧张关系的根源。如果没有家庭凝聚力，年轻人该如何应对极端情况？为了应对年轻人在酒精影响下做出的越轨行为，右翼内政部长建议加快速度将涉及悬而未决避难申请的人员遣返回国；左翼人士认为仅仅需要使用刑法处置就够了，这着实让人感到不可思议。也许，这就是年轻人面临的典型处境吧。

2.5 时间解构——一生是如何消失的

然而与此同时，也不能完全忽视上述解构。对解构的观察首先包含一种错觉。当然，在某种程度上，讨论青年这个群体本身是错误的，因为这会使我们忽视根本性的社会差异。Siegfried Bernfeld不厌其烦地指出了无产阶级和上层中产阶级（青年）之间的差异，以明确风险、期望以及在不同群体之间分布的巨大视角差异（cf. Bernfeld，1994）。当然，在这方面必须进行差异化分析，主要是因为（可以负担得起购房成本的）来自成功职工家庭、小商铺主和手工业店主家庭以及公务员家庭的青年之间存在诸多差异。这些差异的决定性因素始终是个人享有的可以真正作为青年的时间；当一些人外出旅行并感染梅毒时，另一些人却不得不在家族企业中工作，或者更糟糕——在父母的店里打下手。人们对来自公务员家庭的青年抱有某种特定的期望，这反过来又让人对供职于某些行业（比如铁路）产生骄傲感。上述种种叠加关于时间的不同规定，对青年产生了影响——有照片为证：对于那些十四五岁就成为学徒的人来说，他们的青春在那一刻就已经结束了；今天，那些曾出现在照片中的人们面对我们时的表现更像是我们的祖父母。

事实上，这些时间秩序已经在两个方面发生了变化。一方面，它们已经被同质化；年轻人就是正在接受训练的年轻人，即使所处地域不同，在这一点上也是彼此相似的。另一方面，青春期两端都在磨损。一些人声称青春期开始得更早，也有报道显示青春期行为在年龄较大的儿童身上已经出现，但是和对待暴力行为增加的说法一样，在这里我们需要谨慎看待。目前尚无可靠的结论性发现；过去，小学生中的暴力行为更为常见。今天，取得成功的压力似乎越来越大，促使学校更加强调对学生的控制和纪律，这符合人们的预期，是以成功为导向的家长和希望教师采取传统管教行为的移民家长互动的结果。与此同时，女孩的月经初潮时间也略有提前——在全球范围内都是如此。更值得注意的是，青春期的结束时间愈发后延。过去，青春期在20岁时就会结束，而现在至少要再过十年。借用J.J.Arnett的说法（Arnett，2004）就是：这些20岁左右的青年要想真正成年，还要走过一条漫长崎岖的道路。在整个欧洲，糟糕的工作和就业机会正在产生消极影响，尤其是对青年，他们中有些人甚至会"啃老"到40岁。青年已经成为一个长期项目，是社会不安全和不稳定的一面镜子，但却并不被视为一种集体经验。

2.6 家庭的去戏剧化

因为代际冲突的动态正在发生变化，青春期似乎正在消失。父母和青少年子女之间的经典争吵已不复存在；发型、服装、音乐、休闲活动（与过去相比）几乎没有什么不同；年轻人的冒险旅行早已让位于有组织的冒险旅行，老年人也很喜欢冒险旅行；即使是酒店也开始使用非正式地址打造友好文化；年龄差异也被拉平了。无论如何，出国被认为是青年生活经验的重要组成部分，与过去的区别仅仅在于是否有人愿意为他们出钱。Martin Dornes（2012）等观察家敏锐地指出，一种家庭内部的协商机制已经确立；年轻人在家庭内早已不再理论化，现在很少（不得不）与父母争吵。许多人可能认为他们共同属于一个难得的命运共同体，其成员由居住在一起的家庭成员构成。但实际上，家庭状况已经变得非常复杂，以至于家长和青少年子女别无选择，只能选择团结合作，关心并认真对待彼此的需要。换言之，青春期正在消失，因为对所有家庭成员来说，超越各自当前所处的人生阶段，共同塑造和管理家庭这个共同保护空间越来越重要；这意味着，青年（甚至是儿童）可能要面对以下情况：为父母感到担心；父母分居或成立新家庭后，不得不过早自立，特别是在母亲建立新的亲密关系后自己需要在其他地方过夜等。如果年轻人在年纪很小的时候就由于父母工作而缺席能够自立，对他们来说可能是有益的。迄今为止，从未有过任何关于儿童和青年如何应对父母因倒班工作、工作时间延长或全年无休而缺席情况（换句话说就是年轻人必须且应该进行自我管理）的严肃讨论。

处在成年边缘的青少年，尽管还在依靠父母，但必须主导和管理自己的生活；成年人必须与子女达成协议并依靠子女，正如所有青年研究最终证明的那样：他们往往会形成一个命运共同体，在这个共同体中，每个人都会寻求其他人的建议。共同体成员不时会离开，独立生活后遇到危机时再回来，这也是正常的；分开生活后，有些母亲有时也会继续向女儿哭诉委屈。虽然在个案中这显得有些凄苦，但我们可以观察到一种去戏剧化趋势——让青年概念变得多余（甚至难以理解）的同时，也让我们得以在日常生活中和遭遇压力时能够抱团取暖。

在此，我们必须再次敦促大家保持谨慎，特别是在儿童和青年福利方面：乍一看，有证据表明，对家庭生活冲突和戏剧性的断言本身就是一种虚构；这是一种被夸大的家庭批评，虽然与现实生活经验几乎无关，但在促进与家庭有关社会服务的扩展方面是有帮助的。然而，随着东欧国家移民的涌入，更为传统的家庭模式正在世代关系中重新确立起来。古老的冲突和经典的争论正在卷土重来。在公开场合,（几乎被公众遗忘的）青年行为让人觉得具有挑衅意味，这是因为人们已经忘记了它曾经存在过。

2.7 作为学生的青年

青年正在消失，首要原因是他们被隐藏在学校和教育机构的高墙后面。今天的青春可以说是发生在一个封闭的商店里。学校的重要性，以及相关人员（即青年和家长）与学校的关系正在发生巨大变化：从20世纪80年代至90年代的十余年间，学校的重要性有所减弱，而与此同时，父母开始在更大程度上干预子女的生活。这开启了将学校看作一种服务的趋势，尽管最开始人们仍然极力主张去理解青年（必要时甚至通过法律手段强制执行）。虽然这种情况目前已经完全消失，但家长们却给了孩子更大压力，同时还希望学校在支持和优化年轻人方面做出更多努力。为了实现这一目标，一切手段都是合理的，甚至包括医学诊断，目的是确保孩子取得学业成功，且在市场上拥有立足之地。与此同时，学校和培训成为核心主题与中心任务，在这样的背景下，对认知表现和成功的怪异追求越来越对青年状况起决定作用，这是强加在个体、家庭和整个社会之上的。因为学校的表现决定了个体在社会上的地位，以及社会整体的进步发展程度，这种巨大的压力导致了一种奇怪的斗争态势。

因此，没人再去谈论"青年"，大家眼中只有学生。学术化全面影响了人生的前几十年，与之同时发生的还有建立一套与处于成长或学习阶段个人打交道的专业化做法。年龄分布的重要性下降，个体异质性的重要性上升——矛盾的是，对个体成长过程的考量也在减少。可以说，在感知和处理过程中，人被规范化和标准化了。对人的行为和能力进行评测，目的是根据比宽泛的童年和青年严格得多的标准对其进行分类（cf. Horvath，2012；Link，2013）。这淡化了那些通常充满冲突的、让年轻人兴奋的、回归社会的争论——正如较早的青年研究指出的那样；尽管能力的调用与文化本质之间相去甚远，但人们已经习惯了准备好最终接受一个消费导向社会，因为他们实际上不应该再处理任何与现实世界有关的东西。年轻人早就明白了这个道理，把"不必在意"，或者"不知道"挂在嘴边。毕竟，如果匿名上网就可以获取数字记忆的话，想知道什么上网查一下就行了，因为，网上就是这么说的！

学校完全支配了青年时期，根本没有将它视为一个特殊人生阶段。青年接触这一学术系统的时间越长，受到的控制越全面，活动受代表社会发展方向的专家制定的标准限制程度就越高。全面接触社会是通过空间和时间上的隔离，以及很少被讨论的暴力行为实现的：这是因为青年在某个人生阶段被迫进入集体环境，并开始选择自己的伴侣和同伴。正如青年自身实践所证明的那样，在大多数情况下，这种做法相当有效。他们喜欢上学，因为他们在学校能结交朋友。但这并没有改变这个系统的总体结构，就其定义而言，这个结构绝不局限于在特定的时间出现在特定的地点。学校调节学生的日常作息和校内社交，始终致力于实现教育系统设定的目标——通往其他世界的道路很少存在，特别是在家长施加压力让教育系统日臻完善的情况下——这意味着个体受话者们（addressee）处在一个互相竞争的环境中——而且，人们称呼青年时使用"受话者"，而不是"行为者"或"主体"，也很说明问题。

从本质上看，学校就是一个利用考试对标准化个体的表现进行客观化度量的机构（cf. Mau，2017；Schlaudt，2018）。在校成绩成为衡量一切的尺度，从教育或发展心理学角度认知青年及其特异性的方法，已经让位于去个性化的、抽象的个体认知方式。如今，青少年已经被建构和物化为学生，变得可塑造、可评测，而且如果他们讨人嫌，还会被定义为问题制造者。然而，有一个问题甚至没有得到讨论：教育是一个相对化过程，既要针对个人，又要面向广大青年；教育本身就是一项复杂挑战，需要专业支持和审慎态度。在实践中，甚至连教师也不知道青春究竟意味着什么，或者青年会如何行动。如上文所述，与此对应的是这样一个事实，即具有客观统计意义的临床征象会被记录下来以供进一步分析——一旦确诊，青年就会被赶出常规教育系统，转而接受特殊形式的处置。

整个教育系统形成一个闭合回路，不给外部留下任何空间。必须将青年与学校紧密联系起来进行整体研究和考量，这一事实现已成为规范，既引导着公众和政治讨论，也引导着这些辩论代表的科学研究领域，但这样做的代价是青年本身被推到后台。与学校相关的青年特有生活方式不再出现，有的只是学校问题，或者更准确地说，成功完成与学校相关的阶段性任务。这也导致了一个事实，即非正式学习已不再是关注的焦点。很少有人注意到，德国青年研究所已经证明校外活动能够大幅促进学习进步，尽管这是以加深社会出身造成的差异为代价的；同样，青年休闲活动的形式也很少引起人们的兴趣。

2.8 社会的青春

这再次表明存在加快青年消失的双重态势。一方面，社会和文化整体更加幼稚化。这种隐含的共性之所以出现，是因为老年人在生活方式上更加年轻化，虽然将此付诸实践的是奇怪的迪斯科派对上那些三四十岁的中年人，一边跳舞，一边还要担心心脏病发作或韧带撕裂等健康问题。在场的女士们和先生们并非都那么健康，除非他们事先接受了铁人三项的训练。我提到这一点，是因为体育领域确实发生了变化，让我们希望能够重新制定参加体育运动的具体要求。突然之间，60岁的人对体育价值观或身体健康的要求，甚至连过去的年轻人都未曾达到。无论我们关注的重点是什么，与年龄相关的差异都正在消失，因为年龄本身同时也在发生变化：60多岁的老人仍被称为"年轻人"，并被期望从事适当的工作，而现实则是适用以下二元性的——老人不但被剥夺了岁月的智慧之道，而且很可能也确实缺乏与年龄相称的智慧。此外，这让沟通变得更加容易，虽然日常生活中遇到的关键情况更少，而且商业沟通往往是通过自动化或数字通信手段实现的。年轻人认为没什么必要抱怨那些要他们好好表现的古怪老人——既然老人都不"存在"了，那么也就无须再好好表现了，虽然为此付出的代价很可能是人类沟通交流的复杂性因此减少。这种委婉的、半开玩笑式的对行为的谴责就这样消失了，虽然可能导致沟通交流的模糊和认知差异，但实际影响却是人们无法继续通过社交和日常生活进行思考与学习。

另一方面，这意味着年轻人在社会生活中的自由领域（比如可以用来建构传记的差异认知）正在消失。基于年龄的差异是一种规范性秩序，不仅发挥社会建构效应，而且决定并促成传记规划，从而实现自主性。差异使人们有可能从自身角度构建人生规划，并大致确定人生旅途的各个站点。如果这些时间框架消失，个体就只是消费主体，远景规划发展乃至个人尊严的重要时刻就会被打破；个体就真正地被简化为一种当代存在，必须在此时此地完成自我实现。没有得到什么，但也没有失去什么。永远年轻变成座右铭，人生真不会有什么大的惊喜了——也许只剩下升学，更换新一代智能手机，或是改穿另一个时尚品牌。然而，我们还必须考虑到一点：尽管仍然在经济上依靠家庭，但到目前为止，青年一直是拥有某些自由的；闲逛、胡闹、在法律的边界附近游移——这些都是他们的本质特征，与首次性体验截然不同。在文献中，上述情况被描述为一种"控制的真空"，是开展青年工作（特别是组织青年休闲时间）的一个理由；即使是那些已经结社的青少年也曾参与成人世界以外的活动，且通常受到部分监督。今天，控制几乎是无法抵抗的，你总是知道此时此刻对方的位置，智能手机上总会安装应用程序，保证人与人之间的联系不会中断。

2.9 工作的支配

然而，与此同时，年轻人和老年人都受到来自社会的压力：通过工作和教育，社会对行为和生活条件给出正式规范，最主要的就是要求人们在各类项目中表现优异；特别是在人生规划这个重大项目上。个体应该取得并保持成功，这是一个持续不断的过程，会让人精疲力竭，且没有任何实现持久成功的希望（cf. Boltanski and Chiapello，2006；Boltanski n. y.）。然而现实却恰恰相反：所有人，尤其是年轻人，都被很少兑现的承诺所驱使。比如说，总会有人说："企业正在拼命招人弥补人手短缺。"然而，经验告诉我们，实习结束之后往往不会被企业录用为正式员工，即使是表面上备受追捧的资格证书也无法保证足够的收入来支持独立生活。教育部门，或者更准确地说，学校和高等教育系统做出的承诺早已被揭穿。然而，政客们长久以来声称的如今看来确实是真的，除此之外别无选择。

　　因此，具有讽刺意味的是，行为者自己主动要求并永久利用单一主体性。这种主体性又不算是主体性，因为缺乏真实的世界参照和内涵。正如年轻人经常认识到的那样，表现被伪装成为能力，然后他们就会耗尽知识。一方面，人们将自己与在（高端）消费市场上的所谓成功联系在一起；另一方面，对他们的评价又越来越以隐晦且难以解释的业绩指标为基础。媒体发布的区分"时尚"或"落伍"的榜单很好地展示了这一趋势，这些榜单被越来越多地搬运到社交网络上（比如YouTube），供受众点赞或点踩；然而，榜单评判的不是产品，而是使用产品的个人。在这种情况下，霸凌行为的出现就不会让人感到惊讶了。如果一名年轻人的外形不符合人们的理想标准，比如手持过时的手机或身着非品牌服饰，可能就会遭遇网络暴力。

2.10 一个无法避免的事实：数字化

　　当然，这个问题只是刚刚在背景中显现出来——本质上它与政治家和公众强加给年轻人的东西——生活数字化有关。一切都受制于这一必要性，年轻一代尤其应该顺应这一趋势——不是以一种理所当然的方式，也不是通过他们使用数字设备，而是以一种神圣化的行为，即数字世界是被强加在年轻人身上的。人们常说，年轻人毕竟是数字时代的原住民，但这可能变成一种骗局，目的是迫使他们进入一个由社会权力和统治结构相结合所形成的新系统：在系统中，他们将受到监视资本主义支配，处于剥削性赋权状态下，个体具有价值仅仅是因为他们是数据提供者，而不是因为他们是真正的主体。然而接下来，他们还会受到控制行为的影响，这种控制是通过基于数据提取的精准消费响应实现的（cf. Zuboff, 2018, especially pp. 511-543）。而从前将年轻人归入风险人群，旨在规范其在数字领域行为的做法，或者年轻人必须接受伪装成教育系统的去精神化机制的管制的现实，却并未得到更多讨论——学校提供的成绩单上只会写，学生已经学会了如何使用数字媒体。幸运的是，如今大多数学校都缺乏必要的数字设备，更不用说快速的互联网接入了。

2.11 市场激进资本主义的代价

所有这些都构成了一种决定性的趋势，这种趋势目前在现代社会中占主导地位，在年轻人的生活中尤其明显：社会受到一种力量的支配——支配程度虽然可能存疑，但仍是难以想象的——这种力量就是激进资本主义（有人称之为新自由主义），它是肮脏游戏的一部分，连社会科学家都不敢正面应对，只能对论战发发牢骚，并呼吁更大程度的区别对待。清晰的概念最终可以让人看清真相。在这个市场激进资本主义社会中，发生了几件事：所有的生活条件和实践都受制于马克思所说的价值形式；它们被资本化的视角审视，如果被认为具有价值，就会被转化为资本；如果能在市场上销售，能交换，那么就能产生额外收入；利润不是源于交换，而是来自行为信息的生产。

关键是这几乎适用于一切。人被具体化、物化、模式化，同时它们作为人的存在、思想、感受、愿望和行动力都被提取出来。世界的数字化转型就是这种提取的推动力量；市场激进主义是一种提取机制，其精心的设计使得自我征用的主体仍然可以发挥主体性作用。主体的价值通过好言说服和激励的形式得以存储与回放，这样主体就能够感到荣耀并受到鼓舞，愿意贡献自己的力量（cf. Crouch，2015）："太酷了，我一直想要一个，现在我把所有的精力都投入其中。"我们也可以称之为通过主体化来实现去主体化（cf. Gelhard et al.，2013）。这里有一个关键事实：一无所有的个体与数字世界相连，而这个世界是由五大商业巨头主导的（Dugain and Labbé，2016）——虽然年轻人很乐意以"追随者"的身份屈从于这种关系；除了学校，年轻人不再有任何其他可供选择的参考，而他们对学校早就丧失信心了（cf. Meinhardt，2019）。

那些没有或不能加入游戏的人将被放弃；Zygmunt Bauman 称之为"被浪费掉的生命"（Bauman，2005）。在每所学校都可以观察到这一过程，尽管学校规定不应该让任何人掉队，但仍有相当一部分年轻人掉队和被遗忘。他们因此要面对劈头盖脸的辱骂、仇恨和残酷——虽然道德上的盲目也在其中起到了一定的作用（Bauman and Donskis，2013）。一定不能忘记的是，这些贬低和排斥机制可能影响到每个人；什么可以被接受、哪些可能被厌弃在很大程度上是不确定的，只有那些得到精细控制和组织的、能够广泛吸引注意力且被利用的奇观是具有决定性的：如果表现无法得到某些人的认可，一个人很快就会退出表演。一两条社交媒体帖子，Facebook、推特上几句嘲讽的评论，或 Instagram 上的一张图片就足够了；传统媒体可能还会添油加醋，援引网络骂战，声称"网上"或"线上社区"已经发声并作出评判——虽然骂战可能是由网络喷子发起的。此外，喜剧演员在其中的作用非常关键，因为他们会像对八卦杂志影响无知者那样，对知识界施加影响。

所有这一切都没有问题，因为我们面对的毕竟是新自由主义（由于数字资本可以自行创造数字货币，因此我们可以借助数字资本赋予的无限力量）和大量涌现的个体（他们倾向于从文化角度强调自己的"独一无二"）。是的，我们解放了，开始做自己的事。我们对旧的关系、规范和价值观不屑一顾——它们和教会一样过时，而教会因猥亵儿童性丑闻失去了人们的认可。我们会自问：为什么体育界屡受抨击，难道这个圈子就真的烂透了吗？问题的答案是：在信仰难以追上时代步伐的情况下，体育更容易资本化——也许上帝也放弃了体育，因为体育在互联网上迷失了自我，并接受了数字化改造。由此造成的痛苦后果是双重的：一方面，任何形式的团结都被铲除——社会科学以近乎庄严的夸张形式促成了这一点；各类团体也不复存在，年轻人不再结成团体，并通过团体经验和团体任务进行自我定义。另一方面，这也造成了危险——这也是问题变得具有爆炸性的地方——（因为）人类将真正失去生存的基础。面对这一威胁，人们再也不能携起手来共同应对；作为个体，他们必须代表自身利益在市场上竞争，如果他们仍然有力气这样做的话。因为这也是市场激进主义苦涩后果的一部分：在这样的现实中，人不仅被当作商品，而且在面对那些为利润而结盟的人时更是无能为力。

3. 慰藉：青年的本质

我们仍能找到一些感到安慰的理由：即使存在关于青年消失的论断，本文概述的研究发现提供了一个关于青年生活状况的完整图景，尽管它具有一定挑战性。本文揭示了一个给年轻一代布置任务、要求他们肩负推动当前和未来发展责任的社会，在老年人受到文化污染的情况下更是如此。

当然，虽然看起来有些不稳定，但本文提到的发展态势仍可以说是在全球范围内可观察到的趋势，代表一种具备一定复杂性的全球过程。差异一方面更多是源于对青年处境的政治反应，另一方面是基于社会和治理策略与新自由主义理念相一致的总体趋势。例如，一些社会将教育系统私有化，造成社会阶层之间的差异将以前所未有的戏剧性方式出现。

首先，纯粹从社会和文化状况，以及相关任务结构来看，说（青年）消失似乎欠妥。本研究的调查结果首先显示的是一代人的生活状况——虽可能因生活环境不同而具有差异，但仍然是青年所特有的。值得注意的是——从方法论的角度来看——这并不是什么新发现：在科学研究中，青年一直被视为社会赋予的任务结构。过去，人们可能会把青年与"长大"联系起来，具体来说可能就是找工作或组建家庭，甚至是获得（经济）独立。时至今日，这些任务仍然存在，虽有时会稍作修改，但结构上仍非常相似——那些对青年进行定性研究的人们会很快意识到这一点，即青年会根据完成任务的情况来定义自身地位。有时青年在思想上传统得近乎保守，但即便如此也无法改变以下事实：他们既没有失去联系，也没有完全退出历史。现实恰恰相反：青年身上改变的可能是与老一辈、与父母之间的冲突生活方式；代际关系似乎变得更加平和，主要原因是（更加淡定从容的）祖父母愈发被当作重要的谈话伙伴。

至少，青年是以一种社会经济地位接受者的地位存在的；那些否认青年存在的人也剥夺了自己检查和验证这些假设的机会。另一方面，青年区别于其他人的地方在于他们认识到了游戏的残酷性（虽然有这种认识的青年不占多数，但比例仍然不低）：青年不会那么容易被工具化，虽然作为数字时代原住民，他们有时在无理对待老年人时显得异常天真——但光顾着低头看手机而不注意观察周围情况的究竟是谁还真说不清楚。在这里，我们还可以借鉴一个相当古老的思路，换种角度看待这个问题：那些或多或少缺乏生产力的人，比如年轻人和老年人，不再适合这种新的剥削机制。

其次，从系统的观点来看：社会分析建议人们讨论客观给定的情况和需求结构。这意味着要对纯粹的社会学—社会化—理论方法持谨慎态度——仅将青年视为社会的衍生物。相比之下，以"气候大罢课"和相关抗议活动为代表的完全不同以往的新事物正在出现。这很可能是——或者说再次意味着——一种对学校的逃离，一种没有经过深思熟虑的快乐，一种奥地利人所谓的"Hetz"（玩乐），一个趣味时刻，一场游戏。然而，今天的青年在谴责应对气候变化现状和与之相关的政治失败时，也认识到一个严肃的现实，那就是原来他们还要为自己未来的生存而战，这让人们开始关注一种变化：青年开始探索自然的本质和人类赖以生存的基础，进而认识到自己是世界的一部分——这样做具有双重意义，即人类的存在既要受自然条件限制，也具有确定性。有人可能会争辩说，只有一小部分青年走上街头——但这并不能否定这样一种论点，即从自然赋予的体质来看，青年就是青年——他们特别敏感，同时也濒临灭绝。因此，本文的最终结论是：这种潮流让青年的存在变得可见，而这种存在可能是一种自然给定范畴内的社会形态。

（注：本文借鉴了2019年1月科隆大学"今天的青年"主题研讨会期间参会人员阐述的观点。在此，我要感谢Jutta Ecarius、Anja Schierbaum和出席研讨会的同学们的批评意见与贡献。）

参考文献

Arnett，J. J.（2004）. *Emerging adulthood：The winding road from late teens through the twenties*. Oxford：University Press.

Bauman，Z.（2005）. *Verworfenes Leben. Die Ausgegrenzten der Moderne*. Hamburg：Hamburger Edition.

Bauman，Z.，& Donskis，L.（2013）. *Moral blindness：The loss of sensitivity in liquid modernity*. Cambridge：Polity.

Bernfeld，S.（1994）. Jugendbewegung und Jugendforschung. Schriften 1909-1930. In S. Bernfeld，*Sämtliche Werke. Band 2*. Weinheim & Basel：Beltz.

Bock，K.，Grabowsky，S.，Sander，U.，& Thole，W.（Eds.）.（2013）. *Jugend. hilfe. forschung*. Baltmannsweiler：Schneider Verlag Hohengehren.

Boltanski，L.（n. y.）. Leben als Projekt. Prekarität in der schönen neuen Netzwerkwelt. *Polar -Politik/Theorie/Alltag*. Polar #2. http：//www.polar-zeitschrift.de/position.php?id=10. Accessed 17 March 2011. http：//www.

polar-zeitschrift.de/polar_02.php?id=69. Accessed 13 October 2019.

Boltanski, L., & Chiapello, Ève. (2006). *Der neue Geist des Kapitalismus*. Konstanz: UVK.

Crouch, C. (2015). *Die bezifferte Welt. Wie die Logik der Finanzmärkte das Wissen bedroht*. Berlin: Suhrkamp.

Davis, Mike. (1992). *City of Quartz*. New York: Vintage Books.

Deutscher Bundestag (2017). *15. Kinder- und Jugendbericht. Bericht über die Lebenssituation junger Menschen und die Leistungen der Kinder- und Jugendhilfe in Deutschland*. Berlin: Bundesministerium für Familie, Senioren, Frauen und Jugend.

Dornes, M. (2012). *Die Modernisierung der Seele. Kind-Familie-Gesellschaft*. Frankfurt am Main: Fischer.

Dugain, M., & Labbé, C. (2016). *L'homme nu. La Dictature Invisible du Numérique*. Paris: Plon-Robert Laffont.

Gelhard, Andreas, Alkemeyer, Thomas, & Ricken, Norbert (Eds.). (2013). *Techniken der Subjektivierung*. München: Fink Verlag.

Hofbauer, H. (2018). *Kritik der Migration. Wer profitiert und wer verliert*. Wien: Promedia.

Horvath, W. (2012). *Glücklich standardisiert. Vom heimlichen Nutzen der Bildungsstandards*. Wien: Löcker.

Korkmaz, Z., Mührel, E., & Winkler, M. (Eds.) (2020). Extension of human rights to education. *Politeknik 2020*, http://politeknik. de/wp-content/uploads/2020/06/Extension-of-Human-Rights-to-Education-the-BOOK.pdf.

Link, Jürgen (2013). Normale Krisen. *Normalismus und die Krise der Gegenwart*. Konstanz: UVK.

Mau，Steffen（2017）. *Das metrische Wir. ber die Quantifizierung des Sozialen*. Berlin：Suhrkamp.

Meinhardt，E.（2019）. Generatio follower. *Profil. Medien spezial September 2019*，14-16.

Reckwitz，A.（2017）. *Die Gesellschaft der Singularitäten*. Berlin：Suhrkamp.

Sander，U.，& Witte，Matthias D.（2018）. Jugend. In H. U. Otto et al.（Eds.），*Handbuch Soziale Arbeit. Grundlagen der Sozialarbeit und Sozialpädagogik*. 6th revised edition.（pp. 697-707）. München：Reinhardt，S.

Schierbaum，A.（2018）. *Herausforderungen im Jugendalter. Wie sich Jugendliche biographis-chen und gesellschaftlichen Anforderungen zuwenden. Eine rekonstruktive Studie zu weiblicher Adoleszenz und Sozialisation*. Weinheim & Basel：Beltz-Juventa.

Schlaudt，O.（2018）. *Die politischen Zahlen. Über Quantifizierung im Neoliberalismus*. Frankfurt am Main：Vittorio Klostermann.

Sennett，R.（2018）. *Die offene Stadt. Eine Ethik des Bauens und Bewohnens*. Berlin：Hanser.

Tolba，N. S.（2019）. *Student culture in a changing world：The paradox of politics，education，and Religion*. Kindheit-Familie-Pädagogik Bd. 4. Baden-Baden：Ergon.

Zuboff，S.（2018）. *Das Zeitalter des Überwachungskapitalismus*. Frankfurt & New York：Campus.

生活世界 和 政治参与

02
CHAPTER

全球化世界中澳大利亚青年的生活世界和文化

Anita Harris，Sherene Idriss

1. 澳大利亚青年生活世界的全球背景

经济和文化全球化引起的社会经济变革，为澳大利亚青年创造了独特的世代条件。在某种程度上，这些趋势在世界范围内相当明显，尽管存在本土差异：这种差异在青年研究中越来越得到承认。正如 Nilan（2011）指出的那样，经济不安全、劳动力市场零工化、工作移民、教育年限延长、毕业生失业、单身时间延长、独立生活和为人父母是全球南北方青年面临的共同条件，虽然这些条件都是由全球化力量造成的，但不同的本土背景下条件发挥作用的方式各不相同。此外，Arnot 和 Swartz（2012，p. 1）指出，"经济和文化全球化已经重塑了高收入国家与发展中国家青年向成年过渡的进程"，全球移民背景下争取经济独立、开展归属政治协商以及争取公民身份和社会包容时尤其如此。此外，对互联网、跨国文化流动和数字媒体的利用和由此产生的影响，以及青年文化某些方面的全球化，产生了"全球资源"，世界各地的青年经常从中获取信息和灵感（Nilan and Feixa，2006，p. 6），并完成许多与身份、归属和联络相关的工作。

当代青年文化研究的主要任务之一是了解这些全球趋势在特定的区域、国家和地方环境中的表现方式，以反对一种可能存在问题的、同质化观点，即今天的青年只是经历并对全球化力量做出回应的"全球一代"（Beck and Beck-Gernsheim，2009）。正如 Nilan（2011，p. 21）所说，

> 作为青年社会学家，我们需要评估正在悄然到来的代际趋势，同时，有效地募集分析资源予以应对。为此，我们需要在本国之外加强研究网络联系和相关讨论。长期以来为青年社会学研究提供参考的理论和解释范式需要扩大，同时也需要为本地分析所用。来自其他文化的青年研究人员的见解对于这项任务至关重要。然而，不同地区青年研究人员之间似乎存在认识上的鸿沟。

传统上借鉴并产出"北方"理论的澳大利亚青年文化研究，是在全球居于核心和支配地位的西欧与北美（WENA）青年研究的一个分支（Cooper et al.，2019）。有鉴于此，以下事项的迫切性日益提升：一是分析澳大利亚青年研究与西欧和北美青年研究之间的差异及联系；二是理解和阐明澳大利亚与其他地区在相关理论及学术研究方面的互动关系；三是为互联性更高的全球青年研究做出贡献，以回应全球变革和差异化的本土起源及影响，以及塑造青年生活和文化的交叉进程。

按照这一传统，本文中我们首先概述塑造澳大利亚国家和地区特性的历史与政治条件，在这些条件的作用下，青年被定位为变革的被动接受者和积极推动者。其次，我们转向已被用来分析澳大利亚青年文化的英国亚文化/后亚文化范式的流行概念框架，然后探讨一些批判性观点。最后，我们将着重介绍澳大利亚青年研究的学术化趋势，该趋势使得青年文化问题研究超越了亚文化/后亚文化范畴，将关注视角拓展至互联、全球化和数字化世界中的青年散居、跨国及流动经历。

2. 澳大利亚青年的生活世界：亚洲地区一个去工业化的、由多元文化定居者组成的、具有殖民历史的国家

将澳大利亚青年的具体情况置于国家和地区背景下进行描述是很重要的，有助于了解在应对全球问题和回应本土情况过程中，澳大利亚青年文化研究是如何提出理论方法和研究议程的。澳大利亚是一个 "在过去两个世纪中通过殖民和移民建立起来的国家"（Castles and Miller，2003，p. 198），国家的起源是通过盗窃土著土地、对原住民大规模施加暴力和建立定居者殖民地实现的。Connell（2007，p. 72）认为澳大利亚在一系列复杂矛盾中处于独特的位置。她将澳大利亚定义为一个富裕、边缘化和去工业化的小国：内部文化日益多样化，但与大英帝国和西方有从属关系；在地理上不受英国本土权力和国际资本主义的影响，但又对二者具有依赖性；因种族焦虑而社会撕裂。她对澳大利亚这个由多文化定居者组成的国家的描述是：

> 一个坐落在亚洲边缘的欧洲小社区……[在那里] 定居者和土著人民之间的关系已经成为……一个悬而未决的问题。对英国本土的认同、地理上的偏远和经济上的依赖导致了长期的认同困难。（Connell，2007，p. 72）

承认 "多元文化＋殖民国家" 背景催生、树立、促进又限制了澳大利亚青年的生活世界和文化，特别是认识到澳大利亚的殖民历史是如何时至今日还在发挥影响的具有关键意义。正如 de Finney（2015，p. 170）解释的那样，澳大利亚与加拿大、美国和奥特阿罗亚（新西兰）一样，都是 "前英国殖民地和今天仍然活跃的受殖民历史影响的国家"：

与重新获得独立的"后殖民"国家和地区（例如印度、中国香港、摩洛哥）不同，欧洲定居者"从未离开"（Tuck and Yang，2012，p. 5）他们的西方殖民地。他们仍然是当地占支配地位的人口和政治多数，"占领的每一天"都在强调对当地的控制。而这些国家的土著人民生活在联合国所谓的可悲的"第四世界"条件下，不断受到长期贫困、社会排斥以及政治、文化和领土权利被剥夺的新殖民主义威胁。

除这些殖民现实外，第二次世界大战后的英国和欧洲移民计划以及1973年"白澳政策"的废止（白澳政策：1901年澳大利亚联邦建立后，移民仅对欧洲白人开放）见证了大规模移民的开始。而近期来自中东、东欧和非洲的移民潮，通常是发生在政治和/或经济危机之后（Castles and Miller，2003，p. 202）。自20世纪90年代以来，澳大利亚经历了极为迅速的人口增长，主要推动因素就是移民。目前约49%的澳大利亚人口出生在海外或有一位父母出生在海外（Australian Bureau of Statistics，2017a），人口增长仍主要由海外移民推动（Australian Bureau of Statistics，2017b）。25%的12～24岁青年具有文化和语言多样性（CALD）背景，与12～24岁年龄组人口总体增速相比，具有CALD背景的12～24岁人口的增速更快（Hugo et al.，2014）。

此外，约5%的澳大利亚青年人口（10～24岁）是原住民或托雷斯海峡岛民（Australian Institute of Health and Welfare，2018，p. 3）。澳大利亚青年在多样性常态化和土著主权得到更大承认的时代成长。这些变化在文化领域体现得尤其突出。比如，媒体和流行文化中出现了更多代表不同群体的声音和对多元文化主义的大力支持；越来越多的群众运动承认"澳大利亚国庆日"的起源与针对原住民的系统性暴力有关；以及，越来越多的澳大利亚人呼吁通过签订条约和修改宪法的方式承认土著权利。

此外，澳大利亚地处亚太，是一个属于英联邦的英语国家，这样的定位给澳大利亚带来了地缘政治和身份悖论（see also Takayama，2016），让澳大利亚与亚太地区之间的关系既紧张又亲近。澳大利亚与其邻国之间的贸易和流动性普遍受到赞扬及支持。澳大利亚青年在巴厘岛、泰国和斐济这些为国人推崇的国际旅游目的地长大，通过流行文化和媒体参与日常的区域内文化交流，并通过语言课程和学生人文交流项目越来越多地接受"亚洲世纪"的生活教育。亚洲向澳大利亚移民由来已久：中国和印度技术工人与学生移民的迅速增加，亚洲赴澳旅游业的发展——尤其是在中国市场蓬勃发展之后——已经成为当地经济格局不可或缺的一部分（Rogers and Wiesel，2018）。这些趋势与历史上的种族焦虑和"亚洲入侵"的迷思观念并存；针对华人社区的明显种族主义可以追溯到19世纪澳大利亚联邦成立前的淘金热时代，今天则表现为对富有的中国房地产投资者在房地产市场"碾压"当地澳大利亚人购买力的道德恐慌（Rogers et al.，2017），以及将亚裔澳大利亚学生接受的"虎式"养育看作他们整体上优于英裔澳大利亚学生的具体原因（Butler et al.，2017）。因此，亚洲区位是澳大利亚青年生活世界和青年文化的重要背景。

同其他西方国家相比，与西方的物理隔离、巨大的岛屿领土面积以及多样的地形和人口分布是澳大利亚独特的地理特征。尽管80%的人口居住在东海岸的城市中（Australian Bureau of Statistics，2016），但澳大利亚广袤土地中的大部分是由农村和偏远地区（大部分为内陆）组成的，后者对经济发展至关重要，具有相当大的政治权力，是国家想象中的一个持久维度。正如澳大利亚青年研究理论家 Wyn 和 White（2015，p. 31）所说，"青年研究人员通过关注农村地区的社会变革，挑战了（西方）大都市青年代表社会变革先锋的正统观念"。这点在澳大利亚尤其明显：大量本土农村青年生活研究，描绘了他们与城市青年一样受全球社会和经济进程影响，但对归属、地方意识和志向的协商方式可能有所差别（Butler，2018；Cuervo and Wyn，2012；Farrugia，2014）。

最后，同世界各地的其他同龄人一样，澳大利亚青年也成长于经济状况发生重大变化的时期，在经历彻底重组的劳动力市场中面临就业不安全和不稳定的局面。这从根本上改变了他们获得公民身份、成年和全面参与的路径。正如 Wyn（2013，p. 59）论证的那样，工业社会向后工业社会的转型已经从根本上改变了工作的本质，青年不再一项事业干一辈子，而是面临灵活而不稳定的就业未来。然而，与其他西欧和北美的年轻人不同，澳大利亚青年并未遭受全球经济危机的最严重影响；与经历了各式衰退的其他国家相比，澳大利亚保持了经济的相对健康。与此同时，为满足就业市场对终身学习和学历文凭的要求，青年延长受教育时间以改善就业前景，使得高等教育成为"新的大众教育部门"（Wyn，2017，p. 92）。青年依赖家庭的时间更长，获得国家支持的机会也大大减少。这会直接影响青年的经济安全能力，也会影响他们像父辈一样实现稳定、自主生活的能力（Wyn，2015，p. 61）。

在本文中，我们概述了澳大利亚青年生活世界的一些独有特征和本土条件。这些影响了他们对一般全球力量的体验方式。尽管澳大利亚与其他发达国家，尤其是西欧和北美国家有许多相似之处，但我们已经论证过，把澳大利亚视为一个"富裕的边缘国家"其实更为妥当（Connell，2007，p. 228）；从这个大致印象中我们可以明显看出澳大利亚的一些关键特征，特别是其作为一个地处亚太地区的由多元文化定居者组成的去工业化殖民国家地位。在此背景下，下文中我们将探讨澳大利亚青年文化研究所处的关键知识框架，以及此类研究是如何利用并挑战英国亚文化/后亚文化范式，以贴合澳大利亚本土条件的。然后，我们会将关注重点转向澳大利亚青年文化研究的新方向，特别是超级多样性、跨国主义、流动性和数字化挑战及可供性相关研究。

3. 澳大利亚青年文化研究与亚文化/后亚文化范式的英国知识遗产

与其他许多国家和地区的相关研究一样，澳大利亚青年文化研究侧重于青年潮流、消费、亚文化、场景以及与流行文化和媒体的创造性互动，受20世纪70年代伯明翰当代文化研究院（Centre for Contemporary Cultural Studies，CCCS）创立的英国亚文化学派影响尤其明显。事实上，Wyn和Harris（2004，p. 274）认为，通过追溯"一系列理论和经验谱系"来记录澳大利亚青年研究历史的做法是很常见的。这种传统和影响一直延续到今天。正如 Bennett（2015，p. 13）所言，"澳大利亚青年文化研究的现有格局……与CCCS建立的理论话语有着清晰且非常牢固的联系"。然而，他认为（2015，p. 18）实际使用在很大程度上归功于某些术语的"语义便利"，而不是因为它们与"澳大利亚青年文化的特异性"之间存在"任何关键的契合度"。换句话说，亚文化理论话语在澳大利亚持续存在的部分原因是习惯和便利。这也是Turner（1992，p. 424）所描述的一种对文化研究"知识"的新帝国主义运作造成的结果，即通过将概念框架、方法技术和学术惯例进行正常化与主流化，"亚文化理论"等英国知识传统以全新的面貌再次占据核心地位。

针对这种趋势，Bennett指出更为细致的批判性研究发现，澳大利亚青年文化的特异性无法通过这种传统的"亚文化"框架来充分解释，因为框架从根本上来说是多余的，受到太多时间和地点上的限制。他写道（2015，p. 11），"鉴于澳大利亚和英国之间在地理、经济与人口方面的显著差异，在本土背景下重新评估亚文化的价值可能具有适当的理由"。重新评估的一个重要原因是希望了解亚文化概念是如何在特定的时间和地点产生的：一种对历史和政治背景的关注，可以打破新帝国主义的理论运作，贴合本土情况，从而产生新的理论。

例如，澳大利亚青年文化学者之间就以下问题存在争议，即CCCS亚文化理论所对应的英国阶级体系是否曾经或仍旧与澳大利亚本土背景之间存在共鸣？以及经典概念（如"通过仪式化行为进行反抗"）和经典风格（如"对工人阶级白人男性青年阶级斗争的表达"）能否轻松与（澳大利亚）本土阶级结构和认同形成映射？这并不是说澳大利亚青年文化与阶级分层之间没有联系，而是需要一种更细致的方法。比如，France等人（2018，p. 364）主张对青年研究中的阶级采用澳（大利亚）—新（西兰）视角，解释通过殖民建立的特定性别和种族阶级结构（see also Threadgold，2018a）。Idriss（2018）认为，对阶级和种族差异默契的、相互交织的理解与认识，以及对种族和宗教偏见的第一手经验，均凸显了澳大利亚青年对工作和生活的志向与抱负，这限制了来自一些被建构为国民"他者"（national Other）社群的青年的未来机遇。

在澳大利亚，种族和阶级通过历史社会关系、移民模式和媒体描绘等微妙方式交织在一起，许多青年能够通过品味、消费和城市地理等象征性标志对这些方式产生认同。在这种模式下，一些青年对所属社群的感知是通过"不慌不忙"的多元文化主义视角实现的 [Noble，2009a；see for example Aquino's research（2018）on Filipino Australians]，此视角下其他族裔社群则成为下等阶级的一部分 —— 是孤立的、居住在贫民区的、要为自身贫困负责的且似乎无法同化的。例如，分析澳大利亚媒体对苏丹裔男子构成的危险"青年团体"的描述方式（Windle，2008），我们不仅能看到对不受控制青年的"道德恐慌"，也能发现对澳大利亚青年文化的描述是围绕工业经济中种族、阶级、性别和青年机遇的隐喻进行的。反过来，这些也揭示了以下基本假设：哪些人能够被囊括到多文化契约中？他们需要满足哪些条件？来自移民背景的青年如何公开表达抱负，并争取社会和经济方面向上流动的机遇？这些更为细致且关照本土的分析具有两重重要意义：一方面，削弱了一类看法，即与英国相比，澳大利亚是一个"无阶级"社会；另一方面，将青年文化理论置于澳大利亚社会复杂又交错的社会分层力量之中，可能让"亚文化"研究视角变得无足轻重。

其他对英国亚文化研究传统的重新评估使得更符合"后亚文化"视角的替代术语和概念框架得到采纳；也就是说，更倾向于部落和场景等概念框架，而不是亚文化，Bennett（2015）和其他研究者认为这样更符合当代澳大利亚语境。例如，Threadgold（2018a, p. 13）将澳大利亚城市的创意DIY音乐文化作为"场景"分析，因为这个术语"允许更大的参与者多样性，且突出了本土和全球之间的地理和虚拟联系"。与"亚文化"不同，它不假设抵抗或对立的身份，却可以更巧妙地体现斗争实践。Threadgold探讨了场景中青年如何尝试将创意、文化实践转化为DIY职业，并在此过程中尝试独自应对不稳定的青年劳动力市场，以我为主完成就业过渡，即使澳大利亚社会经济秩序中固有的结构性机遇和不平等给青年的努力造成了阻碍。

其他研究者，比如澳大利亚青年文化研究原创学者之一White（1999/2012），则不太关心使用新概念，而是将澳大利亚独特的文化形态集中在青年研究中。这意味着放弃Turner（1992，p. 424）所谓的"动不动就试图从已经凉透了的英国亚文化研究中寻找灵感"，从而发展具有澳大利亚特色的文化研究，解释澳大利亚民族国家的特定政治和文化背景，以及从中产生的青年文化。正如Feldman-Barret（2015，p. 258）所言，采用这种方法后，

> 澳大利亚青年文化学者经常从该国的地理隔离、独特地形、土著
> 社群、与英国的历史联系以及城乡鸿沟角度出发，解释为何在这里出

生和/或长大的人们能够拥有如此独特的体验。

因此,很多澳大利亚研究以国际知名文化场景(如硬核、光头党、嘻哈、暴女)的本土表现为背景,分析澳大利亚青年文化。例如,Sim 和 Baker(2015)探讨了澳大利亚 Straightedge 场景中少数被边缘化青年女性的经历。Morgan(2015)分析了青年城市男性原住民对嘻哈文化的接受和发展(see also Minestrelli,2016)。其他研究者则从当代澳大利亚青年面临的新限制和有利条件出发思考青年文化的机会,比如临时工作和零工经济造成的时间限制对社会性的影响(Woodman and Wyn,2015)。一些研究揭示了某些澳大利亚独特青年群体鲜为人知的经历,例如乡村酷儿青年的社会和政治文化(see for example Cover et al.,2019),或者以特定种族或文化认同为依托形成的群体,凸显澳大利亚独特的国家和区域背景 [for an overview see White(Ed.),1999/2012;Baker et al.(Eds.),2015]。有些研究者则关注重金属音乐等场景中以霸道男子气概、异性恋和白人参与者为主的现象是如何通过具有澳大利亚特色的体验与途径发生的(Kennedy 2018),比如对原住民的种族歧视;或者上述现象是如何通过民族主义和白人自豪感表现出来的,比如爱去海滩的青年白人男性集体通过暴力方式表达对海滩的占有,采取行动排斥"非本地人",特别是阿拉伯裔澳大利亚人,这些不友好举动也造成了 Cronulla 骚乱(Noble,2009b)。

因此,许多澳大利亚青年文化研究都强调青年文化的本土和独特表达方式,而这反过来又可能含蓄或明确地拓展了传统上由英国定义的"亚文化"甚至"后亚文化"边界。然而,同样有价值的做法是:不仅要考虑研究澳大利亚青年文化与其他地区青年文化之间的异同,或者阐明为何新术语或定义可能比传统的"亚文化"概念更适合当地表现,而且要探索澳大利亚青年研究是如何反映新兴青年文化的(本土状况和以多样性、人口流动与数字化为特点的全球化进程交织互动，催生了新兴青年文化）。因此，一些新兴青年文化研究关注澳大利亚青年如何在多样性提升、传统政治表达路径和可能性崩溃以及人口流动和数字互联的背景下，打造跨国文化、交流实践、社群和身份认同。下面，我们将概述能够说明上述发展的三个关键领域：（1）散居和混合青年文化理论的建立，以及文化认同观念的增强；（2）跨越国界的创意、数字和政治文化与团结；（3）流动青年日常文化中本土、数字和全球元素的交织。

4. 散居和混合青年文化理论的建立，以及文化认同观念的增强

澳大利亚青年文化研究越来越关注种族、民族、文化和跨文化关系多样性等批判性概念，与日益流动、互联互通和文化复杂的世界高度相关。这一点很重要，因为青年文化研究所做的是对认同和社会建构进行理论化，以文化多元常态化为背景，反映青年经验的复杂性。正如Noble（2015，p. 68）所言，

> 种族和民族在青年研究中仍得不到充分重视，二者要么被视为与阶级和性别"交叉"的社会学范畴，要么被视为通过文化实践"表达"的文化范畴。无论哪种方式，作为一种不断发展的经验，民族的活力都被稀释了。

青年研究通常将青年视为固定种族群体的成员，其文化认同被想象成是社会给定的现实，反过来又塑造了他们的自我表达和社会参与形式。一些研究人员已经证明，关注和（有时）具体化民族认同的倾向（再加上增强不同背景青年之间社会凝聚力的政策利益）意味着种族、民族或文化认同在青年社会世界的混乱背景中无法充分定位，而青年社会世界同

时由性别、阶级、性取向、地点和其他分层与认同维度构成。在研究中，被种族化的青年往往被理解和构建为少数族裔的代表，这些群体的种族性突出，并脱离了其协商日常生活的整体青年文化背景（Noble et al.，1999；Harris，2018；Herron，2018；Idriss，2018）。

针对这种将种族认同视为先存且主要的倾向，Noble（2015，p. 66）主张在分析时将种族视为"形成性集合"，而不是先存的社会类别，并呼吁对其过程和"文化形成过程耗费的劳动"进行分析（2015，p. 70）。他提出了一个问题，即青年如何通过积累和配置（经济、文化、社会）资源来产生这些种族集合？这些对种族形成过程特征的分析正在成为澳大利亚青年文化研究的核心组成部分；鉴于澳大利亚青年人口的特殊文化多样性，这并不令人感到惊讶。

因此，大量研究在以下领域涌现，包括：通过青年文化实践，对混合或"种族"主体立场进行集体、动态和战略性应对（Noble et al.，1999；Idriss，2015；Zwangobani，2016）；动态文化融合的混合青年实践（Butcher and Thomas，2003）；青年人口中白种人优越性的建构和省略（Kennedy，2018；Butler，2018；Johns，2015；McLeod and Yates，2003；Schech and Haggis，2000；Bulbeck，2004）；文化复杂性和混合性的条件下，跨文化交流、跨文化友谊和多元文化公民身份的产生与发展（Butcher and Thomas，2003；Harris，2013；Harris and Herron，2017；Herron，2018）；种族主义、种族化、伊斯兰恐惧症和少数群体化（Idriss，2015；Abdel-Fattah，2018；Johns，2014；Harris and Hussein，2018）。一些学术研究还涉及对传统青年研究方法的质疑，认为这些方法未能通过阶级、性别或品位等分类来指出青年文化研究中的规范性种族化倾向。

对散居或多元文化青年创意文化的研究为当前澳大利亚青年文化的理论化开辟了一些新方向。在认识到这些文化日益相互混合的基础上，

Butcher和Thomas（2003）建立了一个新框架，将澳大利亚青年文化视为动态文化融合的过程。他们的研究展示了来自不同背景的澳大利亚青年是如何通过对来源广泛且融汇创新的媒体、时尚、音乐、艺术、信息通信技术、舞蹈等文化表现形式的生产和消费，来创造新的社群空间以及文化和民族认同的。

Anne Harris（2017）将此置于更为当代和跨国的背景下，研究了澳大利亚墨尔本市南苏丹和萨摩亚裔基督教青年受宗教信仰影响的创意实践（舞蹈、音乐、视觉艺术等）；论证了有着全球南方、庶民和流散背景，却又总是与全球、移动和虚拟社交网络相交的青年是如何嵌入当地社会，进而产生创意资本的；展示了"来自全球南方移民和难民背景的青年就其信仰、创意实践和未来参与全球动态网络的方式"（Harris，2017，p. 207），凸显了流散青年文化促成创造性融合并激活青年日常生活中本土与全球联系的方式。她的研究采用 Hickey-Moody（2013）的"小共和"（little publics）概念，试图理解年轻人是如何在某些情况下无视高度管控的制度环境以及融合和过渡机制，从而建立外部社群的。

此类研究表明，在创意实践过程中，青年可以同时完成以下几件事：铭记对文化和宗教的本土传承，全球社交，在跨国创意和文化产业中推销自己，产生关于认同和社群的个人与集体反思过程。更重要的是，此类研究还探讨了青年所面临的复杂性：他们在寻求用本土的方式表达自主性、政治观点、联系和创造力的同时，通过对其形象和产出的商品化与商业应用来追求全球知名度及声望。上述现象与其说是相互矛盾的冲动，不如说是反映了青年创造性认同的多重含义和使用方式。当今时代，具有创造性的企业家精神、远大志向和自我展示被视为优质青年公民的标志（正如我们在下面将要进一步探讨的那样）并得到奖励；同时，时代也赋予青年前所未有的可能性，让他们能够把自我表达和互联互通的经历放大并相互结合。

5. 跨越国界的创意、数字和政治文化以及国际团结

我们所描述的流散青年文化与更明确的政治或公民参与网络之间可能存在密切联系。例如，Nilan（2017，p. 180）关注澳大利亚青年穆斯林群体，展示了流散海外的青年穆斯林如何相互联系，特别是通过形成青年文化来反对伊斯兰恐惧症和激进的伊斯兰主义元叙事。她将其描述为"新神权部落主义（neo-theo-tribalism）：形成社交和消费性青年文化群体，横跨基于信仰的线下和线上世界"。她借鉴并扩展了 Bennett（1999）将亚文化重新定义为"新部落"的做法，认为通过流行文化的消费、生产和竞争，游戏实践和交流，以及穆斯林音乐文化中的粉丝和明星互动，青年穆斯林建立了跨国联系和归属文化，使其能够携起手来、共同面对生活中的压迫力量。同时，这些空间就是 Nilan（2017，p. 181）所描述的"安全空间"或 Hage（2011）所谓的"免疫空间"，让"种族化个体能够在其中重拾自我"。

Harris 和 Roose（2014）与 Johns（2014）等其他学者的研究表明：澳大利亚青年穆斯林如何通过数字和日常空间来发展与利用青年文化，以形成新的参与性实践并表达政治声音。从属和参与"兼具道德与美学"的青年文化生活（Stephenson，2010，p. 11）对于西方的青年穆斯林等群体来说非常重要，因为他们面临被正式政治机构边缘化且受到高度监视的困境。鉴于伊斯兰恐惧症已经导致澳大利亚青年穆斯林被排除在正式政治生活之外，上述新兴实践往往诞生于普通的青年文化之中。例如，线上空间、社交和非主流媒体、创意艺术实践、时装设计、音乐制作等已成为澳大利亚青年穆斯林在国内进行社会、公民和政治表达，联系和鼓动，以及打造国际社交网络过程中不可或缺的组成部

分（Harris and Roose，2014）。显然，数字和移动媒体的可供性对于澳大利亚青年政治参与和动员的文化表达具有重要意义。正如 Harris 和 Johns（2020，p. 10）所论证的，在澳大利亚，

> 数字化实践被证明可以增强侨民社群政治能动性，应对传统政治和公民参与过程中的不平等与被排斥情况。互联网和社交媒体也为主流群体的成员提供了前所未有的机会，参与跨文化学习和反种族主义的公民行动。

这些数字化实践和空间模糊了青年文化和政治的界限。例如，澳大利亚青年研究人员 Abidin 和 Cover（2019）通过对自我认同为酷儿的 Youtube 网络主播的自我展示和粉丝群体的研究，论证了围绕网红产生的青年文化发挥的重要政治作用：这些网红的经历说明，通过创作数字媒体内容吸引大量关注而成为网红的人，经常性地通过自我展示和线上社交圈的影响力参加维权与社区建设活动，尽管他们本身可能并未发布明确的政治性内容。与此相关的是，Hanckel 和 Morris（2014，p. 872）展示了线上酷儿青年文化空间如何为青年提供一个建立成员感和联系感，以及表达集体声音并为社会变革采取行动的平台。在一项针对在线团体的研究中，二人发现"社群不仅为成员提供了一种归属感，减少了他们的孤立体验，还将他们与促进政治参与的资源和交流机会联系起来"。

另一个例子是土著青年借助社交媒体建立团结、表达政治认同和参与维权行动。Carlson 和 Frazer（2018，p. 1）研究发现，"土著和/或托雷斯海峡岛民一直是技术的早期采用者，使用社交媒体的比率高于非土著澳大利亚人"。原住民将社交媒体作为聚集和建立社群的新"聚会场所"，这在他们被迫离开家庭和土地的背景下变得尤为重要。有效使用社交媒体也有助于表达土著认同、促进文化知识转化、提供应对种族主义的新方法以及开展政治行动。Carlson 和 Frazer（2018）梳理

了由社交媒体推动的正式的土著政治运动，例如"Indigenous X and Recognise"，指出数字化促进不同国家土著团体间建立跨国政治联系的方式，例如，加拿大"Idle No More"政治团体在澳大利亚建立了分部，以及澳大利亚SOS#BlakAustralia运动获得了国际支持。同时，他们还记录了社交媒体上各种具有政治意图和影响的日常活动，例如互联网表情包，虽然使用表情包传统上不属于政治行为范畴。

澳大利亚青年研究的另一个新兴领域是本土和跨国青年文化（包括那些可能被称为爱好的实践）与无保障就业市场中的DIY式职业发展方式间的相互关系。Threadgold（2018b）聚焦朋克场景青年，发现正规体制外的创造性表达为青年艺术家提供了一种抵制主流劳动力市场的方式。这些年轻人利用参与上述青年文化场景所获得的真实性作为亚文化资本（Thornton，1995）。一些创业导向青年在一个不安全世界中努力尝试走出属于自己的路，并在此过程中坚持青年风格和品位标志。在一些研究中（Threadgold，2018b；Howie and Campbell，2016），"真实的"青年表达所具有的象征性属性已被视为这些青年的基本组成部分。在这个市场中，建立基于阶级、性别和种族的亚文化人设的能力是在酒吧、音乐节、咖啡馆与俱乐部等职场中从事情感类职业不可或缺的条件。

与此相关的是，Morgan和Wood（2014）认为，创意类工作（即许多青年追求的那种有抱负的工作）是一种典型的具有长期剥削属性的当代工作，而这种剥削性又被伪装成对青春和青年社交属性的重视与强调。比如，Morgan和Nelligan（2018）指出，澳大利亚各就业部门的无薪实习岗位数量正在增加，模糊了学生/学徒/工人之间的界限，似乎为青年提供了建立工作组合的机会，但最后不会有任何就业保障（实际上对实习"结束"本身定义也不明确）。新的工作世界及其物质条件，以及休闲、娱乐和劳动间界线的模糊，都是青年需要面对的，为澳大利亚的青年文化研究提出了新的课题。青年在进行本土文化实践、风格、场景、消费和生产时，表现出对"抱负政治"、反身性和自由选择的深刻矛盾心理，而澳大利亚青年成长的经济和政治环境也具有这样的矛盾特征。

全球金融危机后的形势尤其加剧了少数族裔背景青年的工作不安全感，特别是在媒体反难民言论增加和对新定居的非裔澳大利亚人社群等群体进行种族形象定性（racial profiling）的情况下。青年文化实践以复杂的方式参与这些过程。一些青年将防御性阶级身份和边界工作的本地/全球与数字媒介端表现作为生存及流动策略，通常依赖有问题的还原主义虚华辞藻，以种族化的方式理解本地和全球变化（Butler，2018）。另一方面，一些研究表明，对本土青年文化的关注可以增强对青年所体现的反种族主义策略的理解（Aquino，2018；Herron，2018）。这些以青年为基础的文化表达以团结和集体主义的形式出现，反对工作和政治格局的全球性变化，因为青年对忽视结构性不稳定转而关注个人责任的要求是持抵制态度的（Idriss and Atie，2020）。

6. 流动青年日常文化中本土、数字和全球因素的交叉作用

澳大利亚青年研究的另一个分支涉及流动的日常体验，因为人口流动影响着当今青年文化。虽然许多传统青年文化研究都聚焦本土实践和安置群体，但随着青年的流动性越来越高，人们的关注点越来越放在跨国和跨地方的青年文化表达上。澳大利亚不仅是国际（特别是亚洲）学生、青年工作者和旅行者的聚集地，而且是国民短期出境游中青年人口占比最高的国家。例如，尽管存在新冠疫情，一段时间以来，大多数在亚洲和澳大利亚之间流动的人群年龄在 20～29 岁（Australian Bureau of Statistics，2012）。当前这一代澳大利亚青年比从前任何一代都更希望在生活计划加入流动性选项（Skrbis et al.，2014，p. 617；Robertson et al.，2017），正如 Wyn（2015）所言，人口流动现已成

为当代澳大利亚青年向成年过渡的中心环节，有助于提升他们在全球劳动力市场的就业能力。跨国流动对青年文化的重塑尤其重要，为青年建立本土联系、跨国和跨地方社交网络与认同创造了新机遇的同时，也颠覆了青年文化实践的既定形式，在流动过程中暴露了与当地建立社会联系方面存在的问题。

正如 Harris 等人（2020，p. 7）所言：

> 多项研究表明……流动青年在与"当地人"建立关系时面临挑战……例如，对于那些被指定为"暂住人员"的流动青年来说，工作的限制或学习的要求导致他们与其他人"不同步"，难以建立令人满意的本地关系（Gomes，2018）。另一方面，而那些被指定成"本地人"的人，可能自身通过现有和完善的社交网络，为所谓的"暂住人员"融入本地社会提供某些有限的机遇。

例如，在澳大利亚，外地学生需要一边上课一边打工（通常是同时打几份工），时间被切割得很碎，这可能导致他们"与生活在城市中的当地同龄人普遍的朝九晚五作息脱节"（Robertson，2016）。Butcher 的研究（2011）同样展示了在频繁出差和紧凑工作日程带来的压力下，在新加坡和中国香港等全球城市工作的澳大利亚青年是如何努力实现与当地人同步并建立有意义的社会联系和亲密联系的。因此，尽管渴望变得更加国际化并加深在当地的联系和跨文化交际能力，但他们也并不总是会跳出"外籍"青年文化范围建立具有本地归属感的社群。

然而，流动青年生活中存在的上述时空差异，也催生了新的青年文化。Wong 和 Hjorth（2016，p. 57）展示了在澳就读的国际学生是如何创建新的"家庭社群"的：这些社群建立联系并非因为共同的地理位置，而是因为共同组成了一个侨民群体，侨民们旅居异国他乡，彼此间的联系就是对共同经历的记忆。数字活动（如在线游戏）将这些社群聚集在一起，形成多种在线文化或拥有共同流散认同的年轻玩家社区。正如 Martin 和 Rizvi（2014）所论证的那样，澳大利亚的中国和印度留学生使用数字媒体促进联络并获得归属感，这样做不仅是在处理"家"与"东道国"之间的关系，也是在利用由侨民群体组成的网络空间与居住在其他国家的旅居青年建立联系。借助跨国流动进入澳大利亚的年轻人也会通过各类数字平台创建不同社群和关系网。例如，他们可能会通过 Facebook 与当地的英语人士互动，了解后者学习或工作所在的澳大利亚城市发生的事件和活动；也可能使用微信或微博同其他在澳大利亚和旅居他国讲中文的学生讨论中国流行文化，并保持同"母国"社交圈的联系（see Zhao，2019；Martin，2017；Wong and Hjorth，2016；Gomes，2018）。

这些移动和数字化条件，促进了超越"本土"和"远方"二元定式的新青年文化模式的诞生。随着青年四处流动并与其他同样流动的人们互动，跨越边界的社交群体、场景和人际网络得以通过不同媒体平台与场所建立。重要的是，正如Harris（2013，p. 182）所言，这些新青年文化的形成并不一定意味着青年在建立本地归属和进行本地参与时遭遇失败，反而可能会"促进更分散、更多层次和关联性更强的场所营造；同时，新文化形成也不会取代本地社群，而是本地的实体联系紧密结合在一起"。因此，Dolby和Rizvi（2008，p. 1）认为，正是流动经验让流动青年得以创造青年文化归属和联络的新空间。用他们的话说，"流动本身构成了一个新的认同和归属空间"。

7. 总结

虽然，青年研究总体上承认世界各地的青年都受到一些根本性大趋势影响，包括经济不安全、人生历程变化、更大的流动性和无处不在的数字化，但越来越多人呼吁青年研究应加强对上述趋势在本地环境下发挥作用方式的研究，并提升研究的国际联动。正如 Nilan（2011，p. 25）所说，"未来的青年社会学研究必须囊括具有跨文化潜力的概念和解释框架"，而且"为了实现文化包容性，青年社会学需要可以适用于青年生活、学习、工作和决策不同背景和环境的概念及解释框架"（2011，p. 20）。在本文中，我们以澳大利亚为背景，讨论了当地青年的生活世界和文化，展示了其独特的历史、政治和社会经济条件。全球性力量总是通过国家和地方背景折射出来；在澳大利亚，多种力量互动的结果就是形成了一个富裕、边缘、去工业化的由多元文化定居者组成的殖民国家。

在全球化世界中关注本土和国家背景不仅是为了凸显差异，也是为了充分理解理论谱系。青年研究中的理念范式有历史沿革，因此可以成为正统。而细致探究理论范式在不同背景下是否有用，可以对理论产生和发展的历史与政治进行富有成效的评估，并为新环境和新时代开创新的解释角度与研究方法。在本文中，我们特别讨论了英国的"亚文化/后亚文化"理论的知识传统，因为它已成为澳大利亚青年文化研究的一个极具影响力的框架，提供了一个规范、通用和主流的特定概念范式。这使得一些青年文化研究方法和问题被人们接受，而另一些则被回避或视为例外。我们在文中指出澳大利亚青年文化研究对框架的使用和超越，是以澳大利亚青年生活世界的独特元素为中心的，而这些元素反过来又塑造了他们的文化形成方式。

除论证澳大利亚青年文化研究如何与英国知识传统相结合外，我们还展示了对全球化世界中多样性、流动性和数字技术等新的青年文化条件的实证和概念性工作。今天，开展青年文化研究时，要对青年经历的复杂性和相互联系更加敏感，超越对青年认同的僵硬概念化，并在多元化、数字化和移动的世界中，关注跨越国界的人际网络、人员流动、集体实践和团结一致。正如 Jeffrey（2010，p. 502）所言，这让我们能够看到"跨地方（包括全球）进程对不同环境中儿童和青年的影响，以及[……] 一地青年的行为如何带来限制和机遇，进而影响世界其他地方的青年"。我们展示了当代澳大利亚青年文化研究涵盖了多样性、全球化、参与、流动性和数字化等问题，不仅突出了澳大利亚青年文化现状，而且为在全球互联世界中进行跨国、区域和本土青年文化研究带来了新的方法。

参考文献

Abdel-Fattah，R.（2018）. *Islamophobia and everyday multiculturalism in Australia*. London and New York：Routledge.

Abidin，C.，& Cover，R.（2019）. Gay，famous and working hard on YouTube：Influencers，queer microcelebrity publics，and discursive activism. In P. Aggleton，R. Cover，D. Leahy，D. Marshall，& M. Rasmussen（Eds.），*Youth，sexuality and sexual citizenship.* London and New York：Routledge.

Aquino，K.（2018）. *Racism and resistance among the Filipino diaspora：Everyday anti-racism in Australia*. New York：Routledge.

Arnot，M.，& Swartz，S.（2012）. Youth citizenship and the politics of belonging：Introducing contexts，voices，imaginaries. *Comparative Education，48*（1），1-10.

Australian Bureau of Statistics.（2012）. *Leaving Australia forever?* http：// abs.gov.au/AUSSTATS/ abs@.nsf/Lookup/4102.0Main+Features20Dec+2012# SOURCES. Accessed 18 December 2015.

Australian Bureau of Statistics. (2016) . https：//www.abs.gov. au/ausstats/abs@.nsf/Lookup/by%20Subject/2071.0~2016~Main%20 Features~Snapshot%20of%20Australia，%202016~2.

Australian Bureau of Statistics. (2017a) . *Census reveals a fast changing, culturally diverse nation*. http：//www.abs.gov.au/ausstats/abs@.nsf/lookup/ Media%20Release3.

Australian Bureau of Statistics. (2017b，June) . *3101.0 Australian Demographic Statistics*. http：// www.abs.gov.au/ausstats/abs@.nsf/mf/3101.0.

Australian Institute of Health and Welfare. (2018) . *Aboriginal and Torres Strait islander adolescent and youth health and wellbeing 2018.* In brief. Cat. no. IHW 198. Canberra：AIHW.

Baker，S.，Robards，B.，& Buttigieg，B. (Eds.) . (2015) . *Youth cultures and subcultures：Australian perspectives*. Farnham：Ashgate.

Beck，U.，& Beck-Gernsheim，E. (2009) . Global generations and the trap of methodological nationalism for a cosmopolitan turn in the sociology of youth and generation. *European Sociological Review*，*25* (1)，25-36.

Bennett，A. (1999) . Subcultures or neotribes? Rethinking the relationship between youth，style and musical taste. *Sociology*，*33* (3)，599-617.

Bennett，A. (2015) . Australian subcultures：Reality or myth? In S. Baker，B. Robards，& B. Buttigieg (Eds.)，*Youth cultures and subcultures：Australian perspectives*. Farnham：Ashgate.

Bulbeck，C. (2004) . The 'white worrier' in south Australia：Attitudes to multiculturalism，immigration and reconciliation. *Journal of Sociology*，*40* (4)，321-340.

Butcher，M. (2011) . *Managing cultural change：Reclaiming*

synchronicity in a mobile world. Aldershot，UK：Ashgate.

Butcher，M.，& Thomas，M.（2003）. Situating youth cultures. In M. Butcher & M. Thomas（Eds.），*Ingenious： Emerging youth cultures in urban Australia*. North Melbourne：Pluto Press.

Butler，R.（2018）. *Class，culture and belonging in rural childhoods*. Singapore：Springer.

Butler，R.，Ho，C.，& Vincent，E.（2017）. "Tutored within an inch of their life"：Morality and 'old' and 'new' middle class identities in Australian schools. *Journal of Ethnic and Migration Studies*，*43*（14），2408-2422.

Carlson，B.，& Frazer，R.（2018）. *Social media mob： Being indigenous online*. Sydney：Macquarie University.

Castles，S.，& Miller，M. J.（2003）. *The age of migration： International population movements in the modern world*. Basingstoke：Palgrave Macmillan.

Connell，R.（2007）. *Southern theory： The global dynamics of knowledge in social science*. Sydney，NSW，Australia：Allen & Unwin.

Cooper，A.，Swartz，S.，& Mahali，A.（2019）. Disentangled，decentred and democratised：Youth studies for the global south. *Journal of Youth Studies*，*22*（1），29-45.

Cover，R.，Aggleton，P.，Rasmussen，M. L.，& Marshall，D. （2019）. The myth of LGBTQ mobilities：Framing the lives of gender-and sexually diverse Australians between regional and urban contexts. *Culture，Health and Sexuality*，*22*（3），321-335. https：//doi.org/10.1080/13691058.2 019.1600029.

Cuervo，H.，& Wyn，J.（2012）. *Young people making it work：*

Continuity and change in rural places. Victoria, Australia: Melbourne University Press.

de Finney, S. (2015). Playing Indian and other settler stories: Disrupting western narratives of indigenous girlhood. *Continuum*, *29*(2), 169-181.

Dolby, N., & Rizvi, F. (2008). Introduction: Youth, mobility and identity. In N. Dolby & F. Rizvi (Eds.), *Youth moves: Identities and education in global perspective*. New York and London: Routledge.

Farrugia, D. (2014). Towards a spatialised youth sociology: The rural and the urban in times of change. *Journal of Youth Studies*, *17*(3), 293-307.

Farrugia, D., Threadgold, S., & Coffey, J. (2018). Young subjectivities and affective labour in the service economy. *Journal of Youth Studies*, *21*(3), 272-287.

Feldman-Barret, C. (2015). Documenting the subcultural experience: Towards an archive of Australian youth histories. In S. Baker, B. Robards, & B. Buttigieg (Eds.), *Youth cultures and subcultures: Australian perspectives*. Farnham: Ashgate.

France, A., Roberts, S., & Wood, B. (2018). Youth, social class and privilege in the antipodes: Towards a new research agenda for youth sociology. *Journal of Sociology*, *54*(3), 362-380.

Gomes, C. (2018). *Siloed diversity: Transnational migration, digital media and social networks*. Singapore: Palgrave Pivot.

Hage, G. (2011). Multiculturalism and the ungovernable Muslim. In R. Gaita (Ed.), *Essays on Muslims and multiculturalism*. Melbourne: Text Publishing.

Hanckel, B., & Morris, A. (2014). Finding community and

contesting heteronormativity: Queer young people's engagement in an Australian online community. *Journal of Youth Studies*, *17*(7), 872-886.

Harris, A. (2013). *Young people and everyday multiculturalism*. New York and London: Routledge.

Harris, A. M. (2017). *Creativity, religion and youth cultures*. New York: Routledge.

Harris, A. (2018). Youthful socialities in Australia's urban multiculture. *Urban Studies*, *55*(3), 605-622.

Harris, A., Baldassar, L., & Robertson, S. (2020). Settling down in time and place? Changing intimacies in mobile young people's migration- and life-courses. *Population, Space and Place*, *26* (8), *e2357*. https: //doi. org/10.1002/psp.2357.

Harris, A., & Herron, M. (2017). Young people and intercultural sociality after Cronulla. *Journal of Intercultural Studies*, *38*(3), 284-300.

Harris, A., & Hussein, S. (2018). Conscripts or volunteers? Young Muslims as everyday explainers. *Journal of Ethnic and Migration Studies*. https: //doi.org/10.1080/1369183x.2018.1516547.

Harris, A., & Johns, A. (2020). Youth, social cohesion and digital life: From risk and resilience to a global digital citizenship approach. *Journal of Sociology, May*, https: //doi.org/10.1177/1440783320919173.

Harris, A., & Roose, J. (2014). DIY citizenship amongst young Muslims: Experiences of the "ordinary". *Journal of Youth Studies*, *17*(6), 794-813.

Herron, M. (2018). A revised approach to racism in youth multiculture: The significance of schoolyard conversations about dating and desire. *Journal of Youth Studies*, *21*(2), 144-160.

Hickey-Moody, A. (2013). *Youth, arts and education: Reassembling subjectivity through affect.* London: Routledge.

Howie, L., & Campbell, P. (2016). Guerrilla selfhood: Imagining young people's entrepreneurial futures. *Journal of Youth Studies, 19*(7), 906-920.

Hugo, G., McDougall, K., Tan, G., & Feist, H. (2014). *The CALD youth census report 2014.* Carlton: The Multicultural Youth Advocacy Network (MYAN) Australia.

Idriss, S. (2015). "What every other Leb wears": Intra-ethnic tensions among Lebanese-Australian youth. In S. Baker, R. Robards, & B. Buttigeig (Eds.), *Youth cultures and subcultures: Australian perspectives* (pp. 115-124). Ashgate: Routledge.

Idriss, S. (2018). *Young migrant identities: Creativity and masculinity.* London: Routledge.

Idriss, S., & Atie, R. (2020). Race in Australia's youthful urban leisure scenes. *Ethnic and Racial Studies, 43*(10), 1854-1871.

Jeffrey, C. (2010). Geographies of children and youth I: Eroding maps of life. *Progress in Human Geography, 34*(4), 496-505.

Johns, A. (2014). Muslim young people online: "Acts of citizenship" in socially networked spaces. *Social Inclusion, 2*(2), 1-12.

Johns, A. (2015). *Battle for the Flag.* Melbourne University Publishing.

Kennedy, T. (2018). Black metal not Black-metal: White privilege in online heavy metal spaces. *Media International Australia, 169*(1), 94-100.

Martin, F. (2017). Mobile self-fashioning and gendered risk: Rethinking Chinese students' motivations for overseas education.

*Globalisation，Societies and Education，15，*706-720.

Martin，F.，& Rizvi，F.（2014）. Making Melbourne：Digital connectivity and international students' experience of locality. *Media，Culture and Society，36*（7），1016-1031.

McLeod，J.，& Yates，L.（2003）. Who is 'us'? Students negotiating discourses of racisms and national identification in Australia. *Race，Ethnicity and Education，6*（1），29-49.

Minestrelli，C.（2016）. *Australian indigenous hip hop：The politics of culture，identity，and spirituality.* New York：Routledge.

Morgan，G.（2015）. Gangsta warrior bro：Hip hop and urban Aboriginal youth. In S. Baker，B. Robards，& B. Buttigieg（Eds.），*Youth cultures and subcultures：Australian perspectives*（pp. 161-172）. Aldershot：Ashgate.

Morgan，G.，& Nelligan，P.（2018）. *The creativity hoax：Precarious work and the gig economy.* London：Anthem Press.

Morgan，G.，& Wood，J.（2014）. Creative accommodations：The fractured transitions and precarious lives of young musicians. *Journal of Cultural Economy，7*（1），64-78.

Nilan，P.（2011）. Youth sociology must cross cultures. *Youth Studies Australia，30*（3），20-26.

Nilan，P.（2017）. *Muslim youth in the diaspora：Challenging extremism through popular culture.* Abingdon，Oxon：Routledge.

Nilan，P.，& Feixa，C.（Eds.）.（2006）. *Global youth? Hybrid identities，plural worlds.* New York：Routledge.

Noble，G.（2009a）. Everyday cosmopolitanism and the labour of intercultural community. In A. Wise & S. Velayutham（Eds.），*Everyday multiculturalism*. Houndmills: Palgrave Macmillan.

Noble, G. (Ed.). (2009b). *Lines in the sand: The Cronulla riots, multiculturalism and national belonging*. Sydney: Institute of Criminology Press.

Noble, G. (2015). Learning to be otherwise: Ethnicity and the pedagogic space of youthful subjectivities. In S. Baker, B. Robards, & B. Buttigieg (Eds.), *Youth cultures and subcultures: Australian perspectives*. Farnham: Ashgate.

Noble, G., Poynting, S., & Tabar, P. (1999). Youth, ethnicity and mapping of identities: Strategic essentialism and strategic hybridity among male Arabic-speaking youth in South Western Sydney. *Communal/Plural*, *7*(1), 29-44.

Robertson, S. (2016). Friendship networks and encounters in student-migrants' negotiations of translocal subjectivity. *Urban Studies*, *55*, 538-553.

Robertson, S., Harris, A., & Baldassar, L. (2017). Mobile transitions: A conceptual framework for researching a generation on the move. *Journal of Youth Studies*, *21*, 203-217.

Rogers, D., & Wiesel, I. (2018). Australian urban geographies of housing in the context of the rise of China in the "Asian century". *Geographical Research*, *56*(4), 393-400.

Rogers, D., Wong, A., & Nelson, J. (2017). Public perceptions of foreign and Chinese real estate investment: Intercultural relations in global Sydney. *Australian Geographer*, *48*(4), 437-455.

Schech, S., & Haggis, J. (2000). Migrancy, whiteness and the settler self in contemporary Australia. In J. Docker & G. Fisher (Eds.), *Race*, *colour and identity in Australia and New Zealand*. Sydney: University of NSW Press.

Sim, S., & Baker, S. (2015). Where are the straight edge women? In S. Baker, B. Robards, & B. Buttigieg (Eds.), *Youth cultures and subcultures: Australian perspectives*. Farnham: Ashgate.

Skrbis, Z., Woodward, I., & Bean, C. (2014). Seeds of cosmopolitan future? *Journal of Youth Studies*, *17*, 614-625.

Stephenson, P. (2010). Home-growing Islam: The role of Australian Muslim youth in intra-and inter-cultural change. *NCEIS Research Papers*, *3* (6), 1-21.

Takayama, K. (2016). Deploying the post-colonial predicaments of researching on/with 'Asia' in education: A standpoint from a rich peripheral country. *Discourse: Studies in the Cultural Politics of Education*, *37*(1), 70-88.

Thornton, S. (1995). *Club cultures: Music, media and subcultural capital*. Cambridge: Polity Press.

Threadgold, S. (2018a). *Youth, class and everyday struggles*. London: Routledge.

Threadgold, S. (2018b). Creativity, precarity and illusio: DIY cultures and 'choosing poverty'. *Cultural Sociology*, *12*(2), 156-173.

Tuck, E., & Wayne Yang, K. (2012). Decolonization is not a metaphor. *Decolonization: Indigeneity, Education & Society*, *1*(1), 1-40. http: //decolonization.org/index.php/des/article/view/ 18630/15554.

Turner, G. (1992). Of rocks and hard places: The colonized, the national and Australian cultural studies. *Cultural Studies*, *6*, 424-432.

White, R. (Ed.). (1999[2012]). *Youth subcultures: Theory, history and the Australian experience*. Hobart，Tasmania：ACYS Publishing.

Windle，J.（2008）. The racialisation of African Youth in Australia. *Social Identities*，*14*（5），553-566.

Wong，J.，& Hjorth，L.（2016）. Media and mobilities in Australia：A case study of Southeast Asian International students' media use for well-being. In C. Gomes（Ed.），*The Asia Pacific in the age of transnational mobility：The search for community and identity on and through social media*. London：Anthem Press.

Woodman，D.，& Wyn，J.（2015）. Holding it all together：Researching time，culture and belonging after subcultures. In S. Baker，B. Robards，& B. Buttigieg（Eds.），*Youth cultures and subcultures：Australian perspectives*. Surrey：Ashgate.

Wyn，J.（2013）. Education that equips young people in changing times. In A. Wierenga & J. R. Guevara（Eds.），*Educating for global citizenship*. Melbourne：Melbourne University Press.

Wyn，J.（2015）. Young people and belonging in perspective. In A. Lange，C. Steiner，H. Reiter，et al.（Eds.），*Handbook of child and youth sociology*. Dordrecht：Springer.

Wyn，J.（2017）. Educating for late modernity. In A. Furlong（Ed.），*Routledge handbook of youth and young adulthood*. London：Routledge.

Wyn，J.，& Harris，A.（2004）. Youth research in Australia and New Zealand. *Young*，*12*（3），271-289.

Wyn，J.，& White，R.（2015）. Complex worlds，complex identities：Complexity in youth studies. In D. Woodman & A. Bennett（Eds.），*Youth cultures，transitions and generations*. Palgrave：Basingstoke.

Zhao，X.（2019）. Disconnective intimacies through social media：

Practices of transnational family among overscas Chinese students in Australia. *Media International Australia*. https：//doi.org/10. 1177/1329878X19837684.

Zwangobani，K.（2016）. *Convivial multiculture and the perplication of race：The dynamics of becoming African Australian*. Unpublished Ph.D. thesis，Australian National University.

本土声音全球化：
乌干达的青年文化与民主进程参与

Janestic Mwende Twikirize，Laban Musinguzi Kashaija，

Stanley Wobusobozi，Harriet Gimbo

1. 引言

在非洲13亿人口中，青年占3/4以上。超过77%的人口年龄在35岁以下，而15～25岁青年占非洲人口的18%。毋庸讳言，非洲拥有最年轻的人口，也是唯一青年人口正在增长的大陆。尽管联合国对青年的定义是15～25岁的人群，但从社会学角度看，这个定义的重点与其说是年龄，不如说是对童年和成年之间过渡时期提供的背景描述。Honwana（2012，p. 11）认为，青年指童年和成年之间的时期，此定义同时考虑了实足年龄和身体成熟的生物学过程。青年通常也被概念化为一个过渡时期，在这个时期，年轻人通过努力满足成年的社会标准，例如找到工作、组建家庭以及成为完备且有生产力的公民（Banks，2015，p. 1）。在大多数非洲国家，青年的官方定义范围可能会扩展到15～35岁。因此，各国宪法将担任总统等关键领导职位的门槛设置为35岁的情况并不少见，因为35岁被认为是成熟的年龄。

非洲的青年大多被认为是一种资产，可能是非洲所希望的未来支柱。这不仅因为青年的人口数，还在于他们是总人口中一个充满活力和生产力的子集，开发得当可以帮助非洲取得更好的发展成果。Honwana（2012）将青年描述为一段成长、寻找意义和归属感的时期；一个塑造性格、兴趣和目标的阶段；一个构建和重新配置认同的过程；以及，一个充满风险和可能性的创造性时期。如果将不断增长的青年人口转化为社会经济进步和人类发展的助推力量，就可以利用这种人口红利。然而，具有讽刺意味的是，随着世界一体化程度加深，青年似乎被置于关键决策过程的边缘，很少能够充分参与经济发展。

非洲青年面临多种挑战，例如高失业率、社会和政治排斥，无法享受教育、健康和社会保障等社会服务，武装冲突、无家可归和艾滋病流行，等等。撒哈拉以南非洲的青年失业率估计为63%，失业和几乎被剥夺公民权的人口中青年占绝大多数。非洲开发银行（ADB，2018）数据显示，在非洲近4.2亿15～35岁青年中，有1/3失业或放弃就业，另外1/3处于弱就业状态，只有1/6有薪就业。失业导致生活条件恶化，加剧了非洲人口外流和冲突的发生（ADB，2018）。虽然民主是一种具有吸引力的全球理想，但除了失业，青年很少参与并领导政治决策过程。Diouf（2003）将这种趋势称为对青年的制度性敌意，将他们排除在权力、工作、教育和休闲等领域之外。同时，非洲青年还与反对社会不公的斗争联系在一起。他们有能力和活力在现有的政治体系中创造变革。例如，众所周知的"阿拉伯之春"革命便与青年对经济状况的不满有关（Ansani and Daniele，2012）。

包括乌干达在内的几个非洲国家已经为青年参与搭建了平台，将青年的观点纳入主流决策过程。乌干达专门建立了为青年提供实质性参与机会的结构和系统。例如，1993年颁布的《全国青年委员会法》规定在所有行政级别设立全国青年委员会。性别、劳动和社会发展部还下设了青年事务司。其他的地方性举措包括在学校成立青年俱乐部，以及由青年领导的组织等。因此有人可能会说，就基本先决条件而言，以上进展表明乌干达确实取得了进步。然而，正如我们的研究成果揭示的那样，青年在正式参与民主过程方面仍面临挑战。许多青年通过发声的方式表达担忧，而且即使他们这样做了，也几乎没有被注意到。所以问题在于，这些似乎表明青年拥有参与机会的种种制度难道仅仅是表面文章吗？一些研究人员认为，问题在于青年组织缺乏所需的能力（Mugisha et al.，2016）。Mugisha（2016）等人引用"失业兄弟会"（jobless brotherhood）等松散青年团体作为例子，进一步认为大多数青年活动通常力度较小，缺乏基层渗透。

本文中，我们以乌干达为例，展示非洲青年如何在受限的正式青年参与空间中，创造民主进程参与文化。通过灵活应对不时出现的新问题，青年已经找到驾驭这些空间的方法，这使得权力机构难以扼杀青年反抗。有些年轻人也喜欢参加民主选举期间让人兴奋的活动，而另一些年轻人态度则非常悠闲。这些进程的结合构成了新规范和新实践，是青年参与民主行为的表征。我们将全球化话语中的青年参与概念化，证明虽然民主和青年参与等全球进程已在当地话语中得到体现，但青年尚未充分认识到它们带来的全部好处。虽然我们的研究结果基于15~30岁的青年，但我们将青年概念视为社会建构，在文化和历史维度上因人而异，因社会而异（Kurebwa and Dodo，2019）。这点尤其重要，因为青年参与很大程度上取决于特定的社会、文化和政治背景。在非洲的一些地区，社会规范不仅在塑造青年参与方面发挥着重要作用，而且在影响青年文化方面也不可或缺，这些规范虽然源自非洲本土，但在全球人口流动的背景下获得了更多发言权。

2. 全球化，青年文化和参与

现有文献表明，在20世纪80年代经济和金融转型之后的几年里，全球南方国家在民主方面取得了重大进展（Rudra，2005）。这些进展证明了一种理论的可信度，即对全球南方国家施加影响的"全球化压力"促进了民主状况的改善（Rudra，2005）。该理论认为，包括全球化压力在内的外生力量有可能引发"精英（内部）分裂"，为人们参与重大决策创造机会（Rudra，2005；Dralega et al.，2010）。随着全球化概念日益清晰，人们普遍认为全球化不再仅局限于全球经济和金融市场一体化（Jeffery，2002；Kaplinsky，2000）。全球化影响着世界各地人们的方方面面，包括生活方式、工作机会和生活条件（Rudra，2005）。这也对"本土问题需要本土解决方案"的普遍假设提出疑问。虽然非洲青年仍与本土社会结构（包括来自社会和家庭的期望）保持联系，但他们也越来越多地利用并与全球文化紧密相连（Honwana，2012），特别是通过技术和网络空间，这引发信息爆炸并完全消除了沟通和获取信息的障碍。

在国际层面，各国在全球化框架内致力于实现联合国可持续发展目标等全球承诺。然而，很少有直接针对青年且对各国有约束力的国际立法。一些现有的相关框架包括《布拉加青年行动计划》（世界青年论坛，1998）、《消除对妇女一切形式歧视公约》（1979）、《联合国儿童权利公约》、《达喀尔青年赋权战略》（2001）、《国际劳动大会第93次会议关于青年就业的决议》（日内瓦，2005）、《公民权利和政治权利国际公约》（1996）、《青年政策里斯本宣言》（1996）等。还有其他以宪章形式制定的区域性规定，如《非洲青年宪章》，该宪章承诺包括乌干达在内的各个非洲国家致力于青年的事业。

正如一些研究人员所指出的，虽然一些全球进程极大地挑战了本土的治理和参与模式，但并非所有参与其中的人都在享受全球民主的社会承诺（see for example Moore，2001）。全球化对非洲青年文化产生了积极和消极影响，其程度肯定比非洲青年文化对全球化进程的影响要深远得多。非洲青年往往处于全球文化的接收端。如今，非洲青年与世界其他地区的联系比前几代非洲人更密切（Honwana，2012）。当非洲青年将世界其他地方，特别是发达国家人们的生活方式视为更加现代和可取并努力模仿时，这种相互联系就在很大程度上塑造了他们的亚文化和生活方式。也有人认为，由于技术进步，全球化对文化价值观和信仰构成威胁，破坏了根深蒂固的本土意义。乌干达的《国家青年政策》（MoGLSD，2001）曾指出，西方文化通常借助西方媒体的影响，挑战和破坏了"对青年行为的传统控制"。从这个意义上说，全球化造成了紧张。正如 Maathai 所指出的，文化既可以赋权，也可以对赋权、自我表达和自我认同构成威胁（Maathai，2009）。传统上，人们对青年女性和男性担任领导职务不抱预期。青年常常被排除在关键决策之外，包括那些直接影响他们的决策，因为人们认为他们过于缺乏经验和年轻。即使在许多当代非洲文化中，青年通常也不被期望在公共场合发言，因为人们认为青年不成熟且缺乏知识和专门技术（McGee and Greenhalf，2011）。虽然上述情况看起来普遍存在，但同样明显的是，随着技术的进步，青年可以在民主参与的框架内轻松发声并获得全球认可，因为他们渴望改变现状。感到不满或空间受限时，青年会想方设法创造空间。在非洲，青年直面社会不公的例子不胜枚举。在受限的民主空间中，青年会采取自主行动，克服这些障碍。在这个过程中，他们通过发声抒发自我，表达担忧。一些研究人员（see for example Bennell，2007）认为，需要支持青年在政治和经济进程中发表意见；青年需要掌握信息和技能来应对挑战。

在本文中，青年参与的本土文化背景和信念为我们分析全球进程如何影响本土青年发声与参与进程提供了参考。我们利用声音的概念，研究了通过青年参与等全球进程，青年声音全球化的程度。我们试图阐明全球化的影响，特别是青年参与民主治理的过程。我们展示了乌干达争取民主治理的努力如何为青年表达担忧开辟了空间。这些空间在我们所谓的青年文化与民主治理的关系中得到反映。其中一些青年文化包括选举等民主进程中的青年抵抗面孔、悠闲的态度和兴奋的情绪。

3. 研究背景

乌干达是世界上人口最年轻的国家之一。《2014年乌干达全国人口和住房普查》显示，该国55%以上的人口年龄在18岁以下，23%的人口年龄在18~30岁［Uganda Bureau of Statistics（UBOS），2016］。乌干达人口年龄中位数为15.9岁，为全球第二年轻（仅次于14.9岁的尼日尔）。乌干达贫困水平极高，估计有27.7%的人口每天的生活费不足1美元（UBOS，2018）。青年失业率不断上升，估计为83%，为非洲大陆最高。[①] 在非正规部门工作的青年人数最多，其中71%属于弱势就业（UBOS，2015），构成"穷忙族"的主力。包括青年在内的大多数人口（82%）生活在农村地区并从事农业（UBOS，2016）。为了获得工作机会和其他社会福利，青年往往迁移到城市，并最终构成了城市贫困人口中的大多数。在乌干达，用来描述中心城市失业青年的常用词是"闲散且无序"，而这实际上属于违法行为。鉴于青年众多，且经济和社会机会不断减少，人们很容易相信青年危机的存在。然而，如果人口红利得到很好的利用，青年人口则将带来机遇（Republic of Uganda，2014）。

---

① https：//www.theguardian.com/global-development/2014/jan/16/uganda-unemployed-graduates-held-back-skills-gap.

　　在参与的体制机制方面,《国家青年政策》为提高所有乌干达青年的生活质量提供了独特机遇。《国家青年政策》侧重于青年赋权、参与以及改善青年的经济状况。多年来,政治家做出包括与青年失业斗争在内的竞选承诺也并不少见。其他针对青年的计划还包括对教育部门的干预,例如"普及小学教育";在卫生部门,既有对青少年性健康和生殖健康进行具体干预,又有诸如U-Report等公民参与平台(U-Report是一个联合国儿童基金会支持面向年轻人服务的平台)(Orrnert,2018)。乌干达国民议会为青年预留了五个席位。然而,尽管存在上述种种声明和政策支持,但青年发展仍处于实体经济社会发展的边缘位置(Bennell,2007)。对许多人来说,这就相当于发生一场"青年危机",需要制定并实施创新的、宽领域的"青年友好型"政策予以应对(Bennell,2007)。在探讨全球化时,一些学者呼吁发挥坚定领导力的作用,确保所有人都能从全球化中获益(Ruda,2005)。

　　乌干达1995年《宪法》中规定的保障国家良好运转的法律、政策和制度框架,以及定期选举和去中心化体制几乎无法吸引青年积极参与公民治理。然而,在这些狭窄的空间之外,青年找到了一种集体的声音,并将青年抗争作为其文化的一部分。本文的重点主要是从青年参与的角度突出青年在乌干达民主治理方面的经验、理解和采取的行动。我们的论据基于一项研究,该研究涉及乌干达的10个地区,包括Gulu、Busiiki、Kampala、Katakwi、Masindi、Nebbi、Mubende、Kapchorwa、Pallisa和Kumi。而该研究的结论又是乌干达国际行动援助组织(ActionAid International Uganda,AAIU)委托进行的一项更大规模研究的一部分。[①]AAIU的这项研究于2018年2—4月进行,目的之一是描述青年当前在各自社区中面临的领导力和经济机会以及制约

---

　　① 乌干达国际行动援助组织是国际行动援助组织的一个分支机构;国际行动援助组织是一家致力于实现社会正义、性别平等和消除贫困的全球正义联盟。

因素。本文中，我们的分析重点是青年参与过程中发出的声音，而本文的讨论也是在前文所述的全球化和青年文化整体框架内进行的。我们认为，只有当青年现有的领导力和经济机会能够刺激其积极发声时，才能在本土层面真正实现对青年赋权。而当一些评论人士主张各国领导人应做出承诺，致力于对全球化进行革新时，这一点显得尤其突出（Amah，2019）。

4. 研究方法

本文采用定量和定性结合的混合研究方法。研究过程具有高度参与性，运用久经考验的参与式研究方法，覆盖不同级别的利益相关方和合作伙伴。我们使用权力分析工具，呈现青年对不同形式权力的理解和使用是如何促进社会正义的。生成定量和定性信息是采用混合研究方法的目的。虽然本研究是另一项规模更大的研究的一部分，且后者研究的是社会正义维度的普遍问题，但本文呈现的研究结果主要涉及青年及其可使用的民主参与空间。我们对来自10个地区家庭的553名年龄在15～30岁的青年进行了结构化问卷调查，目的是收集青年领导力和经济机会方面的重要数据。

我们用定性数据对定量数据进行了补充，通过参与式方法让参与者讲述自己的故事并对已收集数据进行整体解读是获得定性数据的方式。我们共进行了10次焦点小组讨论，探讨青年参与方面的问题。此外，我们对地方政府和民间社会组织的工作人员进行了10次关键知情人访谈。本研究还借鉴了对相关政策和计划文件进行的文献综述以及较早的一项对该主题的研究。研究结论兼顾了各方观点，并使用了综合研究方法。定性访谈内容被转录并导出到Atlas Ti软件中进行进一步管理，而管理定量数据时则使用Epidemiological Information软件（EPI-INFO Version

6.0）进行条目编码分配。清洗后的数据被导出到社会科学统计软件包
（SPSS）进行进一步分析。在一组称职、受过高度专业训练且受监督的
数据收集人员的支持下，作者对数据进行了收集。研究人员遵循了必要
的伦理程序，包括征求同意、保护参与者的隐私、保密性和匿名性。

5. 研究结果

5.1 青年文化由庇护向悠闲的转化

我们的研究结果表明，虽然乌干达有意通过让青年担任各级领导职
务的方式参与民主治理，但只有26％的15～30岁青年实现了这一目标，
且男性（27％）和女性（25％）之间几乎没有差异。表1展示了青年担任
领导职务和参与民主治理的水平与性质。

表1　青年对领导职务和民主治理的参与

回答	频率	百分比 /%
担任任何级别的领导职务		
是	144	26
否	409	74
担任领导职务的级别		
群体	15	10.4
村	37	25.7
教区	4	2.8
次级县	7	4.9
学校	66	45.8
其他	15	10.4
过去 12 个月中参加社区会议的年轻人比重		
没参加，但若有机会会参加	139	39.4
没参加，未来也不会参加	23	6.5

续表

回答	频率	百分比 /%
经常参加	61	17.3
参加了一两次	77	21.8
参加了几次	53	15.0
过去 12 个月中你是否向地方当局反映过问题（*N*=339）		
否	251	74
是	88	26
反映的问题涉及什么领域		
清洁饮用水和消毒设施的使用	4	3.8
被歧视或排斥	1	0.9
其他	7	6.6
道路和其他基础设施无法满足需求	10	9.4
社会服务无法满足需求	41	38.7
治安	32	30.2
不公的政府资源分配	3	2.8
针对妇女和女孩的暴力行为	1	0.9
青年失业	7	6.6
地方当局是否对你提出的问题做出了处置？（*N*=146）		
是	45	31
否	81	55
不知道	20	14

近四分之三（74%）的青年没有担任任何领导职务。进一步分析显示，担任领导职务的青年大多数都是在学校（45.8%）和乡村（25.7%）等较低级别担任的。这意味着，青年也很少担任地区、国家，乃至区域和大陆等层面的高影响力领导职务，这反过来又限制了他们影响决策、改变往往由高层造成的不公的能力。如果假设担任领导职务能让人更好地影响相关政策和决策，促进青年事业发展，那么这一研究结果表明，

青年目前还不甚具备影响民主体制决策的条件。然而，也可以认为，即使在较低层次，青年也可以通过采取挑战不公的领导风格，进而培养一种负责任领导文化的方式，来影响变革。

参加社区会议：受访者被问及他们是否在过去12个月参加过社区会议，以及他们是否有机会聚在一起讨论影响他们的问题。约22%的受访者报告至少参加过一两次，17%的受访者经常参加，15%的受访者参加了多次。即使在那些没有参加任何社区会议的受访者中，也有约39%的人表示有兴趣参加，如果有机会也会参加。这在一定程度上掩盖了未能积极主动寻找机会或对参与权几乎不了解的情况，因为社区会议通常对社区的所有成员开放。另有7%的人表示他们从未参加过，即使有机会也不会参加。总体来看，调查结果表明受访者与应对社会不公的责任主体之间的互动程度较低，这可能会影响受访者本身和社区其他成员。

与地方当局的接触：受访者被问及在过去的12个月中，是否通过结成集体，共同向当局提出过一个引发关切的问题。在过去12个月中，约四分之一（26%）的受访者向地方当局提出了一个重要问题，多数问题涉及糟糕的社会服务（39%）、安全（30%）、糟糕的道路基础设施（9.4%），以及青年失业（7%）。约31%的人提到他们向地方当局提出的问题得到了处理，而多数人（55%）则表示所提出的问题从未得到处理，另有14%的人不知道所提出的问题是否得到了处理。以上表明光凭青年向当局提出问题是不够的，必须采取措施解决提出的问题。然而，有时青年会感到无助，因为无法保证当权者会采取相应行动。在这方面，当被问及是否认为自己有能力促使领导人采取行动回应青年关切并满足青年需求时，只有约43%的青年表示自己有这种能力，而超过一半的青年（57%）觉得自己的能力不足以挑战领导人的权威（见图1）。

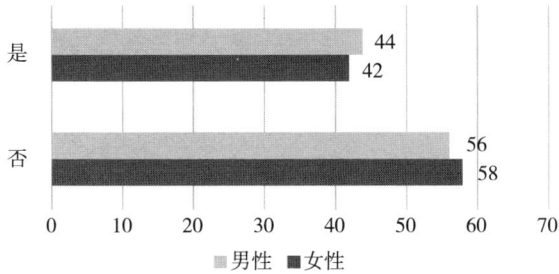

图 1　认为自己有能力促使领导人采取行动的年轻人比例

尽管如此，青年还是很高兴能够运用自己的"力量"对领导人"问责"，让领导人对他们的需求做出回应。例如，Kapchorwa 区的青年在权力分析小组活动期间承认大部分权力掌握在政治领导人手中，但他们也指出了与地方当局接触的好处：

> 当我们让他们参与进来时，他们不会放松并按照自己的意愿行事，实际上他们的任务是努力工作。（青年）对社区会议和 Barraza 社区事务的参与有助于提升透明度与"问责"水平，对领导人进行约束，确保各政府部门能够提供优质服务。（Young people's FGD，Kapchorwa）

研究结果表明，当青年寻求获得影响力以影响决策并改变高层不公时，会面临重重挑战。其中一些挑战与根深蒂固的文化信念和刻板印象有关。这些文化信念和刻板印象将年轻人描述为懒惰、难以取悦的，不善于抓住手头的机会。这在关键知情人的回答中很明显。

> 青年让人失望的地方是他们非常懒惰，如果要赚钱，也只希望赚现钱，比如开摩的。（Nebbi 区助理社区发展官接受访谈时表示）
> 青年很难取悦；他们懒散，不想工作，眼睛里只有钱。（Pader 区生产事务官接受访谈时表示）

上述结果表明，对青年的整体印象是负面的：他们无法独自承担责任，甚至无法推进自己的议程，还反过来指责当权者将他们边缘化。事实上，在许多非洲社会中，无论年龄大小，青年通常都被认为是不成熟的（McCarthy and Adams，2019）。有人会争辩说，以上只不过是成年人眼中的青年形象。被贴上懒惰、年轻和天真的标签在青年中形成了一种依赖文化。此外，我们还发现了一种青年文化，即等待别人养活自己的文化。这在青年中形成了一种低自信心和顺从文化。本该要求领导人以"问责"的形式提供服务的青年却对此缺乏信心。

5.2 新兴青年文化：从悠闲到对抗

虽然某些青年的确符合懒惰、天真和悠闲的描述，但我们的研究结果也提供了青年面对不公时采取对抗性做法的证据。大量接受采访的青年都参加了2016年全国大选等重大活动，并计划在未来继续这样做。参与的方式包括参加选举集会、动员社区成员参加投票和表达自己的声音。研究结果见表2。

表2　2016年大选期间青年参与情况统计 %（N=553）

	没参加，但若有机会会参加	没参加，未来也不会参加	经常参加	参加了一两次	参加了几次
参加了一次选民教育会议	54	18	2	19	6
同他人聚集讨论给谁投票	35	17	4	23	21
举报了一次竞选舞弊事件	53	27	3	10	7
参加了一次选举集会	27	12	8	23	30
参加了一次政党初选	51	27	3	9	11
参加了一次示威或抗议游行	28	60	4	4	4

尽管与那些表示没有也永远不会采取任何上述行动的青年相比，采取行动参与其中的青年比例很小；但对于列出的每一项行动，也有相当多的人提到虽然他们过去没做，但是如果有机会他们会做。这意味着如果有机会，青年愿意参与领导并在民主治理过程中采取某些行动。正如Christiansen、Utas 和 Vigh（2006）所建议的，与其将青年描述为生活在一个预先定义的生命阶段，不如将他们视为处于运动或存在的二元性中。对于大多数非洲青年来说，这似乎是一种参与模式。在这种模式下他们能够挑战"生活受到（成人）控制的儿童"标签，成为能够培养自己的共同规范和实践并影响其他行为者的人。

5.3 应对社会不公的临时却有效的青年文化

在许多社群，青年形成了一种自发的文化，这种文化也是难以限制和控制的。

> "我得出的结论是，青年运动缺乏持续性，无法做到紧跟责任主体，主动寻找问题并着手解决。目前，青年运动更多是临时的，青年参与是对问题的出现做出的反应……如果未来再出现什么问题，青年就继续像过去发出有针对性的主张。"（AAIU Pader区，检测和评估官）

受访者报告称，问题导向型青年抗议活动是有效的。例如，在Nwoya区，我们关注了"Wang Kwa路石油废物"抗议运动。受访者报告称，抗议是由青年发起的，目的是解决沿路的漏油问题。他们认为油污是危险的，因此封锁了道路。当地多个社区要求石油废物管理公司（Epsilon Uganda Limited）就其在Nwoya区Wang Kwa路造成的废油溢出污染环境问题进行赔偿，目前赔偿已经完成。在Amuru区，一个名为"Activista"的青年团体动员起来，反对该区公职人员滥用公共资源。

Activista是非常强大的青年运动团体,可以向政府提出要求。在进行监测并收集相关证据后,他们要求与关键利益相关方召开接口会议。到达政府办公地后,他们拦截了公职人员去往Gulu地区的通勤车,因为他们认为允许公职人员使用公车构成了对燃料等资源的浪费。(AAU Amuru区,项目官员)

Activista成员已经组成了一个网络,追踪并监测各区公共服务的提供情况,从而展示了一种青年行动主义文化。

6. 讨论和结论

在本文中,我们已经证明,尽管环境受限,但青年对参与民主治理的兴趣仍旧日益浓厚。尽管纸面政策和指导方针等对参与机会进行了规定,但显然并未得到落实。因此,在担任领导职务和参与民主决策等进程方面,留给青年的正式参与空间很有限。Ighobor(2006)认为,这种排斥,加上高失业率,让青年感到绝望,反过来又使他们容易遭受暴力和剥削。相反,Muzwakhe(2004,p. 2)则认为,当前决策过程中青年的边缘化意味着非洲大多数人口正在遭受非民主的排斥,并对社会稳定和良好治理构成严重威胁。青年被帮派、反叛活动和其他犯罪倾向吸引,往往反映了他们在社会、政治和经济等领域的边缘化地位。总人口与国家领导人之间的年龄差距尤其凸显了青年被领导层边缘化的处境:非洲人口的年龄中位数为19.5岁(世界最低),非洲总统的平均年龄为62岁,治理者与被治理者之间的年龄差为全球最大(Yahya,2017)。

青年已经发展出特定的规范和做法来应对不公正并影响决策。在某些情况下,青年符合权威人士对青年的描述,即年轻、天真和反应迟钝,只能在控制下工作。一些青年以一种悠闲的态度回应这种定性,对自己不支持的议题表现出较少的兴趣。虽然青年委员会等平台为青年参与领导工作提供了机会，但它们仍然保留着等级安排和对青年的庇护意味。青年参与制度并没有使青年受益（Bennel，2007）。在这种组织安排中青年的声音继续被压制。我们的研究发现，只有一小部分青年担任领导职务。而对于那些担任领导职务的人来说，其职务级别通常较低，在对当前不公正的权力结构施加影响时面临着无法克服的挑战。然而，在其他情况下，青年积极设计了发声并被听到的方法。对抗文化正在从这些活动中产生。然而，由于对抗性做法存在风险，许多青年选择以即兴的临时做法进行回应。即兴的临时做法似乎是有效的，因为它们难以被当局发现和控制。这也解释了为什么在许多非洲国家，当政府使用了不正当的手段，公开敌视青年运动，认为其对现状构成威胁时，一些青年斗争并未发展成明面上的日常运动。随着技术进步和全球化程度的不断提高，本土声音已成为全球声音，并被支持青年事业的国际行动者所采纳。

青年缺乏参与社会政治和经济生活的民主空间，以及高失业率和谋生的需要，有时被认为是非洲青年运动背后的驱动因素。利比亚、突尼斯和肯尼亚的政治运动，南非频繁的仇外运动，以及最近在苏丹发生的、导致巴希尔政府于2019年初被推翻政治示威活动就是典型的例子。在乌干达，最近的例子包括乌干达议会2018年5月通过法案开征社交媒体税后发生的由青年领导的示威活动。青年议员 Hon Kyagulanyi Robert（又名 Bobi Wine）被推举为运动领袖，动员其他青年反对社交媒体税和移动货币税（Ashaba and Taodzera，2019）。青年领导的抵抗运动迫使政府采取措施，将移动货币税减半。另一个例子是青年领导的"#释放Bobiwine运动"（#FreeBobiWine movement），发生在 Hon Kyagulanyi Robert 被捕之后，得到了来自东非地区、乌干达人以及欧美国家非乌干达裔的支持（Ashaba and Taodzera，2019）。

在乌干达，甚至在非洲，青年正在自主开展活动，为自己发声。青年为对抗强大的不公正的组织安排而创造的空间已经成为一个个全球运动，并为整个非洲大陆的青年设定了议程。通过这些运动，青年已成为变革的推动者和头面人物（Kadoda and Hale，2015）。事实上，一些评论者认为，北非的青年行动主义浪潮帮助塑造了一种非洲青年文化的新形式（Kadoda and Hale，2015）。借助社交媒体的力量，青年能够将自己的声音全球化，并为与这些运动建立联系而感到自豪。

青年并没有被动应对扼杀其声音的限制性制度，而是接受了一种"不惜一切代价"也要参与的文化。正如 Honwana（2012，p. 3）所说，面对失业、社会经济边缘化、不健全的经济政策、腐败的政府、政治排斥和权利得不到尊重的情况，非洲青年正在奋起反抗。因此，虽然非洲青年可能缺乏影响政治和经济决策的正式空间，但在经济机遇萎缩的大环境中求生存的同时，他们仍在自主地保持政治参与。青年有兴趣结成集体，来改变社会并应对他们面临的不公正现象。正如 Dominelli（2002）所指出的，人们可能不一定有能力影响决策，但关键是（要有）抵抗强权压迫并采取行动反对不公的意志和自主性。那些相信自己有能力影响领导人所作所为的人们，彼此间也已经建立了非正式联系，并借此影响决策。

为了增强青年争取权利和有效参与民主治理的能力，必须确保他们有机会提高自己发声的音量。正如 Orrnert（2018）所言，要想让青年相关举措能够真正与政府和公民生活产生联系，发声是至关重要的。有意义的参与意味着人们持续性地要求政府对其行为和决定负责（Ackerman，2004）。支持青年的举措应该源自青年自主性并赋予其力量。

参考文献

Abrahamsen, R., & Bareebe, G. (2016) . Uganda's 2016 elections: Not even faking it anymore. *African Affairs*, *115*(461), 751-765.

Ackerman, J. (2004) . Co-governance for accountability: Beyond "exit" and "voice". *World Development*, *32*(3), 447-463.

African Development Bank. (2018) . *Jobs for youth in Africa: Catalyzing youth opportunity across Africa.* Available at https: //www.afdb. org/fileadmin/uploads/afdb/Images/high_5s/Job_youth_ Africa_Job_youth_ Africa.pdf. Accessed 17 July 2019.

Amah, O. E. (2019) . The new face of globalisation: Effects on leadership in Africa. *Globalisation and leadership in Africa* (pp. 75-89) . Cham: Palgrave Pivot.

Ansani, A., & Daniele, V. (2012) . About a Revolution: The Economic Motivations of the Arab Spring. *International Journal of Development and Conflict*, *2*(03), 1250013.

Ashaba, I., & Taodzera, S. (2019) . Uganda. In *Political chronicles of the African Great Lakes region*, *2018/Reyntjens*, *Filip*[*edit.*](pp. 91-117) .

Banks, N. (2015) . *Understanding youth: Towards a psychology of youth poverty and development in Sub-Saharan African cities.* The University of Manchester, Brooks World Poverty Institute Working Paper 216. Available at https: //papers.ssrn.com/sol3/papers.cfm?abstract_id=2704451. Accessed 12 July 2019.

Bennell, P. (2007) . Promoting livelihood opportunities for rural youth. In *IFAD governing.*

Christiansen, C., Utas, M., & Vigh, H. E. (2006). *Navigating youth, Generating adulthood: Social becoming in an African context.* Uppsala: Nordiska Afrikainstitutet.

Diouf, M.(2003). Engaging post-colonial cultures: African youth and public space. *African Studies Review*, *46*(2), 1-12.

Dominelli, L.(2002). *Anti-oppressive social work theory and practice.* London: Palgrave Macmillan.

Dralega, C. A., Due, B., & Skogerbø, E. (2010). Community re-engagement of youth: eParticipation realities in Uganda and Norway. *Information Technologies & International Development*, *6*(1), 94-108.

Eneji, A. P., & Ikeorji, C. R.(n.d). Youth political participation and electoral violence in the 21. *World Journal of Innovative Research*, *4*(6). Available at https: //media.neliti.com/media/public ations/262477-youth-political-participation-and-electo-79eea16d.pdf. Accessed 12 July 2019.

Honwana, A. M.(2012). *The time of youth: Work, social change and politics in Africa.* Boulder and London: Kumarian Press.

Ighobor, K. (2006). *A seat at the table.* Available on www.africarenewal/author/kingsley-ighobor. Accessed 12 July 2019.

Jeffery, S.(2002). What is globalisation? *The Guardian*, *31*, 2-3.

Kadoda, G., & Hale, S. (2015). Contemporary youth movements and the role of social media in Sudan. *Canadian Journal of African Studies/Revue canadienne des études africaines*, *49*(1), 215-236.

Kaplinsky, R. (2000). Globalisation and unequalisation: What can be learned from value chain analysis? *Journal of development studie*, *37*(2), 117-146.

Kurebwa, J., & Dodo, O. (Eds.)(2019). *Participation of young people in governance processes in Africa.* Hershey：IGI Global.

Maathai，W.（2009）. *The challenge for Africa：A new vision.* London：Random House.

McCarthy，D.，& Adams，M.（2019）. "Yes，i can still parent. Until i die，he will always be my son"：Parental responsibility in the wake of child incarceration. *Punishment & Society，21*（1），89-106.

McGee，R.，& Greenhalf，J.（2011）. Seeing like a young citizen：Youth and participatory governance in Africa. *Young Citizens：Youth and Participatory Governance in Africa，*12.

MoGLSD（2001）. *Uganda national youth policy.* Kampala：Ministry of Gender，Labour and Social Development.

Moore，D.（2001）. Neoliberal globalisation and the triple crisis of 'modernisation' in Africa：Zimbabwe，the democratic republic of the Congo and South Africa. *Third World Quarterly，22*（6），909-929.

Mugisha，M.，Ojok，D.，Kiranda，Y.，& Balaba，B. K.（2016）. Youth participation in political processes in Uganda：Exploring opportunities and constraints. *Journal on Perspectives of African Democracy and Development，1*（1），55-61.

Muzwakhe，A. S.（2004，October 10-15）. *Perspectives on youth and governance in Africa.* A paper presented on the occasion of ADFW on youth and governance symposium，Addis Ababa. Available at https：//www.uneca. org/sites/default/files/uploaded-documents/ADF/ADF4/sadc_-_ perspective_ on_youth_and_governance.pdf.

Orrnert，A.（2018）. *Youth initiatives：Supporting citizen engagement with government and civic life.* GSDRC Helpdesk Research Report. Birmingham，UK：GSDRC，University of Birmingham.

Republic of Uganda. (2014). *Harnessing Uganda's demographic dividend*. Kampala: National Planning Authority.

Rudra, N. (2005). Globalization and the strengthening of democracy in the developing world. *American Journal of Political Science*, *49* (4), 704-730.

UBOS. (2016). *Uganda population and housing census*, *2014*. Kampala: Uganda Bureau of Statistics.

UBOS. (2018). *The Uganda national household survey*, *2016/2017*. Kampala: Uganda Bureau of Statistics.

Uganda Bureau of Statistics (UBOS). (2015). *Labour market transition of young people in Uganda highlights of the school-to work transition survey 2015*. Kampala: Uganda Bureau of Statistics.

Yahya, M. (2017). *Africa's defining challenge*. United Nations Development Fund. https: //www. undp.org/content/undp/en/home/blog/2017/8/7/Africa-s-Defining-Challenge.html. Accessed 17 July 2019.

人类世的青年：
超人类世界中的代际正义和学习问题

Reingard Spannring

1. 前言：人类世和青年

"人类世"一词一经Crutzen和Stoermer（2000）提出，便引起科学家的广泛关注。"人类世"指的是当前地质年代中，人类活动对地球系统的功能产生了重大且持续的影响。人类一直对地球产生影响，尤其是自农业革命以来。然而，工业革命以来，人类的影响在全球生物地球物理周期中越来越占据主导地位（Oldfield et al.，2013）。人类活动导致环境变化，背后的一个重要驱动因素是温室气体排放。政府间生物多样性和生态系统服务科学政策平台（Intergovernmental Science-Policy Platform on Biodiversity and Ecosystem Services，IPBES）发布的报告指出，自1980年以来，温室气体排放量翻了一番，全球平均气温至少升高了0.7℃。因此，陆地和海洋表面温度升高，海平面上升，降水的时空格局发生变化，厄尔尼诺事件的频率和强度增加（IPPC，2002）。气候变化对经济发展、生计、粮食安全、健康和福祉造成严重影响。

气候变化是生态系统和生物基因发生变化的直接驱动因素（IPBES，无年份）。人为变化的其他驱动因素包括：将地球自然景观几乎全部转变为人造景观。例如，工业化农业生产过程中的森林砍伐和荒漠化，以及城市扩张过程中对金属、石头和沙子的消耗；大气、水和土地污染影响新陈代谢过程，引发地球化学结构改变；以及占支配地位的人类及人类蓄养动物（牲畜和伴侣动物）对其他物种的生物消费和操纵（Meyer，2006）。气候变化、环境退化和生物多样性丧失不仅将生态问题，而且将发展、经济、社会和伦理问题摆到了突出地位，需要人们进行技术、经济和社会因素（包括范式、目标和价值观）层面的根本性变革（IPBES，无年份）。

通过突出全球环境和气候危机给青年生活世界及文化带来的压力，本文展示了一个新的研究图景，并勾勒出一些研究维度。本文第2节讨论了近期的全球气候罢工运动，试图将其解读为一种新的政治和生态意识，以及新兴青年文化的觉醒。青年抗议老一代和权力精英的惰性（这严重影响了年轻人的未来），并在自己的生活中努力寻找可持续的解决方案。第3节关注的三个维度挑战了一种观点，该观点认为虽然全球范围内都在发生气候变化和环境退化，但人类世中仍然存在简单的代际变化和全球青年文化的统一发展。前两个维度很直接，因为它们显示了时间和社会生态空间中更为复杂的生态意识、资源、生活方式及（方兴未艾与逐渐消失的）文化模式是如何产生的。第三个维度是青年研究至今没有关注的一个方面，旨在证明青年生活和文化，以及以人类为中心理念和实践没有考虑非人类生命。不仅青年被认为参与了对动物和自然的剥削，而且这种剥削是通过相互关联的歧视和压迫制度进行的。面对大量人为引起的变化，本文第4节延续了对大多数社会和研究以人类为中心的批判，并探讨了转型学习的必要性。本文最后的结论是，青年研究和青年工作可以很好地将"超人类世界"（Abram，1996）整合为青年生活世界和文化的重要组成部分。

2. 青年"气候大罢课"

自1979年瑞士日内瓦第一届联合国世界气候大会召开以来，应对气候变化的国际努力一直未曾中断，但对国家政治和政策制定的影响甚微。最近，世界各地的青年纷纷登上公共舞台，要求采取更快、更勇敢、更有效的措施应对气候危机：

歌词大意：

你们还是

只关心富人

就是那1%最富有的人

你们建造跑道，燃烧化石燃料

却让地球付出代价。

但你们未尝想到

蛋糕并没有因此做大

你们只是不断索取，不断索取。

你们建造跑道，燃烧化石燃料

却让地球付出代价。

烧着各种化石燃料

脑中满是流言蜚语

说客往你们口袋里塞钱

你们就继续建造跑道，燃烧化石燃料

却让地球付出代价。

你们坐在谈判桌前

大谈特谈人类未来

背地里却是贪婪地伸手要钱。

我们是对抗体制的学生

因为我们要赢得整个世界。

我们是对抗体制的学生

因为我们要赢得整个世界。

（该歌词以意大利革命歌曲《啊，朋友再见》为基础，重新填词并演唱。）

2019年3月15日，全球134个国家的2378个城镇超过180万名学生举行"气候大罢课"。不久之后，德国、奥地利和瑞士的26800名科学家联名签署了一份支持学生罢课的请愿书，确认学生的说法具备有效的科学依据。其他人也开始对青年事业表达支持，涌现出"Parents for Future""Teachers for Future""Artists for Future"和"Farmers for Future"等运动，建立起广泛的社会联盟，共同推动政府采取果敢的政治举措和政策，应对气候变化。受16岁瑞典女孩Greta Thunberg每周五在瑞典议会前进行和平示威的启发，世界各地的学生都开始以罢课的形式开展和平抗议。除罢课外，其他形式的运动还可以促成与学校、大学、政治家、市议会、媒体和企业的对话及合作，以展示应对气候变化的解决方案和行动选项。虽然许多成年人怀疑学生对减缓气候变化不感兴趣，而是将其作为逃学的借口（这一指控经常针对年轻人的政治行动主义），但对德国康斯坦茨市抗议参与者的一项研究表明，他们是一群具有政治动机且知识渊博的理想主义者。抗议者的年龄在11至27岁之间。女孩和就读于学术导向型中学的学生占比较高，分别为62%和59%。94%的受访者相信他们可以通过自己的活动影响政治。对于许多人来说，一段时间以来，气候变化一直是一个特别引发其关注的话题：82%的受访者报告说自己在示威之前就已经对气候问题进行了了解。比如，许多年轻人选择使用公共交通工具，避免乘飞机旅行或吃肉，为自己的选择承担后果。对于逃学参加抗议，学生愿意接受处罚，比如承担额外的家庭作业。许多年轻人并不是政治活动的新手。40%的受访者表示曾参与过游行示威活动。该研究还反驳了年轻人是由父母派来的指控：抗议动员主要发生在学校（45%）、同龄人之间（60%）和社交媒体上（75%）。德国柏林和不来梅等城市的其他地方性研究也反映了类似的模式。因此作者得出结论，年轻人绝不是只会玩玩智能手机，而是正在进行和平发声并善于自我组织的一代（Koos，2019）。

2019年5月23日至26日欧洲议会选举期间，发生了另外两起引人注目的事件。其中一起是德国的一名年轻 YouTube 主播 Rezo 发布的一段视频，在欧盟大选前夕引起了广泛的关注和讨论。在近一小时的视频中，以发布音乐和喜剧视频而闻名的 Rezo 指责德国保守党破坏了"我们的生活和未来"，在气候变化问题上表现不积极，并推行有利于富人的政策。几天之内，该视频在德国及其他地区传播开来，吸引了近千万观众。视频也很快被德国保守党领导层注意到，该党领导人 Annegret Kramp-Karrenbauer 愤世嫉俗地反问，政客们是不是也应该对古埃及发生的七场瘟疫负责。在欧盟大选前两天，Rezo 的 YouTube 频道上传了另一段短视频，内容是70位 YouTube 主播对他进行声援。该视频也被报纸报道，受众范围扩展到使用社交媒体的选民之外。德国两大政党（保守党和社会民主党）发现自己处于守势，政治学家预计它们会在年轻选民中进行强有力的动员。

选举结束后，一家报纸头版头条刊发了名为《新青年人民党》的文章。文章称，由于成功动员了30岁以下的选民，德国和奥地利的绿党收获巨大。与2014年相比，德国绿党实力增加了10%，取代德国社会民主党位列第二。30岁以下人口中，33%投了绿票，相当于保守派、社会民主党和自由派的总和。在奥地利，该年龄组中有28%的人投票给了绿党，而且绿党与自由党票数加在一起，也超过了传统人民政党获得的票数。

德国《时代周报》(Die Zeit)称其为"来自幼儿园的攻击"，让生态保护主宰了此次欧洲议会选举。该报记者认为，代际冲突当前的基础是物质利益的大规模对立。气温升高一度半、二度、三度还是五度，对于老年人来说只是一个渐进的问题，而对于年轻人来说，这是一个生死攸关的问题。作为对青年挑战的回应，政客们首先试图抹黑青年公民，然后再笨拙地尝试去拥抱他们，但都无法解决全球化、数字化和气候变化浪潮对西方老龄化社会的冲击。缺乏适当的意义建构和政治行动表明，老一代缺乏意愿和能力，无法确保后代能够拥有一个宜居的世界，从而破坏了代际契约。

这些政治进展对于一直关注青年政治参与的青年研究具有特别意义。在西方社会，对青年疏远政治和缺乏政治参与的哀叹已经持续了几十年。然而，青年研究一再表明，政党僵化的结构、程序和意识形态与年轻人对自发性、灵活性及解决方案导向的需求不相匹配。在后民主政治中，企业利益的重要性高于公民或环境关切，年长政治家的立场重于青年的需求和愿景。因此，后民主政治缺乏吸引力，通常不值得通过选票来给予其合法性。对比之下，青年对社会和政治活动、维权运动与生活方式政治的参与则是一以贯之的（e.g. Spannring et al., 2008）。

然而，全球气候示威活动不仅仅是青年政治参与的一个例子。人类世的漫长阴影给青年研究带来了许多需要解答的问题，特别是权力关系和不公正的问题。人为气候变化和环境破坏的其他表现让我们不得不承认人类物种，以及其社会制度、信仰和观念在这场巨变中发挥的核心作用。在这个坦白时刻，青年研究人员更加深刻地意识到边缘化和剥削的交织性，包括对数百万驯养动物的灭杀、野生物种的灭绝和栖息地的破坏。与生态学一样，青年研究和教育学也关注生物的世代传承、社群、知识和实践。在人类世的背景下，人类和非人类动物是否可以生存及如何生存，以及什么样的知识和实践有利于建立一个公正与可持续的超人类世界等问题，具有前所未有的紧迫性。因此，本文以下部分将对相互交织的不公关系和教学关系分别予以考量。

3. 不公关系和剥削

由于气候变暖、空气和水污染、传染病、粮食缺乏、经济损失以及极端天气事件、洪水、干旱、野火和海平面上升对家庭与生计造成的破坏，人为气候变化使当代人及其后代的发病率和死亡率增加。环境资源（例如水资源）及其差异化开发导致的冲突，污染等环境危害造成跨国人口迁徙引发的冲突，以及气候难民引发的冲突也将呈上升趋势（White，2009；UN，2010）。气候变化会影响个人生活方方面面的机会和风险，脆弱性却因结构性不公正和不平等而呈现分布不均的特征。虽然衡量不平等的维度还有很多，例如性别、阶级、种族和文化（Cudworth and Hobden，2011），但本节关注的重点将集中在时间、空间和物种不公上。

3.1 时间不公

代际伦理问题指气候变化是一种"严重时滞现象"（Gardiner，2006，p. 402）。二氧化碳是一种寿命很长的温室气体。历史排放和当前排放的累积效应只会在未来显现出来。由于这种因果关系的模糊性，人们采取行动的动机和反应水平都是不足的。一方面，在选举周期框架内思考和行动的政治家提前计划的能力有限。另一方面，以廉价能源和掠夺环境为基础的当今经济活动所带来的好处属于当代人，而与之相关的危害则必须由后代承担。这种代际集体行为问题的传递是通过多米诺骨牌效应实现的，因为每一代的决策者都可能将代价高昂的责任转移给下一代。这种做法隐秘的表现形式可以是"（签订）软弱且基本上没有实质内容的全球协议［……］而实际上只是利用了当前这代人时间上所处的有利位置而已"（ibid., p. 408）。更成问题的是，不作为会加速气候变化，并可能对未来几代人造成不成比例的伤害，正如关于生态临界点的讨论所表明的那样（Groffman et al., 2006）。

因此，与年长的成年人相比，年轻人更有可能将气候变化视为极端危险并持有更强烈的环保态度也就不足为奇了（Franzen and Meyer, 2010；Marquart-Pyatt, 2012；European Commission, 2009）。尽管现有数据无法区分老龄化和代群效应，但一些研究人员认为后者比对预期气候变化的担忧会随年龄增长而减少更为合理（ISSC and UNESCO, 2013）。其他研究人员倾向于认为，年轻人较少融入社会权力精英和利益集团，因此对产业和政府政策持批评态度（Boeve-de Pauw and Van Petegem, 2010）。然而，实证数据并不支持代际对立的观点，而是给人一种渐进变化的印象。《欧洲晴雨表（2009年特别版）》数据显示，55%的15～24岁受访者、54%的25～39岁受访者、52%的40～54岁受访者和44%的55岁以上受访者认为气候变化是人类面临的最严重的问题（European Commission, 2009）。参加因斯布鲁克气候罢工的一名成年示威者的评论表明这不仅仅是老一代逃避责任的问题："我是个着眼未来的爷爷。我的孙子几周前才出生。当他到我这个年纪时，将是2080年。我想知道那时的世界会是什么样子，所以我决定今天给我的孙子一个发声的机会。"质疑代际关系，理解利益冲突，并将年轻人视为潜在的变革力量当然是合理和卓有成效的。然而，这也是一个社会变革问题（cf. White, 2011），会因各种个人和结构因素而加速或减缓。

在这些因素中，年龄、性别、教育、主观信息层次、城市生活起着重要作用（European Commission，2009）。收入通过更高的教育水平和更健康的生活环境产生积极影响。政治左派、自由主义者和无宗教信仰个体也更有见识、更少怀疑且更支持环保（Boeve-de Pauw and Van Petegem，2010）。Inglehart（1995）超越了个体层面，试图用他的后物质主义观点来解释跨国差异：随着社会日益富足，社会成员不再那么关心经济约束，更加自由地追求民主参与、自我实现和环境保护等后物质目标。然而，为了引入主观价值观和客观问题以充分解释数据，Inglehart必须对他的观点进行重构。后者与"环境剥夺理论"（Tremblay and Dunlap，1977）趋同，突出了当地环境问题的影响。以《2006年国际学生评估计划》（PISA）数据为基础，Boeve-de Pauw和Van Petegem（2010）证明了环境资源丰富程度（基于"国家生物多样性指数"）与环境退化（基于"环境绩效指数"）对环保态度的正向效应。

　　然而，研究人员也一再证明了环保态度和行为之间存在的鸿沟。采取适应性或缓解措施的意愿和能力取决于许多生理、心理、社会与政治因素（e.g. Kollmuss and Agyeman，2002；Norgaard，2011）。比如，环保行为可能与社会角色和生命周期特定阶段做出的某些决策（例如食物的选择、交通工具的种类和后代的数量）相关联。因此，与男性相比，主要负责顾家的女性承担了更大比例的以可持续发展名义开展的活动（MacGregor，2006）。儿童通常对道德和环境问题高度敏感，并且在描绘行为（例如肉类消费）后果方面通常比成年人更严格（Herzog，2010）。然而，关于儿童对家庭消费的环保影响方面的研究却很少（Larsson et al.，2010）。富裕社会中的青年发现自己处于一个矛盾的位置：一边是强烈的环境和道德意识，一边是消费社会的种种需求（特别是同龄人和社交媒体带来的影响）。由于缺乏共同的文化叙事和可持续的生活方式，环保行为最后归结为垃圾分类和参与绿色话题对话（Autio and Heinonen，2004），仍然与青年生活相去甚远。正如 White（2011）提醒的那样，全球形势变化只会间接影响青年的认同和经历。后者更直接地受到家庭、朋友、社区、学校和社群的影响与塑造。而这些才是生态环保认同和运动可能找到其源泉与力量的地方。

一场旨在保护印度尼西亚万隆的Babakan Siliwangi森林免受商业开发影响的运动，就是青年环保主义的一个深刻例证。这片森林不仅是无数动植物（如三种特有的灵长类动物）的家园，而且对城市至关重要，因为它可以中和二氧化碳、吸收热量并在大雨来临时保持土壤。此外，森林还为巽他人（Sundanese）的艺术文化活动、体育运动、休闲和社交提供了空间，对青年的身份认同和归属感有着深刻的意义。参与反对政府规划的集会、游行和艺术表演的年轻环保活动者们认为他们的行动具有政治背景，因为他们的想法和愿景没有被政府考虑在内。因此，抗议地点成为与青年日常生活和政治赋权直接相关的社会—生态斗争空间（Alam，2016）。

3.2 空间不公

环境风险的不平等分布和社会背景的明显差异（在制定风险应对措施时发挥重大作用）是跨越代沟的两个维度。大多数论文作者一致认为全球气候变化将对全球南方产生更大的影响。那些已经在与干旱、洪水和粮食安全不足做斗争的国家将面临进一步恶化的状况。通常，全球南方的环境破坏与殖民时期有关，但殖民时期并没有随着欧洲帝国的终结而停止，而是通过工业化北方对具有破坏性的物质、材料和做法的出口继续存在（Cudworth and Hobden，2011）。下面的例子可以说明气候变化带来的挑战。

阿尔及利亚草原是农牧民的生计来源，为1500万~2300万头牲畜提供食物，自20世纪70年代以来一再遭遇干旱。牧场的缺乏导致农民做出适应性调整，例如减少牲畜数量、开始灌溉土地和购买补充饲料、减少转牧或完全放弃养牛与游牧的生活方式。两个结构性因素构成并加剧了这一社会生态过程。一方面，人口密度增加，工业或服务业的就业机会减少。另一方面，城市居民获得了购买力，因此要求提高肉类消费。政府对灌溉和饲料的补贴以及城市利益相关者对粗放式牧羊业的投资，加剧了过度放牧以及土地风蚀和水蚀问题（Bédrani and El Amine Benhassine，2013）。

中国西北部的宁夏回族自治区面临明显的气候变暖趋势，降雨量减少，土地退化和荒漠化。自然因素叠加该地区现有的贫困问题，使得农村地区的生计变得非常不稳定，导致人们前往城市寻找季节性工作，成为农民工或彻底迁移。宁夏政府已支持超过100万人口进行易地搬迁（Zheng et al.，2013）。

海平面上升、淡水盐度增加、河岸侵蚀和极端气候事件导致孟加拉国南部沿海地区的气候难民大量涌入特大城市达卡，给当地带来巨大挑战。联合国估计，到2025年，达卡人口将增加到近2300万。虽然达卡本身已经遭受洪水和夏季气温升高的影响，城市基础设施不堪重负，但移民的到来将进一步加剧对住房、水和就业岗位的需求。由于该地区缺乏财政和制度资源，社会和基础设施崩溃的危险确实存在（Ahmed，2013）。

在萨赫勒（Sahel）地区，气候变化正导致不同民族的牧民和农民之间发生争夺耕地与水资源的武装冲突。基地组织和伊斯兰国战斗组织进一步助长了这些冲突。同时，洪水加剧了武装袭击造成的破坏。农作物、牲畜和住房的损失导致人们向城市迁移，在难民营寻求安全庇护或加入武装团体。鉴于该地区人口每20年翻一番，未来每一代人口的脆弱性都将高于上一代。因此，气候变化背景下的风险不仅取决于地理位置，还取决于一个地区或国家的贫困水平、发展程度、社会稳定度和治理水平（White，2011）。

影响脆弱性的因素还包括社会阶层、家庭规模和与风险地区的距离、教育、风险意识及互助网络的参与程度（Oluwatayo，2013）；而且，在公共支出削减、社会保障系统遭到破坏的全球北方，上述风险因素同样存在（Klein，2014）。性别也起着重要作用。死于干旱、洪水和风暴等自然灾害的女性数量高于男性，青年女性情况尤其不容乐观，因为女性陷入贫困的可能性更大。女性面临的风险更大，因为她们需负责为家庭供应自然资源，例如水、食物以及用于做饭和取暖的燃料。气候敏感型资源（例如雨养农业）以及涉及这些资源的女性活动（例如长途跋涉寻找水源），都与风险相关（Chimanikire，2013，pp. 273ff.）。由于对家庭的支持和资源的依赖，年轻人（尤其是儿童）很容易受到抚养质量受损或下降的影响。在发生生态灾难的情况下，他们受创伤后应激障碍影响的可能性也更大（Kronenberg et al.，2010）。

这些问题突出表明，需要从全球视角来看待生态和社会条件的质量与影响，特别是要区分"环境受害者"和"特权者"（White，2011），以及可能出现的"赢家群体"。对于全球北方享有特权的年轻人而言，他们在客观风险和主观感知，个人、家庭和社区应对风险时所掌握的资源，政治参与，以及采取创新性积极行动的能力方面，都与全球南方同龄人有很大不同。南方"环境受害者"的经历可能会引发无助、绝望、愤怒、怨恨和疏离感，并助长生存主义策略，包括加入提供保护的帮派、参与骚乱或成为"非法"移民（White，2011）。而顾及个体行动与责任的政治结构和政策，以及（宗教）信仰和对生态变化的解释（例如，将气候变化解读为神的愤怒）可能会进一步增加其无力感（Wolf and Moser，2011，p. 560）。

3.3 物种不公

然而，人类世不仅让我们重视环境破坏和气候变化对当代及后代人即将造成的危害，还促使我们质疑人类在这场不断演变的戏剧中扮演的角色及其对非人类物种和生命的影响。2014年，《国家地理杂志》（National Geographic）介绍了六个因气候变化而数量减少的物种。其中包括橙斑鱼（oxymonacanthus longirostris），这种鱼完全依赖珊瑚礁作为栖息地，而珊瑚礁因海洋温度上升而受到威胁。随着海冰的消退，北极海域的北极熊和南极海域的阿德利企鹅正在失去它们的狩猎及觅食地。中美洲特有的金蟾蜍（bufo periglenes）最近已经灭绝，最重要的原因是其栖息地山顶云雾林因干旱和其他气候变化而消失。英国广播公司（BBC）2018年夏季报道称，澳大利亚护林员在北领地爱丽斯泉（Alice Springs）附近的一个干涸的水坑中发现了90匹死亡和垂死的野马，原因是49.5℃热浪造成的脱水和饥饿。2019年，纳米比亚政府宣布全国因干旱进入紧急状态，气象学家预测这将是90年来最严重的旱情。为了降低野生动物损失并为动物保护筹集资金，政府批准出售至少1000只野生动物——包括大象和长颈鹿。然而，造成脆弱性的原因不仅有全球变暖，还包括许多其他人类活动。由于过度捕捞螃蟹，以马蹄蟹卵为主要食物来源的加拿大候鸟受到威胁。农业杀虫剂和污染造成自然生态系统退化。塑料污染导致动物面临多种形式的长期致命威胁，例如因摄入塑料而出现窒息、勒死和饥饿等情况。

数以百万计的动物面临被沉默、边缘化、虐待、剥削和杀害的命运，而它们与人类生活密切交织在一起。我们喜欢蜷缩在自己腿上的小猫，从鸟儿歌声中找寻内心的平静，在游览动物园或狩猎野生动物时愉悦自我，食用动物，消费其他动物产品或以动物实验和开发野生动物栖息地为代价取得的产品。人类建造定居点，开展工农业活动挤占、污染并切割了土著居民和原生动物的生存空间，扰乱了其自然迁徙模式。不为人类服务或不满足人类对"自然"期望的动物被视为害虫或入侵性动物，被严格消灭。青年研究在很大程度上忽视了青年生活世界和文化对自然环境的嵌入性，以及他们与非人类世界的多方面联系和依赖关系。将其引入研究视野就会发现一种占主导地位的信仰体系和权力结构，它深深影响着青年的生活世界和文化，并触及他们生活的方方面面，包括学习、工作和休闲。我们在这里讨论的是人类中心主义的信念，即人类超越自然和自然约束的限制，人类主体是万物的尺度，通过对非人类的、动物的、自然的和野生的一切进行对立来定义。对部分为人的、亚人的和非人的主体进行否定，造成了它们被边缘化、剥削和灭绝的命运。欧洲人类中心主义和二元论思想的悠久传统与资本主义有力地结合在了一起。对自然和非人类生物的大规模和工业化开发是西方经济重要且不容置疑的支柱。这种做法借助全球化和资本金融化过程迅速蔓延到世界其他地区，因为其驱动因素不是消费者需求，而是股东利益（Spannring，2018）。

　　一个重要的方面是青年主要通过消费文化和生活方式被纳入这些规范与实践中来。动物产品，以及需要消耗大量能源和水并造成污染与栖息地破坏的产品或活动让人难以放弃，因为它们是消费社会中认同和归属的重要标志（Autio and Heinonen，2004；Brisman and South，2015；Spannring，2019）。另一个重要方面是青年的就业机会。只要政府不去主动引导相关行业走上可持续、绿色和道德之路，这些行业提供的就业机会就会直接或间接导致动物剥削和自然破坏，且身在其中的青年也没有讨价还价的余地。在加拿大一个以油砂开发为支柱产业的地区，当地青年确实"认识到需要平衡环境风险与经济增长之间的关系，但在阐述对该问题的理解时他们却提供了一系列理由（比如，企业是优秀的环境管理者，石油是社会必需品，等等），为企业造成的（环境）风险辩护"（O'Connor，2019，p. 273）。指责青年在没有准备好改变生活方式的情况下就进行气候罢工时，人们却不承认社会、经济和文化在物化与商品化动物及自然时发挥的根深蒂固的作用，以及跳出现有体制和系统是多么困难。

此外，很大一部分青年还卷入了相互影响且互为补充的压迫与剥削体系，例如性别分工、富裕的全球北方对全球南方的剥削以及全球资本主义对自然世界造成的破坏（Mies，1998）。动物工业综合体在许多层面也明显反映剥削特征：盈利的代价往往是数百万动物被宰杀、大规模的森林被砍伐和污染、小规模农业社区被破坏、屠宰场对外来劳工的剥削及其社群的社会性解体（Nibert，2013）。事实上，当人类面临环境风险时，通常意味着非人类生命形式已经早于人类受到了伤害。基于种族、性别、阶级、物种和其他标准的压迫并非偶然，而是以白人男性中产阶级规范衡量生命形式价值和可消耗性造成的结果（Snaza and Weaver，2014）。通过探究人类、动物和自然之间的物质共性与相互依存关系，以及三者在权力和暴力面前表现出的相互关联的脆弱性，青年研究可以为人类世的社会转型和解放做出贡献。

4. 代际学习

世代和教育是基本的教育学概念，两者密切相关，教育往往意味着世代之间的互动。世代（generation）一词源自拉丁词geratio或gerare，意思是"起源于"和"生产"。世代通常让人联想起家族树状图，知识、技能和价值观从一代传递给下一代（Ecarius，2008）。然而，世代间的教学关系不仅限于家庭，还适用于其他环境，如学校，工作场所，政治、社会和文化组织，以及当地社区。因此，代际关系以教学关系的形式存在于正式、无定式和非正式环境中。人类世理论对"教育是知识、技能和规范的传播"这一概念的效用提出了疑问。当然,Margaret Mead 提出的后塑文化(postfigurative culture)概念(Mead,1970)认为,社会和生态变化的缺乏与代际学习有关,而代际学习预先决定了青年未来的生活方式和身份。这个概念已不再适用于必须全力应对根本性生态变化的当今社会。对 20 世纪 60 年代学生运动记忆深刻的 Mead 认为,青年代表一股巨大的变革力量。当时,Rachel Carson 的《寂静的春天》[1962(2002)] 激发了反对环境破坏的绿色环保运动。反越战运动和"花权"运动(Flower Power)传播了和平理念。不久后,反核运动和绿色和平组织(Greenpeace)诞生,国际特赦组织(Amnesty International)在世界范围内声名鹊起。在这种社会和文化转型背景下,Mead 对后塑文化概念进行了拓展,加入了未来的未知性元素。鉴于人类迄今从未经历过的生态变化可能在人类世发生,Mead 提出的概念似乎是贴切的,因为再也不存在一个可以代代相传的有效参考框架。每一代人都是新时代的移民。

然而,年轻的气候罢工者们并不是一张白纸。相反,他们发现自己处于一种共塑文化之中。在这里,文化以变革为导向,但参考框架却是预先给定的。青年选择同龄人作为榜样并发展出新的行为模式,但行为边界却是毫无疑问的。在成就导向和一切皆可衡量(Biesta,2016),西方个人主义和实用主义(Jarvis,2008),以及坚持资本主义和人类中心主义的框架内,当代西方文化中的代际学习,是以为未来培养柔性工人和全球市场的优质消费者之名义进行的。过去几十年里,与其说青年是社会或文化变革的推动者,不如说他们是被技术、劳动力市场和消费文化的动态发展推着向前走的。青年的创新成果往往很快被用于营销策略并被大众文化所吸收(Chisholm,2005)。随着人类世将对人类和非人类以及自然的剥削更广泛地带入我们的视野,我们要对教育系统对于这些理念和实践的呈现方式持批判态度。教育学在很大程度上呈现了人与自然、人与动物的关系，仿佛它们是一种自然状态，而不是社会建构和权力关系的结果。教育系统中的课程、学科、话语和实践维持着人类与非人类之间的边界，但缺乏对人类世中生态、社会和伦理危机的哲学、社会、政治及经济根源的批判性方法。教育学对自然和动物遭到剥削保持沉默，导致针对自然和动物的结构性暴力以及其他形式的压迫反复发生。教育学几乎只考虑认知和抽象知识、人类兴趣、人工制品和空间的现实，阻碍了人们对超人类社区的充分参与和责任担当（Spannring，2017）。结果就是，教育系统把青年培养成"更为高效的地球破坏者"（Orr，2004，p. 2），而不是发生生态危机时的一股治愈力量（Jardine，2000，p. 14）。

可持续发展教育（education for sustainable development，ESD）方面也存在类似的问题（e.g. Kopnina，2012）。在国际社会共同努力下，《贝尔格莱德宪章》（*Belgrade Charter*）（UNEP，1975）得以生效，其侧重是保护自然环境免受人类活动的影响。随后，环保努力的重点转向了环境管理和正义性，即可持续地利用自然"资源"和"生态系统服务"及其公平分配。将可持续发展教育纳入学校课程，可能会重新引入一种偏向于人类并掩盖对其他物种和生态系统的道德义务的教育方式。特别是在高中教育层面，可持续发展教育似乎促进了绿色经济所需的相关技能和知识的获取与掌握，从而培养了以人类为中心的资本主义的意识形态并确保了企业权力（Kopnina，2012）。"可持续增长"将两个相互矛盾的概念结合在一起（Wals and Jickling，2002）。它破坏了对可持续生态进程如何受到经济增长、利润导向和消费主义威胁的批判性理解（Clark and York，2005；Klein，2014；Eurostat，2019）。通过将责任转移给个人消费者，进一步加剧了公共领域对生态保护的去责任化（Schindel-Dimick，2015）。

追问如何在一个超人类的世界中以道德和可持续的方式生活必然导致敏锐的生态政治意识与实践的出现。它开始于人们意识到我们都生活在不同的生态社区中,这些社区都基于一个共同的生态环境,而生态环境中所有人类和非人类成员的兴旺发达是一种不可或缺的公共产品(Curry,2000)。虽然ESD话语体系在相当程度上掩盖了人类至上情结、权力关系和政治冲突,而且教育系统通常也会排斥政治化(Biesta,2016),但批判性环境教育者却呼吁建立一种"政治化的关怀伦理"(Russell and Bell,1996)或"政治化的教育生态"(Lloro-Bidart,2015)。关心人类世的生态社区意味着理解复杂的生态和社会政治背景,解构以人类为中心和新自由主义的权力关系、信仰体系及文化实践,并对人类进行去中心化处理(Russell and Bell,1996;Lloro-Bidart,2015;Schindel-Dimick,2015)。这需要在多物种社区中进行沉浸式学习和了解(Russell and Bell,1996;Lloro-Bidart and Banschbach,2019)。那么,从代际正义和代际学习的角度来看,这一代教育者有责任为后塑文化开辟空间,使之能够支持以变革为目的的学习,比如,通过教学实践促进深刻的社会变革,在变革中学习;又比如,对学习和教育政策进行新的理解(Sterling,2001,pp. 34f.)。这一挑战将社会学习(Wals and van der Leij,2009)和社会参与(Wenger,1998)等概念推向了中心舞台。这些概念强调学习的身体、感官、精神和社会维度,在非西方学习方式中更为突出(Merriam and Kim,2011)。此外,学习总是涉及政治维度[Freire,1970(2014);Kahn,2010;Spannring,2018]。

通过集体学习推动变革的一个例子是城市园艺。在青年工作和社区发展的背景下,开展城市园艺项目的目的是开创绿色空间、关爱生态系统、改善社区融合、促进公众参与、消除城市对全球粮食系统的依赖并恢复社会生态记忆和粮食生产技能(Barthel et al.,2015;Travaline

and Hunold，2010）。退出实践的社会生态知识往往会随着时间的推移
而丢失，因此必须对其进行恢复、更新和重组。集体管理的花园就像是
"有生命的图书馆"（Barthel et al.，2015，p. 1326），通常包含关于植
物、土壤肥沃度、微气候和实践的隐性知识，但可能需要使用新的科学
知识和伦理考量（例如保护常驻动物和生物多样性）对其内容进行更新。
由于城市绿地受到来自房地产开发的激烈竞争（Barthel et al.，2015，
p. 1328），或者未能保障弱势群体享有城市园艺项目相关的使用权和决
策权，政治问题迅速出现（Travaline and Hunold，2010）。在其他地理
和文化背景下，殖民主义的政治遗产可能会妨碍对生态友好型生存和生
活方式的传授与掌握。拉科塔人（Lakota）的生态保护伦理和以社区为
基础的自然资源管理方式就是个例子：部落、州和联邦土地政策限制拉
科塔人使用土地。这些结构性障碍让原住民与他们的谋生手段分离，使
他们与本地生态关系疏远，导致他们更容易受到社会和生态问题的伤害。
相比之下，以自由漫步的水牛为象征的传统生态方法，才是构成对生态
社区内的自然和非人类动物、地方机构、文化、身份、地方意识与责任
感的日常实际经验的基础。因此，在吸毒和帮派暴力等社会创伤中挣扎
的拉科塔青年的未来在很大程度上取决于赋权、部落机构的自主权以及
传统人口管理模式的复兴与传承（Pickering Sherman et al.，2010）。

5. 结论：面向超人类世界，开展青年研究和青年工作

青年研究可以从寻求"更深入了解气候变化的人类维度及其社会、
制度和文化动态"的环境社会学中汲取很多灵感（Brulle and Dunlap，
2015，p. 2）。环境社会学承认人为气候变化和环境破坏源自由社会、政
治和经济权力结构以及文化与哲学传统所形成的人类生活作息、习惯
及信仰。虽然可持续发展话语体系倾向于将解决方案描述为具有共识

性、非政治性和普遍性，而个人只需要被激励和鼓励，但环境社会学对行为工程、技术官僚管理和治理提出了警告，认为它们使更广泛的社会背景和制度得不到审查，既得利益得不到问责（ibid.）。将视野拓展到以人类为中心的社会科学之外的需求（Urry，2011；Latour，2004）对青年研究具有重大意义，这种情况下需要回答的一个基本问题可能是："在大规模自然破坏、生物大量灭绝和工业化死亡的时代，长大意味着什么？"研究人员才刚刚开始了解自然和动物对儿童、成人与社区的重要性（Melson，2005；Myers，2007；Louv，2008；Hartig et al.，2014），并认识到人类和非人类生物的命运是如何通过进化、遗传学、生态学和文化等方面紧密交织在一起的（Haraway，2007）。这种认识似乎是在人类已经启动大规模生态破坏之际发展起来的。对于青年研究而言，这一现象表明了当前和未来人类参与生态社区的方式及对生态社区的影响。因此，在学科的自我理解中，青年研究必须跨越人类与动物、文化与自然之间的鸿沟，以及克服对非人类生物的排斥。我们已经与动物居民（驯养动物）、栖息动物（生活在人类居住区或附近的野生动物）和主权动物群体（野生动物）共享了我们的世界（cf. Donaldson and Kymlicka，2011）。无视它们的利益以及我们与它们的相互依存关系，就等于危及所有人类后代的生活和前景。

社会学和青年研究都包含对反思性与社会批判的自我理解，目的是解构权力关系和意识形态，以使公民能够有意义地参与对不道德和不可持续结构与做法的改革。努力"为实现更加宽容和慷慨的未来创造条件，而不是剥削人类、环境和动物"（White，2011，p. 18）必然涉及基本的伦理问题，特别是当触及经济权力、（生物）技术可能性和政治决策时。Benh Zeitlin的剧情电影《南国野兽》（*Beasts of the Southern Wild*）（2012）就表达了这种关切。电影讲述了一个边缘化社区在洪水造成环境破坏的背景下为生存和自主而奋斗的故事。Margaret Atwood的反乌托邦小说《末世男女》(*Oryx and Crake*)(2003)描绘了后末世时代的一个"福柯式"生物霸权,主题更加尖锐。这些令人震惊的想象,促使青年研究将注意力转移到青年的社会生态认同和实践,以及在不同社会分层、经济和技术实践及政治权力表现中获得生态—政治赋权的潜力上。

以上背景表明,批判性教育学是博采众长的,受益于生态女性主义(Russell and Bell,1996)、生态教育学和批判性动物研究教育学(Kahn,2010;Spannring,2018)、后人文主义教育(Snaza and Weaver,2014),本土思想和共同世界教学法(Pacini-Ketchabaw and Nxumalo,2016;Taylor,2017)等一系列研究方法。批判性教育学探究了压迫的交叉性,考察了教育系统产生种族主义、性别歧视、阶级歧视、物种歧视和人类中心主义的机制。批判性教育学进一步寻求发展一种反话语教育,挑战主要的假设和实践,并探索替代方案(Russell and Bell,1996)。建立生态共同体的智力、伦理和情感之旅始于一种好奇心与亲近感,并涉及我们对其他生物以及与之产生联系的具体化、感性体验(ibid., p. 74)。培养同情心并积极与超人类世界互动,不仅可以在野外,而且可以在校园、公园或社区中进行。因此,批判性生态教育学适用于从幼儿园、学校到青年工作和社区发展的所有教学环境,也适用于从青年信息服务和教育、青年协商和共同决策到由青年领导的组织和游说活动的所有层次的青年参与。

对澳大利亚悉尼西南部一处新建住宅区内的一个退化的社区潟湖进行的一项普通世界调查,就是生态学习过程的一个很好的例子。通过接触湿地上的动物——灰头紫水鸡、海龟和鳗鱼,青年激发了自己与动物栖息地之间的情感性和创造性互动,产生了对环保责任、城市土地使用和水资源管理等方面的种种疑问。这些他们通过说唱、舞蹈、绘本以及给地方和联邦当局写信的方式表达了他们对这些动物福祉的关注。在通过名为"面向未来"的学习过程中,他们培养了对社区的共同责任意识，社区不仅包括他们自己和游乐场，还包括动物、植物、水、垃圾桶、围栏、街道、建筑物以及它们之间的交叉和相互依赖关系（Gannon，2017，p. 17）。因此，"人类世的青年"邀请我们开启一场探索之旅，共同应对一个高度复杂的社会生态变化矩阵中各种高度差异化却又彼此互联的脆弱性。然而，认识到环境问题背后的复杂原因和对超人类世界中所有生命的相关影响，也为我们提供了一个代际学习过程，让我们能够重新构建经济关系和社会文化实践概念，走向一个更加公正和可持续的未来。

参考文献

Abram，D.（1996）. *The spell of the sensuous：Perception and language in a more-than-human world.* New York：Vintage.

Ahmed，S.（2013）. Resilience and adaptation in Dhaka，Bangladesh. In ISSC and UNESCO（Eds.），*World social science report 2013，changing global environments*（pp. 246-249）. Paris：OECD Publishing and UNESCO Publishing.

Alam，M.（2016）. Politicised space and contentious youth in Urban environmentalism in Indonesia. *Komunitas，8*（1），1-12. https：//doi.org/10.15294/komunitas.v8i1.4850.

Atwood，M.（2003）. *Oryx and crake.* Toronto：McClelland and Stewart.

Autio，M.，& Heinonen，V.（2004）. To Consume or Not to Consume? *Young，12*（2），137-153. https：// doi.org/10.1177/1103308804042104.

Barthel，St.，Parker，J.，& Ernstson，H.（2015）. Food and green space in cities：A resilience lens on gardens and Urban environmental movements. *Urban Studies，52*（7），1321-1338. https：//doi.org/

10.1177/0042098012472744.

Bédrani，S.，& El Amine Benhassine，M.（2013）. Are Algerian agro-pastoralists adapting to climate change? In ISSC and UNESCO（Eds.），*World social science report 2013，changing global environments*（pp. 230-233）. Paris：OECD Publishing and UNESCO Publishing.

Biesta，G.（2016）. *Good education in an age of measurement：Ethics，politics，democracy*. London：Routledge，Taylor & Francis.

Boeve-Pauw，J.，& Van Petegem，P.（2010）. A cross-national perspective on youth environmental attitudes. *Environmentalist，30*，133-144.

Brulle，R. J.，& Dunlap，R. E.（2015）. Sociology and Climate Change. In R. E. Dunlap & R. J. Brulle（Eds.），*Climate change and society：Sociological perspectives*（pp. 1-21）. New York：Oxford University Press.

Carson，R.（2002）. *Silent spring*. Boston：Mariner Books（1st. Pub. Houghton Mifflin，1962）.

Chimanikire，D.（2013）. Women and climate change adaptation in Zimbabwe. In ISSC and UNESCO（Eds.），*World social science report 2013：Changing global environments*（pp. 273-276）. Paris：OECD Publishing and UNESCO Publishing.

Chisholm，L.（2005）. Generationen des Wissens，Wissensgenerationen und Wissensgenerierung. In H. Möller（Ed.），*Bildung schafft Zukunft. 1. Innsbrucker Bildungstage 17.-18. November 2005*（pp. 17-29）. Innsbruck：Innsbruck University Press.

Clark，B.，& York，R.（2005）. Carbon metabolism：Global capitalism，climate change，and the biospheric rift. *Theory and Society，34*（4），391-428. https：//doi.org/10.1007/s11186-005-1993-4.

Crutzen，P.，& Stoermer，E.（2000）. The 'Anthropocene'. *IGBP*

Newsletter，*41*（2000），17-18.

Cudworth，E.，& Hobden，St.（2011）. Beyond environmental security. Complex systems，multiple inequalities and environmental risks. *Environmental Politics*，20（1），42-59. https：//doi.org/10. 1080/09644016.2011.538165.

Curry，P.（2000）. Redefining community：Towards as ecological republicanism. *Biodiversity and Conservation*，*9*（8），1059-1071. https：// doi.org/10.1023/A：1008970518564.

Donaldson，S.，& Kymlicka，W.（2011）. *Zoopolis. A political theory of animal rights*. Oxford：Oxford University Press.

Ecarius，J.（2008）. *Generation，Erziehung und Bildung. Eine Einführung*. Stuttgart：Kohlhammer.

European Commission.（2009）. *Europeans' attitudes towards climate change*. http：//ec.europa.eu/ commfrontoffice/publicopinion/archives/ebs/ ebs_322_en.pdf. Accessed 7 June 2019.

Eurostat.（2019）. *Sustainable development in the European Union：Monitoring report on progress towards the SDGs in an EU context*. https：// ec.europa.eu/eurostat/documents/3217494/9940483/ KS-02-19-165-EN-N. pdf/1965d8f5-4532-49f9-98ca-5334b0652820. Accessed 9 July 2019.

Franzen，A.，& Meyer，R.（2010）. Environmental attitudes in cross-national perspective：A multilevel analysis of the ISSP 1993 and 2000. *European Sociological Review*，*26*（2），219-234. https：//doi. org/10.1093/esr/jcp018.

Freire，Paulo.（2014）. *Pedagogy of the oppressed 30th Anniversary*. New York：Bloomsbury Publishing.

Gannon，S.（2017）. Saving squawk? Animal and human entanglement at the edge of the lagoon. *Environmental Education Research*，*23*（1），91-

110. https：//doi.org/10.1080/13504622.2015.1101752.

Gardiner, St. M.（2006）. A perfect moral storm：Climate change, intergenerational ethics and the problem of moral corruption. *Environmental Values*, *15*（3）, 397-413（17）. https：//doi.org/10.3197/ 096327106778226293.

Groffman, P. M., Baron, J. S., Blett, T., et al.（2006）. Ecological thresholds：The key to successful environmental management or an important concept with no practical application? *Ecosystems. Springer Nature*, *9*（1）, 1-13. https：//doi.org/10.1007/s10021-003-0142-z.

Haraway, D.（2007）. *When species meet*. Minneapolis, MN： University of Minnesota Press.

Hartig, T., Mitchell, R., de Vries, S., & Frumkin, H.（2014）. Nature and health. *Annual Review of Public Health*, *35*, 207-228. https：// doi.org/10.1146/annurev-publhealth-032013-182443.

Herzog, H.（2010）. *Some we love, some we hate, some we eat：Why it's so hard to think straight about animals*. New York, NY：Harper Perennial.

Inglehart, R.（1995）. Public support for environmental protection： Objective problems and subjective values in 43 societies. *PS： Political Science & Politics*, *28*（1）, 57-72. https：//doi.org/10.2307/ 420583.

ISSC and UNESCO.（2013）. World social science report 2013： Changing global environments. Paris：OECD Publishing and UNESCO Publishing. https：//unesdoc.unesco.org/ark：/48223/pf0 000224677. Accessed 3 June 2019.

Intergovernmental Science-Policy Platform on Biodiversity and Ecosystem Services（IPBES）, Media Release：Nature's Dangerous Decline

'Unprecedented'; Species Extinction Rates 'Acceler-ating'. https: //www. ipbes.net/news/Media-Release-Global-Assessment. Accessed 28 May 2019.

Intergovernmental Panel on Climate Change.(2002). IPPC Technical Paper V: Climate change and biodiversity. https: //www.ipcc.ch/site/assets/ uploads/2017/09/climate-changes-biodiversity-en.pdf. Accessed 28 May 2019.

Jardine, D.(2000). *Under the tough old stars: Ecopedagogical essays.* Brandon, VT: Solomon Press.

Jarvis, P.(2008). Lifelong learning and the learning society. *Democracy, lifelong learning and the learning society: Active citizenship in a late modern age.* London: Routledge.

Kahn, R. V.(2010). *Critical pedagogy, ecoliteracy, & planetary crisis. The ecopedagogy movement.* New York: Lang.

Klein, N.(2014). *This changes everything: Capitalism vs. the climate.* New York: Simon & Schuster.

Kollmuss, A., & Agyeman, J.(2002). Mind the gap: Why do people act environmentally and what are the barriers to pro-environmental behaviour? *Environmental Education Research, 8*(3), 239-260. https: // doi.org/10.1080/13504620220145401.

Koos, S.(2019). Klima-Aktivismus von jungen Menschen Ergebnisse einer Befragung unter den Teilnehmenden am „Fridays for Future"-Schulstreik in Konstanz. https: //www.researchgate. net/publication/332058126_Klima-Aktivismus_von_jungen_Menschen_Ergebnisse_einer_B efragung_unter_ den_Teilnehmenden_am_Fridays_for_Future-Schulstreik_in_Konstanz_15_ Marz_2019. Accessed 28 May 2019.

Kopnina, H.(2012). Education for sustainable development(ESD): The turn away from 'environment' in environmental education? *Environmental*

Education Research，*18*（5），699-717. https：// doi.org/10.1080/13504622.2 012.658028.

Kronenberg，M. E.，Cross Hansel，T.，Brennan，A. M.，et al. （2010）. Children of Katrina：Lessons learned about postdisaster symptoms and recovery patterns. *Child Development*，*81*，1241-1259. https：//doi. org/10.1111/j.1467-8624.2010.01465.x.

Larsson，B.，Andersson，M.，& Osbeck，Ch.（2010）. Bringing environmentalism home. *Childhood*，*17*（1），129-147. https：//doi. org/10.1177/0907568209351554.

Latour，B.（2004）. *The politics of nature*. Cambridge，MA：Harvard University Press.

Lloro-Bidart，T.（2015）. A political ecology of education in/for the Anthropocene. *Environment and Society*，*6*（1）. https：//doi.org/10.3167/ ares.2015.060108.

Lloro-Bidart，T.，& Banschbach，V.（Eds.）.（2019）. *Animals in environmental education：Interdisciplinary approaches to curriculum and pedagogy*. New York：Palgrave MacMillan.

Louv，R.（2008）. *Last child in the woods：Saving our children from nature-deficit disorder*. New York：Algonquin Books.

MacGregor，S.（2006）. *Beyond mothering earth：Ecological citizenship and the politics of care*. Vancouver：UBC Press.

Marquart-Pyatt，S. T.（2012）. Contextual influences on environmental concerns cross-nationally：A multilevel investigation. *Social Science Research*，*41*（5），1085-1099. https：//doi.org/10.1016/ j.ssresearch.2012.04.003.

Mead，M.（1970）. *Culture and commitment：A study of the generation gap*. London：John Wiley.

Melson，L. G.（2005）. *Why the wild things are：Animals in the lives of children*. Cambridge，MA：Harvard University Press.

Mies，M.（1998）. *Patriarchy and accumulation on a world scale*. London：Zed Books.

Merriam，S. B.，& Kim，Y. S.（2011）. Non-Western perspectives on learning and knowing. In S. B. Merriam & A. P. Grace（Eds.），*The Jossey-Bass reader on contemporary issues in adult education*（pp. 378-389）. San Francisco，CA：Jossey-Bass.

Meyer，St. M.（2006）. *The end of the wild*. Cambridge，MA：MIT Press.

Myers，G.（2007）. *The significance of children and animals：Social development and our connections to other species*. West Lafayette，IN：Purdue University Press.

Nibert，D.（2013）. *Animal oppression and human violence：Domesecration，capitalism，and global conflict*. New York：Columbia University Press.

Norgaard，K. M.（2011）. *Living in denial：Climate change，emotions，and everyday life*. Cambridge，MA：MIT Press.

O'Connor，C.（2019）. Social change，risk，and individualization：Young people's perceptions of a large-scale oil extraction project. *Journal of Youth Studies*，*22*（2），273-289.

Oldfield，F.，Barnosky，A. D.，Dearing，J.，et al.（2013）. The Anthropocene review：Its significance，implications and the rationale for a new transdisciplinary journal. *The Anthropocene Review*，*1*（1），3-7. https：// doi.org/10.1177/2053019613500445.

Oluwatayo, I. B. (2013) . Climate change, flooding and economic well-being in Nigerian cities. ISSC and UNESCO (Eds.), *World social science report 2013: Changing global environments* (pp. 242-245) . Paris: OECD Publishing and UNESCO Publishing.

Orr, D. (2004) . *Earth in mind: On education, environment, and the human prospect.* Washington, DC: Island Press.

Pacini-Ketchabaw, V., & Nxumalo, F. (2016) . Unruly raccoons and troubled educators: Nature/culture divides in a childcare centre. *Environmental Humanities*, *7*(1), 151-168. https: // doi.org/10.1215/22011919-3616380.

Pickering Sherman, K., van Lanen, J., & Sherman, R. T. (2010) . Practical Environmentalism on the Pine Ridge Reservation. Confronting Structural Constraints to Indigenous Stewardship. *Hum Ecol 38*(4), 507-520. https: //doi.org/10.1007/s10745-010-9336-0.

Russell, C. L., & Bell, A. C. (1996) . A politicized ethic of care: Environmental education from an ecofeminist perspective. In K. Warren (Ed.), *Women's voices in experiential education* (pp. 172-181) . Dubuque, Iowa: Kendall/Hunt.

Schindel-Dimick, A. (2015) . Supporting youth to develop environmental citizenship within/against a neoliberal context. *Environmental Education Research*, *21*(3), 390-402. https: //doi.org/10.1080/ 13504622.2014.994164.

Snaza, N., & Weaver, J. (Eds.) . (2014) . *Posthumanism and educational research.* Hoboken: Taylor and Francis.

Spannring, R. (2017) . Animals in environmental education research. *Environmental Education Research*, *23*(1), 63-74. https: //doi.org/10.1080 /13504622.2016.1188058.

Spannring, R. (2018) . The chicken and the educator: Debordering critical pedagogy in the Anthropocene. In T. Grušovnik, E. Mendieta, & L. Škof(Eds.), *Borders and debordering: Topologies, praxes, hospitableness* (pp. 115-132) . New York: Lexington Books.

Spannring, R. (2019) . Ecological citizenship education and the consumption of animal subjectivity. *Education Sciences*, *9*(41) . https: // www.mdpi.com/2227-7102/9/1/41?type=check_update&ver sion=1.

Spannring, R., Ogris, G., & Gaiser, W.(Eds.) .(2008) . *Youth and political participation in Europe: Results of comparative study EUYOPART.* Leverkusen: Budrich.

Sterling, St.(2001) . *Sustainable education: Re-visioning learning and change.* Dartington: Green Books.

Taylor, A. (2017) . Beyond stewardship: Common world pedagogies for the Anthropocene. *Envi-ronmental Education Research*, *23*(10), 1448-1461. https: //doi.org/10.1080/13504622.2017.1325452.

Travaline, K., & Hunold, Ch. (2010) . Urban agriculture and ecological citizenship in Philadelphia. *Local Environment*, *15*(6), 581-590. https: //doi.org/10.1080/13549839.2010.487529.

Tremblay, K. R., & Dunlap, R. E. (1977) . Rural-urban residence and concern with environmental quality: A replication and extension. *Rural Sociology*, *43*(3), 474-491.

United Nations.(2010) . *World youth report: Youth and climate change.* Paris: United Nations Publishing. https: //www.un.org/esa/socdev/unyin/documents/WYR2010Final%20online%20v ersion.pdf. Accessed 5 June 2019.

United Nations Environment Programme.(1975) . *The Belgrade charter: A framework for environmental education.* https: //unesdoc.unesco.org/ark: /

48223/pf0000017772. Accessed 15 June 2019.

Urry, J. (2011) . *Climate change and society*. Malden, MA: Polity.

Wals, A., & Jickling, B. (2002) . "Sustainability" in higher education. From doublethink and newspeak to critical thinking and meaningful learning. *International Journal of Sustainability in Higher Education*, *3* (3), 221-232. https: //doi.org/10.1108/14676370210434688.

Wals, A., & van der Leij, T. (2009) . Introduction. In A. Wals (Ed.), *Social learning towards a sustainable world: Principles, perspectives, and praxis* (pp. 17-32) . Wageningen: Wageningen Academic Publishers.

Wenger, E. (1998) . *Communities of practice: Learning, meaning and identity*. Cambridge, UK: Cambridge University Press.

White, R. (2009) . Climate change and social conflict: Toward an eco-global research agenda. In K. Kangaspunta & I. Marshall (Eds.), *Eco-crime and justice: Essays on environmental crime*. Turin: United Nations Interregional Crime Research Institute.

White, R. (2011) . Climate change, uncertain futures and the sociology of youth. *Youth Studies Australia*, *30* (3), 13-19.

Wolf, J., & Moser, S. C. (2011) . Individual understandings, perceptions, and engagement with climate change: Insights from in-depth studies across the world. *WIREs Climate Change*, *2*, 547-569. https: //doi.org/10.1002/wcc.120.

Zheng, Y., Pan, J., & Zhang, X. (2013) . Relocation as a policy response to climate change vulnerability in northern China. In ISSC and UNESCO (Eds.), *World social science report 2013: Changing global environments* (pp. 234-240) . Paris: OECD Publishing and UNESCO Publishing.

认同与文化多样性

03
CHAPTER

新时代中国青年价值观研究

王宇航，禹杭

摘要：40年来改革开放政策的实施，使中国与世界的联系更加紧密。得益于积极融入经济全球化和当前世界秩序，中国经历了深刻的社会和经济变化，与此同时中国人的价值观也发生了转变。作为社会中最活跃的群体，青年就像社会发展的晴雨表，从他们身上可以清楚地看到社会的价值观变化。因此，本研究着眼于中国青年的价值观，探讨社会经济发展对个体的影响。本文首先对国内外关于中国青年的研究进行综述，指出中国青年价值观这一研究空白。其次简要介绍了本研究的理论背景、研究方法和研究结果。最后一部分为讨论。

1. 引言

40年来改革开放政策的实施，使中国与世界的联系更加紧密。得益于积极融入经济全球化和当前世界秩序，中国经历了深刻的社会和经济变化，与此同时中国人的价值观也发生了转变。作为社会中最活跃的群体，青年就像社会发展的晴雨表，从他们身上可以清楚地看到社会的价值观变化。因此，本研究着眼于中国青年的价值观，探讨社会经济发展对个体的影响。本文首先对国内外关于中国青年的研究进行综述，指出中国青年价值观这一研究空白。其次简要介绍了本研究的理论背景、研究方法和研究结果。最后一部分为讨论。

2. 文献综述

当全世界都在为中国过去四十年中波澜壮阔的社会变革所震惊时，学者们开始将目光投向中国青年，这一自毛泽东时代以来就被描述为"早晨八九点钟的太阳"的核心群体，他们将"在中国的转型及其未来的活动中发挥至关重要的作用"（Liu，2011，p. 1）。2008年，"80后"在汶川抗震救灾中"无私甚至英勇"的表现（Liu，2011，p. 141），以及北京奥运会期间青年志愿者提供的巨大支持不仅让中国社会感到惊讶，也吸引了许多学者的关注，从2008年以来相关学术研究发表数量明显增长中可见一斑（见图1）。

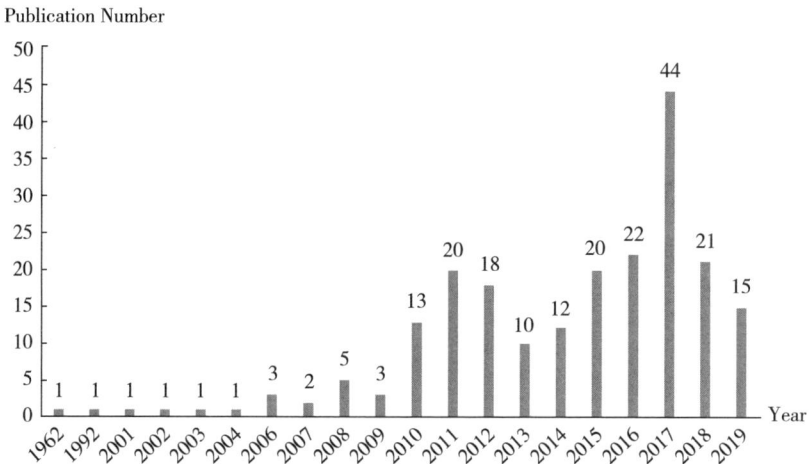

图1　SSCI数据库中发表的相关学术研究数量

（作者选择了"青年"和"中国"作为关键索引词，在SSCI数据库中，找到了214个标题包含这两个索引词的结果）

已发表的研究对中国青年进行了多方位的调查。例如，社会学者主要关注中国青年面临的以下社会问题：青年的健康问题（Fu and Land，2015；Leung et al.，2017）、青少年暴力犯罪（Zhou et al.，2017）、父母迁移与青少年成长（Jordan et al.，2014；Wen et al.，2015）、青少年自杀（Blum et al.，2012；Li and Zhang，2012；Zhang and Liu，2012）、互联网对青少年及其人际互动的影响（Bax，2014；Liu，2011；Wang，2014），以及青少年吸烟和/或饮酒情况（Guo et al.，2017；Okamoto et al.，2012；Xiao et al.，2019；Zhi et al.，2016）。

尽管关注的主题不同，但这一领域的研究有一个共同的特点，即强调中国青年问题与当今中国整体社会和文化背景之间的密切联系。Liu（2011）的研究就是一个很好的例子，他认为在当今中国社会和文化下，青年面对的生活现实影响了他们的经历，塑造了他们对互联网和网络身份的认知。

中国青年教育是前人研究的另一个重点。例如，Woronov（2016）等研究人员特别关注职业教育，研究了中国职业教育发展的社会、经济和历史背景。通过对江苏南京的职业教育学生进行细致观察，他们发现这些"学生们对地域、语言、方言或居住状况等方面缺乏固定认同，更倾向于建立跨越常规归属边界的友谊，求职过程中家庭找关系的能力比在学校学到的技能要重要得多"（Solinger，2017）。同样，职业教育也引起了其他许多学者的兴趣，但研究角度却截然不同，比如青年就业（Schucher，2015；Tang and Shi，2017）和人力资本（Koo，2015；Wang et al.，2018）。除职业教育学生外，青年职业生涯教育（Xie et al.，2019）以及农村青年的流动机会和受教育程度（Brauw and Giles，2008）也是该领域的热门研究主题。

该领域学者不仅试图揭示中国青年面对的社会问题和教育现状，还尝试描绘当代中国的青年文化。例如，Clark（2012，p. 192）在考察了

1968年、1988年和2008年前后的中国青年文化后，认为"自20世纪60年代以来，中国青年一直生活在本土与国际影响之间的复杂互动和再造之中"，这意味着当今中国青年文化既有国际根源，也有本土根源。20世纪80年代，以崔健为代表的中国式摇滚音乐、体育以及其他娱乐形式开始影响该时代的中国青年；过了20年，21世纪的中国青年有了一个更为广阔的新空间来表达他们的热爱和挫败感。正如Vadrevu（2013，p. 277）所言，Clark提出了"一个关于过去和现在中国青年之间的延续性与非延续性的复杂论点"。Bergstrom（2012）没有像Clark（2012）那样研究中国社会青年文化的方方面面，而是专注于国际市场中以消费者角色出现的中国青年，发现他们正在"迅速抛弃外国品牌就是更好的想法，将本土品牌重新视作一种时尚和恰当的选择"（ibid.，2012，p. 202），这迫使外国品牌向中国本土的竞争对手学习。此外，其他学者也对特定青年群体的文化进行了探讨。Kloet（2010）将青年视为流行音乐的受众，研究了青年的打口碟文化。打口碟文化是在蓬勃发展的20世纪90年代出现的一种新的充满活力的城市现象，以"80后"群体为代表。Qiu（2013）研究了中国大陆青年（特别是城市女性青年）中的网络非主流文化。

通过以上文献综述可以看出，尽管相关研究明显增加，但学者对中国青年的研究兴趣停留在某些领域，青年群体的许多其他方面还很少被讨论，如政治态度和参与（Ash，2013；Jiang et al.，2012，是两个例外情况）、青年价值观、家庭生活等。事实上，具有国际影响力的媒体进行报道时也是如此。通过分析全球七大媒体（CNN、BBC、FRANCE24、CBC、Spiegel、ANSA和Japan Times）对中国青年的报道，Wang和Song（2017）发现这些媒体更关注青年就业及其面临的社会问题，对中国青年的报道是负面的。这种报道角度一方面并没有将中国青年的真实形象呈现在全世界面前，另一方面也给我们对这一特定群体的深入研究留下了更多的空间。

考虑到个体价值观是社会变化的一个指标，本研究聚焦中国青年价值观这一研究空白，考察社会经济发展对这一特殊群体的影响。

3. 理论背景

政治文化研究领域的代表人物 Inglehart（1997）几十年来一直关注现代化和后现代化，提出了代际价值观转变理论。该理论描述的是二战前后出生的两代人价值观从唯物主义到后唯物主义的转变。具体来说，老一辈更强调物质价值观——物质需求和安全，而年轻一代更强调后物质价值观——生活质量、自我表达和快乐。Inglehart（1997）根据马斯洛需求层次理论，确定了12个价值指标，其中6个是物质主义价值，6个是后物质主义价值。前者包括物价上涨抗性、经济稳定、经济增长、秩序保持、打击犯罪和强大的国防力量；后者包含政府决策过程中赋予更多发言权，提升社会人道水平，表达自由，关注理想以及美丽的城市/自然。

同时，Inglehart（1997）强调代际价值观转换并非发达国家所独有；相反，该现象在世界上普遍存在，只要一国经济在几十年里大幅增长就会发生，因为在此情况下，与年长的群体相比，年轻群体能够在成长过程中建立明显更高的经济安全感。至于这种普遍性背后的原因，经过 Inglehart 和 Welzel（2005）修正的现代化理论提供了一个合理的解释。该理论在人类发展的大主题下对社会经济发展、文化变革和民主化进行了整合。Inglehart 和 Welzel（2005）承认马克思、韦伯等人提出的现代化的经典观点基本正确，他们利用大量证据证明，随着社会经济的发展，公众的基本价值观和信仰正在朝着可预测的方向变化，这反过来又给社会的治理方式带来了重要的影响。具体来说，社会发展引起制度层面的变化，例如经济和技术进步，受教育程度普遍提高，大众传播覆盖面日益扩大；同时，这些变化又进一步带来个体层面的个人归属感、自尊和自我实现需求以及社会参与需求的转变，进而推动社会制度的演进。

过去几十年中国经济的飞速发展，使得当今中国青年的生活条件与其父母（更不用说祖父母）相比差异巨大，Inglehart等学者的上述研究对我们观察中国青年的价值观提供了很大启发。Inglehart（1997），以及Inglehart和Welzel（2005）认为，这种由社会经济发展产生的差异必然会给青年的价值观带来变化。因此，本研究以Inglehart的上述观点为理论背景，通过调查中国青年对34个问题（见表1）的回答来探讨中国青年的价值观。这些问题可分为安全、经济、审美、知识、归属感和自我实现以及个人价值观六个维度。

4. 研究方法

4.1 受访者

共有1085名对外经济贸易大学在读本科/研究生、校友及其家属参与了本研究。由于对外经济贸易大学在校生中女性多于男性，因此参与调查的女性数量（806人）超过男性数量（279人）。所有研究对象年龄都在14岁到35岁之间，教育背景涵盖了从小学、初中、高中到大学的各个层次。研究对象在社会上从事不同工作，通过电子邮件方式确认参与本研究。需要解释的是，所有研究对象在回答问卷前都已被告知他们的答案是匿名的，只会用于学术目的。

表1 问卷中列出的问题

维度	编号	问题具体内容	问题类型
安全	1	打击犯罪可以保障人身安全	5分量表
	2	社会保障措施（比如医疗、失业保险、养老金制度等）能够保障个人安全	5分量表
	3	公共安全措施（食品安全、信息安全、社会安全、公共卫生安全、寻求庇护者行为安全、城市生命线安全等）可以保障人身安全	5分量表
	4	自我保护和自卫措施可以确保人身安全	5分量表
经济	5	经济全球化有利于人类发展	5分量表
	6	全球或区域金融危机对个体产生影响	5分量表
	7	贸易自由化（购买外国奶粉、化妆品、衣服、葡萄酒等）改善了我的生活质量	5分量表
	8	国家经济的稳定发展对我来说非常重要	5分量表
	9	国家就业促进政策帮助我找到了工作	5分量表
	10	政府的房价调控政策减轻了我买房的压力	5分量表
	11	良好的家庭/个人收入对我来说很重要	5分量表
	12	消费对我来说很重要	5分量表
审美	13	良好的生态环境有利于提高生活质量	5分量表
	14	你认为人与自然的关系应该是怎样的	多选
	15	你认为住宅区是否需要配备绿化带、停车位和健身器材等设施	多选
	16	你认为公共交通环境（如卫生条件、设施等）重要吗	多选
	17	你去电影院、剧院、音乐会等场所的频率如何	多选
	18	你认为保持自己的外在形象（如衣服、妆容、发型）很重要吗	多选
	19	你认为家庭装修重要吗	多选
	20	你认为娱乐场所（餐厅、电影院、KTV）的环境（如装修、布景等）重要吗	多选
	21	你认为工作环境（如装修、卫生条件、设施等）重要吗	多选

续表

维度	编号	问题具体内容	问题类型
知识	22	你认为下列关于人类和社会的知识中哪一项是最重要的	多选
	23	你认为下列自然科学和科学知识中哪一项最重要	多选
	24	你认为下列哪种实用技能是最需要学习的	多选
	25	你认为下列哪一种学习途径最重要	多选
归属感和自我实现	26	与他人的关系和情感——家庭、爱情和友谊——在我的生活中扮演着最重要的角色	5分量表
	27	我认为参加各种各样的社团志愿者活动、社区活动、公益活动等都能给我很大的满足感，我也非常愿意参加这些活动	5分量表
	28	我非常喜欢在一个团队中工作和生活。我喜欢我所属的各个团队，我为我的团队成员感到骄傲	5分量表
	29	当我做一件事的时候，我想被别人认可	5分量表
	30	我很在意别人对我的看法，不管是正面的还是负面的	5分量表
	31	我总是想在团队中扮演一个重要的角色。如果我做出了贡献，我希望得到所有团队成员的认可和赞扬	5分量表
个人价值观	32	你认为你的价值判断标准是什么	多选
	33	你认为实现你价值的过程中最重要的因素是什么	多选
	34	你认为努力工作最重要的意义是什么	多选

4.2 过程

实验对象通过电子邮件收到一个问卷链接，问卷包括表1所示的34个问题。在问卷的一开始，实验对象被告知他们的答案是匿名的，只会用于学术目的。其中19个问题采用了五分制来衡量参与者对某些陈述的认同程度，而对于剩下的15个问题，实验对象需要从不同的选项中选择最合适的答案。在回答完所有34个问题后，实验对象只需要点击提交按钮。

5. 结果

根据问题的具体类型，所有34个问题的回答情况分别通过两个单独的表格进行展示。表2以百分比形式展示了19个量表问题的回答情况，表3展示了15个多选题的选项内容以及回答情况。从中我们可以观察受访者对这六类主题的反应。

表2 量表问题回答情况

问题编号	强烈赞同 /%	赞同 /%	一般赞同 /%	不赞同 /%	强烈不赞同 /%
Q1	68.39	27.83	2.67	0.74	0.37
Q2	59.54	32.81	5.71	1.11	0.83
Q3	69.22	28.02	1.84	0.65	0.28
Q4	49.31	43.04	5.62	1.84	0.18
Q5	33	63.87	1.75	1.29	0.09
Q6	28.39	63.13	3.32	4.33	0.83
Q7	39.17	55.12	4.88	0.37	0.46
Q8	72.53	25.71	0.74	0.74	0.28
Q9	37.88	46.82	5.35	9.03	0.92
Q10	31.06	38.53	2.86	22.58	4.98
Q11	42.76	54.56	0.92	1.11	0.65
Q12	9.49	84.88	1.29	3.13	1.20
Q13	43.45	54.55	0.86	0.93	0.21
Q26	65.35	25.62	7	1.29	0.74
Q27	48.85	31.98	14.65	3.32	1.20
Q28	45.71	33.92	16.50	3.12	0.74
Q29	52.81	32.26	13.09	1.39	0.46
Q30	26.36	39.08	23.23	9.86	1.47
Q31	28.29	39.63	22.95	8.20	0.92

表3　多选题回答情况

问题编号	选项 A	选项 B	选项 C	选项 D	选项 E
Q14	人类应该掌控自然	人类能够利用自然资源	人类与自然息息相关	人类应该被自然支配	以上均不是
	5.99%	31.71%	59.91%	2.30%	0.09%
Q15	对生活非常必要	缺少会给生活带来不便	缺少可能会给生活带来不便	有没有无所谓	
	71.24%	25.99%	2.12%	0.65%	
Q16	非常重要	相对重要	重要	不重要	
	76.59%	22.21%	0.65%	0.55%	
Q17	经常	有时	偶尔	极少	从没有
	16.50%	48.94%	25.35%	7.93%	1.29%
Q18	非常重要	相对重要	重要	不重要	看情况
	51.24%	42.67%	4.15%	0.46%	1.47%
Q19	非常重要	相对重要	重要	不重要	
	53.27%	41.11%	3.96%	1.66%	
Q20	非常重要	相对重要	重要	不重要	
	59.17%	36.41%	3.50%	0.92%	
Q21	非常重要	相对重要	重要	不重要	
	61.01%	36.50%	1.66%	0.83%	
Q22	文学,艺术,历史和文化,哲学	经济和金融,商业和管理	语言	政治和法律	以上均不是
	49.68%	27.74%	11.71%	9.86%	1.01%
Q23	宇宙,天文,气象,地理	数学,物理,生物,化学	医药卫生,药物,疾病预防	通信技术	以上均不是
	15.39%	40.46%	29.49%	14.01%	0.65%
Q24	物品修理技能	维持健康技能	沟通技能	持家技能	以上均不是
	12.72%	27.74%	50.05%	8.48%	1.01%

问题编号	选项 A	选项 B	选项 C	选项 D	选项 E
Q25	学校教育	培训机构	自学	沟通	以上均不是
	65.53%	3.23%	23.96%	7%	0.28%
Q32	财富	社会地位	他人评价	社会贡献	天赋和能力
	8.94%	10.97%	5.90%	36.87%	37.33%
Q33	自我努力	社交圈子	国家政策	家庭背景	社会贡献
	65.44%	6.45%	2.86%	4.88%	20.37%
Q34	社会贡献	更好的家庭生活	自我成就	更多钱	名望
	19.35%	22.21%	47.10%	10.41%	0.92%

5.1 安全

前四个问题调查了中国青年对安全的态度，其中前三个问题与政府行为有关，而第四个问题与个人行为有关。表2清楚地显示了受访者的回答情况。对于问题1至问题3，超过90%的受访者赞同或强烈赞同打击犯罪、社会保障措施和公共安全措施可以保障人身安全，只有不到2%的受访者不赞同或强烈不赞同。因此，从结果可以看出，大多数受访者相信政府行动在保障个人安全方面的重要作用。对于问题4，92%的受访者赞同或强烈赞同自我保护及相关措施可以确保人身安全，但有5.62%的受访者表示一般赞同，约2%的受访者表示不赞同或强烈不赞同。

5.2 经济

从问题5到问题12，受访者需要评估内外部经济环境、家庭和个人经济状况对自己的影响程度。回答问题5至问题10时，超过90%的受访者赞同或强烈赞同他们的日常生活与全球和/或国家经济状况密切相关，如经济全球化、全球/区域危机、贸易自由化、稳定的国民经济、就业政策和住房政策。同时，对于问题11，约97%的受访者赞同或强烈赞同家庭或个人收入的重要作用。对于问题12，超过93%的受访者赞同或强烈赞同消费对其而言很重要这一说法。

5.3 审美

接下来的9个问题（问题13至问题21）从生态文明、生活和工作便利程度、对美的追求和装修的重要性四个维度分析了中国青年对审美的态度。在生态文明方面，98%的受访者对问题13的回答是赞同或强烈赞同生态在提高生活质量方面的重要作用。对于问题14，约60%的受访者认为人类与自然密切相关，32%的受访者认为人类可以利用自然资源，但要有限度。在生活和工作便利程度方面，约95%的受访者认为住宅区的公共设施（问题15）和公共交通的卫生条件（问题16）非常或相对重要。当涉及对美的追求时，超过93%的受访者认为保持良好的外部形象非常或相对重要（问题18）。在装修的重要性方面，约94%的受访者认为家居（问题19）、娱乐场所（问题20）和工作场所（问题21）的装修非常或相对重要。

5.4 知识

问题22至问题25是关于中国青年对知识的不同态度的。结果显示，对于人文与社会领域（问题22），约一半的受访者认为文学艺术、历史和传统文化以及哲学知识是最重要的；而对于自然科学和理科领域（问题23），受访者认为掌握数学、物理、生物和化学知识是最重要的，其次是医疗保健、医学和疾病预防知识。在实践技能方面（问题24），超过半数的受访者认为沟通技能是实践中最重要的。对于学习渠道（问题25），超过65%的受访者认为学校教育是最重要的学习方式，约24%的受访者认同自学的重要性。

5.5 归属感和自我实现

用来衡量中国青年对归属感和自我实现的态度有6个问题。具体来看，问题26至问题28测试了归属感，结果显示91%的受访者承认与他人关系的重要性，80%的受访者认为他们从社群活动中获得了满足感，79%的受访者认为他们对团队合作保持了热情。在自我实现方面，85%的受访者赞同或强烈赞同他们在做事情时希望被他人接受（问题29），约65%的受访者赞同或强烈赞同他们在意别人的意见（问题30），约68%的受访者赞同或强烈赞同他们希望在团队中扮演重要角色（问题31）。

5.6 个人价值观

问题32至问题34旨在衡量受访者的个人价值观。结果显示，约1/3的受访者认为社会贡献是他们的价值判断标准，另有1/3的受访者选择了天赋和能力作为他们的判断标准（问题32）。在实现个人价值方面（问题33），超过65%的受访者认为个人努力是最重要的因素。当被问及努力工作的意义时（问题34），约50%的受访者选择了自我成就，22.2%的受访者选择了"让家人过上更好的生活"。

6. 讨论

本文在Inglehart（1997）理论的基础上，从六个维度探讨了中国青年的价值观。我们的研究结果揭示了当今中国青年群体价值观的具体特征。第一，中国青年认识到打击违法犯罪、加强社会保障措施和公共安全措施、增强自我保护意识在维护社会与人身安全方面的重要作用。第二，在很大程度上，中国青年能够理性地认识到国内外经济环境以及家庭和个人经济状况对自身的影响，并接受国家为经济安全所采取的有利政策。虽然他们中的大多数人都同意消费很重要，但这并不意味着他们是物质主义者或只专注于物质需求。相反，消费正在成为当今中国青年群体展现生活态度（例如享受当下或追求更高质量的生活）的一种方式。第三，青年群体开始更加注重生态文明、宜居性、对美的追求和周边环境的装修状况，整体上表现出较高的审美能力。第四，大多数青年最重视人文知识、基础科学知识和人际交往能力，普遍重视正规学校教育。第五，大多数青年重视社会归属感，表现出团队合作的热情，渴望得到他人的认可，具备较高的自尊水平。第六，大多数青年具备端正的个人价值观，把社会贡献作为价值判断的标准，并强调自己努力的意义。通过分析上述价值特征可以看出，当今中国青年的价值观呈现出后物质主义倾向，因为对于这个特殊的群体来说，经济安全和国家安全等物质需求已经得到了很大满足，在提高个人幸福感和生活质量、审美情趣、归属感与自尊的同时，他们开始减少物质需求，重视自我表达的重要性。

事实上，Inglehart（1997）认为，从物质主义价值观到后物质主义价值观的转变，也是新时代中国社会经济发展的一种反映。改革开放以来，中国生产力水平发生了根本变化，经济社会发展取得了举世瞩目的成就。大家普遍认为，在新时代人们日益增长的物质和文化需求已经得到满足，生存的需要不再是他们的主要关注点。与此同时，后物质主义所倡导的生活质量、个人价值、社会参与等，也最终汇聚为人们对"美好生活"的需求。

正如Inglehart和Welzel（2005）所言，价值观形成与社会发展之间存在着相互作用。对中国来说，积极的价值观有利于缓解社会主要矛盾，促进社会发展，这就需要国家、社会和青年群体共同努力，在全社会形成积极的价值取向。具体来说，就是要坚持以人民为中心的发展思想，把改善人民生活和提升幸福感作为出发点与落脚点。同时，国家必须高度重视人民在经济和社会发展中的实际关切，完善社会保障制度和福利政策，增强社会安全感和公平意识，促进物质文明和精神文明协调发展，为个人能力的发展和个人价值的实现创造良好与宽松的环境。只有这样，才能实现个人的自由和全面发展。另外，价值观主要形成于青少年时期，家庭和学校在价值观形成中的作用不容忽视。对于家庭成员而言，应该追求情感和物质之间的平衡，这意味着不要过分强调两者其中之一。对于学校的教育工作者来说，应该运用积极的价值观、优秀的文化传统和严格的道德要求来引导这一青年群体，正确地培养学生的人格。就青年自身而言，他应该通过主动参与社会实践，有意识地学习积极的价值观，培养责任感和同理心。

［致谢：感谢对外经济贸易大学中央高校基本科研业务费专项资金（No. CXTD11-03）和北京高校建设开放型经济强国的理论与实践研究协同创新中心的支持］

参考文献

Ash，A.（2013）. China's youth：Do they dare to care about politics? *Dissent*，*60*（2），41-45.

Bax，T.（2014）. Internet addiction in China：The battle for the hearts and minds of youth. *Deviant Behavior*，*35*（9），687-702.

Bergstrom，M.（2012）. *All eyes east：Lessons from the front lines of marketing to China's youth*. New York：Palgrave Macmillan.

Brauw，D. A.，& Giles，J. T.（2008）. Migrant opportunity and the educational attainment of youth in rural China. *Policy Research Working Paper Series*, *52*(2), 1-53(53).

Clark, P.(2012). *Youth culture in China: From red guards to netizens*. New York: Cambridge University Press.

Fu, Q., & Land, K. C.(2015). The increasing prevalence of overweight and obesity of children and youth in China, 1989-2009: An age-period-cohort analysis. *Population Research and Policy Review*, *34*(6), 901-921.

Guo, C., Wen, X., Li, N., Wang, Z. J., et al.(2017). Is cigarette and alcohol use associated with high-risk sexual behaviors among youth in China? *Journal of Sexual Medicine*, *14*(5), 659-665.

Inglehart, R.(1997). *Modernization and postmodernization: Cultural, economic, and political change in 43 societies*. Princeton, NJ: Princeton University Press.

Inglehart, R., & Welzel, C.(2005). *Modernization, cultural change, and democracy: The human development sequence*. New York: Cambridge University Press.

Jiang, G. P., Lo, T. W., & Li, Carrie.(2012). Youths' views on corruption control in China: Politics and social censure. *International Journal of Offender Therapy and Comparative Criminology*, *57*(12), 1498-1521.

Jordan, L. P., Ren, Q., & Falkingham, J.(2014). Youth education and learning in twenty-first century China. *Chinese Sociological Review*, *47*(1), 57-83.

Kloet, J. D.(2010). *China with a cut: Globalisation, urban youth and popular music*. Amsterdam: Amsterdam University Press.

Koo, A.(2015). Expansion of vocational education in neoliberal

China：Hope and despair among rural youth. *Journal of Education Policy*，*31* （1），1-14.

Leung，M. M.，Jun，J.，Tseng，A.，& Bentley，M.（2017）. "Picture me healthy"：A pilot study using photovoice to explore health perceptions among migrant youth in Beijing. *China. Global Health Promotion*，*24*（3），5-13.

Li，Z.，& Zhang，J.（2012）. Coping skills，mental disorders，and suicide among rural youths in China. *The Journal of Nervous and Mental Disease*，*200*（10），885-890.

Liu，F. S.（2011）. *Urban youth in China*：*Modernity*，*the Internet and the self*. New York：Routledge.

Okamoto，J.，Sakuma，K. L.，Yan，H.，Qiu，P.，Palmer，P. H.，& Johnson，C. A.（2012）. A qualitative exploration of youth in the "new" China：Perspectives on tobacco use from adolescents in southwest China. *Asia-Pacific Journal of Public Health*，*24*（2），296-307.

Qiu，Z.（2013）. Cuteness as a subtle strategy：Urban female youth and the online feizhuliu culture in contemporary China. *Cultural Studies*，*27*（2），225-241.

Schucher，G.（2015）. The fear of failure：Youth employment problems in China. *International Labour Review*，*156*（1），73-98.

Solinger，D. J.（2017）. Book review：Class work：Vocational schools and China's urban youth. *The China Journal*，*77*，188-190.

Tang，N.，& Shi，W.（2017）. Youth employment and technical and vocational education and training（TVET）in China. In M. Pilz（Ed.），*Technical and vocational education and training-issues concerns and prospects* （pp. 269-283）. Wiesbaden：Springer.

Vadrevu, S. (2013). Book review: Youth culture in China: From red guards to Netizens. *Journal of Creative Communications*, *8*(2-3), 277-279.

Wang, L., Li, M. J., Abbey, C., & Rozelle, S. (2018). Human capital and the middle income trap: How many of China's youth are going to high school? *Developing Economics*, *56*(2), 82-103.

Wang, S. R. (2014). Internet exposure and political beliefs among educated youth in China. *Journal of Contemporary China*, *23*(90), 1133-1151.

Wang, Y. H., & Song, C. F. (2017). On the media construction of the contemporary Chinese youth's identity: An empirical study based on the reports by the influential media from the G7 members. *Nanjing Journal of Social Sciences*, *5*, 103-110.

Wen, M., Su, S. B., & Li, X. M. (2015). Positive youth development in rural China: The role of parental migration. *Social Science and Medicine*, *132*, 261-269.

Woronov, T. E. (2016). *Class work: Vocational schools and China's urban youth*. Stanford, CA: Stanford University Press.

Xiao, L., Parascandola, M., Wang, C. X., & Jiang, Y. (2019). Perception and current use of E-cigarettes among youth in China. *Nicotine & Tobacco Research*, *21*(10), 1401-1407.

Xie, D., Kong, N., Skaggs, S., & Yang, A. (2019). An ecological perspective on youth career education in transitioning societies: China as an example. *Journal of Career Development*, *46*(6), 651-664.

Zhang, J., & Liu, E. Y. (2012). Confucianism and youth suicide in rural China. *Review of Religious Research*, *54*(1), 93-111.

Zhi, K., Huang, J., Deng, S., Chen, Y., Vaughn, M. G., &

Qian, Z. (2016). Decreased smoking initiation among male youths in China: An urban-rural comparison. *International Journal of Public Health*, *61*(4), 417-425.

Zhou, J., Witt, K., Cao, X., Chen, C., & Wang, X. (2017). Predicting reoffending using the structured assessment of violence risk in youth (SAVRY): A 5-year follow-up study of male juvenile offenders in Hunan province, China. *Plos One*, *12*(1), 1-11.

本土的开放和后移民世代：
新形式的反抗和自我主张

Anita Rotter，Erol Yildiz

1. 世界化的行动空间

为了描述当前社会的特点，我们使用了"本土开放"这个比喻，意指在日常生活中，人们永远都要面对全球化沟通背景下不同且相互冲突的各种（文化）元素。"世界化的行动空间（cosmopolitanized spaces for action）"（Beck，2017）和"跨国空间（transnational spaces）"（Pries，2007）等概念表达了这种变化。全球引用和全球联系已然成为常态。对全球性的体验几乎嵌入了每个人的生活，可以被视为一种变革和对我们生活环境的新解读（Tomlinson，2002，p. 140）。而青年的生活世界就恰恰令人印象深刻地展示了这种转变：其行动、经验和观念空间在范围与延伸上都是全球性的。这似乎是他们人生规划的一部分，一种"平庸的世界主义"（Beck，2003，p. 33）。从这个角度来看，许多我们所经历并解释为"国家化"的事物早已实现了"去国家化"。在这种背景下，Saskia Sassen提出了"国家化悖论"（2008）。

本土和传记开放产生了不寻常的再本土化途径，在此过程中全球现象演化成本土化的版本和变体。Roland Robertson（1992）在研究全球本土化（glocalisation）时特别关注了这种相互作用。全球和本土之间的紧张关系与文化及政治的发展导向有关。新的混合形式、共生组合从这些不同的全球和本土实践中涌现出来。世界各地青年文化中的大量地方性发展、认同形式和环境，在本土空间里相遇并相互作用。青年将上述现象融会贯通，发展出一种空间表现形式，凝聚成新的文化取向和生活设计。以萨尔萨舞（salsa）和嘻哈文化为代表的音乐与舞蹈文化在全球传播过程中经历了去领土化及去国家化，与原生空间之间的联系也变得松动和割裂。然而，这些文化也在其他地方重新经历了本土化，如柏林、慕尼黑或维也纳，那里的青年通过参与和改编，为其注入了本土意义。正如德国和奥地利不同城市的实证数据所表明的那样，不同城镇的地方群体，在特定的社会生活条件下，形成了各自独特的解读和形态，对不同形式的征用、重新解读和整合持开放态度。

作为全球化和跨国化重要因素之一的人口迁移就是一个很好的例证。人口流动和迁移产生了联系与交往的新模式，自动促进了不同地方间的互联互通和发展变迁。

世界范围内的移民潮让人对"久坐不动"、一地定居的迷思观念提出了根本性疑问，为如何在生活世界中产生新的空间概念和建构提供了实际证据。世界化的行动空间清楚地表达了对日常生活的这种新理解，即在全球社会的基础上塑造当地的生活世界。为此，Regina Römhild（2009，p. 234）提出了"自下而上的新世界主义"概念，用来指代一种将时空上常常彼此相距遥远的地区、文化和思维方式聚集在一个本土平面上的横向运动。Martin Albrow（1997）认为，这个过程产生了不同的社会圈，这些社会圈在社会和生活世界中呈现出不同的相互位置关系，并可在全球范围内扩散。

如今，本土故事和生活总是嵌入全球背景与联系中。由于人口跨地域流动，几乎人人都有亲属、熟人或朋友身在不同国家，他们的传记就是世界互联互通的写照。而位置各异、结构不同的个人和集体生活圈就是这样产生的。

因此，社会和文化现象可以是非同质的、非单一的和非专制的。随着时间的推移，他们吸收来自世界各地的不同元素；他们受极具多样性的思想和观念、文化和宗教取向、价值观、规范和技术的协同作用影响。在此过程中发挥核心作用的是思想、挪用、经历和依存关系的动态相互作用（Said，1994，p. 296）。

从这个角度来看，如今的青年正在建立一种世界性归属感，并对人生进行多角度设计和规划，这一事实似乎是新兴生活世界常态中一个不引人注目的方面。因此，新的生活和社会环境形式出现，将本来相距遥远的部分整合起来，拓展了思维和经验的新视野，开辟了超越国家意识形态边界的差异化学习过程空间。因此可以说，即便青年原地不动（在全球大流行和严格限制性措施下，这种情况现在似乎也难以想象），周围的世界似乎仍在不停地运转。

"后移民"世代的日常生活现实和自我定位文化实践是本文讨论与分析的重点。他们的存在表明全球化和本土差异化与日常生活世界中建立新关系是齐头并进的，这对于专注于本土的人们的生活设计来说具有核心意义。Ulrich Beck 在 2017 年出版的《世界的蜕变》（*Metamorphoses of the World*）一书中提到了这一点。他强调，昨天那些难以想象、无法想象的东西，今天不仅变得可能，而且早已成为具体的现实。我们可以发现世界正在发生的剧烈变化，以及从变化中涌现的生活建构，即另一种存在方式。更广阔的世界已成为日常行动的参照点。通过地理位置和传记的变动，当今人类都生活在某种世界性或全球性背景之中，在某种意义上过上了"四海皆可为家"般（weltheimisch）的生活。

然而，在开放进程不断演进的同时，我们也可以观察到一些对立的、相反的和矛盾的发展趋势：比如，与新民族主义、宗教激进主义和种族主义密切相关的封闭与排外的进程及模式，这在欧洲是显而易见的。由于再民族化倾向，本土开放的进程受阻。正如Wolfgang Kaschuba（2001，p. 20）所指出的那样，在当前人口迁移背景下，对民族和种族自我形象的重视与关注促成了将民族视为一种融合文化概念的新做法。正是因为物理边界变得越来越不固定且可以轻松穿越，人们心理上的认知之墙才得到了重新强化和巩固。

去民族化进程进一步激发了民族化活力，在一些欧洲国家，移民政策的再民族化趋势日益凸显。因为，当国界在欧洲范围内逐渐失去意义之时，它们却正在给特定"不受欢迎"群体（移民、难民、无合法身份人士）制造更为可怕的障碍。因此，地理流动性并非以同样的方式或程度适用于所有人。这种全球流动等级制度是全球和本地层面进行特权、劣势和损失再分配过程的一部分（Bauman，1998，p. 70）。

与第一代移民相似，第二代和第三代移民，即所谓的"后移民"世代——那些在奥地利和德国出生与长大的移民后代——发现自己面临着歧视和排斥的制度与做法。正如我们的例子所表明的那样，移民后代设法克服当地生活的种种限制条件，并在这种斗争和对抗中努力寻找新的方向。在这种背景下，不同的、对抗的、矛盾的和抵触的观点在他们的日常生活中不断发生碰撞与冲突。它们可以是个性的，也可以是共性的，最终被压缩合并为本土体系、文化取向和抗争形式。

2. 从霸权到日常实践

迄今为止，大部分涉及移民的政治和学术讨论仍是在社会融合的指导概念下进行的。这种现状的根本原因在于人口迁移背景下占主导地位的一种特定思路：社会、城市、文化被理想化为同质单位。在这一过程中，移民的原籍文化和土著多数文化之间或多或少地形成了明确的区分。因此，从一开始，移民研究就以外国人或异域性、他者性为研究对象。关注的重点从来就不是跨国界、跨文化现象，而是要求移民及其后代融入社会，以便适应和满足东道国社会的各项要求。从这个角度来看，移民对其原籍地保有的所有关系和取向，都被"条件反射式"地分类、轻视和贬低为易于瓦解的。对文化裂痕、分裂和内心动荡的广泛讨论如同"德国的白天是土耳其的黑夜"一样，表达了这种大众戏剧化。有人要求对国家"多数文化"作出明确和毫不含糊的承诺。换句话说，融合意味着彻底的"自我解放"，切断与移民和原籍背景的联系，并将自己限制在当地的社会环境中，即成为所谓的"完全的德国人"（Voll-Deutsche）。1979年一项关注德国第二代移民生活状况的研究非常清楚地总结道："这些孩子在此接受混合文化的熏陶，然后努力接受同化。他们将在很大程度上认同外国文化（即祖国文化）；他们是准"新德国人"，在社会学意义上是完全的德国人！"（Schrader et al.，1979，p.71）。

长期以来，这种共同的心态在德语地区的传统移民研究中留下了格式化的印记。我们再熟悉不过的是"原籍社会和接收社会""本地人和移民""我们和他们"之间的区分——到目前为止，这种区分或明或暗地仍是更为惯常的做法。

正如本文标题所示，我们在此主张转换视角：不再对移民及其后代的形象进行集体性概括——必须对业已建立的知识秩序进行批判性审视。这意味着采用另一种方法，即"对位凝视"（contrapuntal gaze）。正如Edward Said（1994）提出和实践的那样，要从移民的视角和生活经验出发，对移民现象的霸权式话语进行解构。与此同时，这意味着要与实践已久的确定性在认识论层面上决裂。在此基础上，关注的重点应集中在支离破碎的故事、被忽视的各类知识、超越国家的跨文化和跨地方联系上（see Yildiz，2018）。视角转换后，霸权式常态和支持它的线性思维方式，以及二者基于范畴的分离，似乎越来越令人怀疑。这样，关注重点就是那些被排斥、被遗忘、被边缘化的东西——简而言之，就是被忽视的经验和观点。

人口迁移研究的自我定位是对移民的研究，因此无法摆脱人口分类以及"我们"和"他们"的二元思维方式，无法对全球化世界中的真实社会情况进行恰当和适时的分析。

近年来，在所谓"后移民视角"的新研究方法的影响下，"移民"现象在一定程度上从边缘走到中心，并被视为全球社会发展的一个组成部分（see Foroutan，2019；Schramm et al.，2019；Thiemann，2019；Hill and Yildiz，2018；Foroutan et al.，2018；Ritter，2018；Caglar，2016）。在这方面，"后"这个前缀并非简单地指按时间顺序的"之后"，而是指一种视角的转变，一种对社会状况的不同解读，是对关于人口迁移的限制性和泛化讨论的批判性对抗，对霸权式条件的抵抗。因此，"后移民"（视角）也意味着对抗霸权式史学和知识生产，并通过这样做来阐明其他的和新的历史及当代联系与背景（Römhild，2015）。

从这一视角出发，本文探讨移民后代在与限制性社会条件的日常对抗中形成的反定位实践和反支配态度。从这种对抗的间隙中诞生了"取代现实乌托邦的跨托帮（transtopia）"（Yildiz，2018，p. 57），而移民经历则被重新书写和呈现——形成一种"认识论层面的不服从"（Mignolo，2019）。

3. 移民背景转向地下：反霸权态度

哲学系图书馆藏有一部五卷本著作，收录了动词 sein（生存、存在）在所有已知语言中的意义。我们已经仔细研读过著作。今天，我不会错误地引用《古兰经》，并将其与恐怖主义保持距离（Sezgin，2011，p. 52）。

近年来，"移民背景"的概念在公共话语中越来越常见，也越来越多地被用来形容在奥地利出生和长大的移民后代。这样一来就会给人一种印象，即为了更好地理解或掌握当前形势，需要做的就只是给出一种新说法。然而，在这种背景下，相关的问题却很少有人提出：这种区分会带来哪些好处？为什么要根据特定标准对人类进行阶级区分和分类？

尽管"移民背景"这个新词具有政治正确性，但被贴上标签往往让人感到恼怒。他们不希望沦为所谓的移民背景的一部分。自诩为专家的"本地人"经常质问移民者原籍是哪里，如果对方给出的答案与预期不相符，他们就会刨根问底地研究对方的真实背景，并"计划"将他们送回"真正"的老家，仿佛希望通过看穿他人骗人把戏的方式，揭露出这些被质疑者的实际不归属感。这样的标签对于人为划定人群具有重大作用，而被划入的人除是移民家庭的后代并且出生在这里外，几乎没有其他共同特征。

这种类别划分不是中立的。相反，它们塑造了公众对移民的看法。它们是有力的知识工具（Maurizio，2018），用于创造现实，引导对现实的感知，并以这种方式影响社会。与此同时，它们损害了人们对复杂现实生活的看法。

关于（移民）二代或三代这种称呼，我们发现了不同的解读方式：一些人拒绝接受这个概念，认为它具有一概而论和污名化的效果；另一些人则有意识地使用这个词，以表明那些受称呼影响的人不是初来乍到的新移民（see the Unmündigen below）。此外,（移民）二代和三代的概念也可以被解读为一种反抗的态度，是对某种程度上被归入"异族"的做法做出的抗争。通过在本文中使用"后移民世代"这样的称呼方式，我们希望唤起人们关注生活在歧视条件下的后移民世代的特殊生活定位和态度，即Gramsci所谓的"反霸权"（2012；see also Brand，2005）。

近年来，观察后移民世代如何形成自己的观点和讲述自己的故事已经成为可能。在此过程中，他们直面并讨论父母或祖父母的移民故事，也正视自己成长的社会。借此，他们创造了新的生活设计和社会定位策略，并发展了自己对政治的理解，正如下面的例子所示。在接受教育和从事工作的过程中，在政治和社会领域，在参与公民社会时，二、三代移民青年们忙于书写自己的人生故事、家族传记和日常生活。他们越来越多地讨论和突出自己所遭受的歧视与种族主义经历，例如，在求职面试、租房或与体制内人群打交道时，"因为一个听起来像外国人的名字"而经历的种种（Topçu et al.，2014，p. 126）。后移民世代不断地报告自己在私人或家庭生活、朋友圈或工作中经历的轶事，这些轶事让他们微笑、大笑或反思，或使他们感到恼怒和不确定。他们努力消解偏见和既定的刻板印象，例如，面对关于（家庭）出身和宗教的过度简化主义观念，他们会讽刺地回答："嗯，我就是你们所谓的库尔德人吧"（Cindark，2004，p. 301）或"谁能证明我是一个外国人？"（ibid.，p. 301）。这样类似的陈述暗示着（新的）定位和颠覆性的回应，意图表达谁属于或不属于社区和"我们"。然而，移民后代证明了，无论当初出于何种缘由来到这里，现在大家都已成为本地人。对于排外机制和不平等待遇，以及与之纠缠不清的某些进程和参与方面，他们希望表达自己的信念、想法和政治批评。因此，一方面，他们利用媒体彰显存在感。另一方面，他们也找到了音乐或喜剧等自我表现的形式和表达的可能性，并以这种方式触及那些拥有移民和人口流动经历的社会大众（主要是年轻群体）。下文中列举的几个例子，展示了影响公众日常话语和公共讨论的几种方式，以及由此衍生出的后移民和反霸权的全新实践方式。包括一个姐弟说唱二人组、一个叛逆喜剧节目、一份"移民"期刊和一个名为

"非成年人"（Unmündige）的团体。

3.1 媒体：《海狸》——一本充满"猛料"的杂志

与此同时，阅读线上或纸质期刊，以及收看电视节目、网剧、专题节目已成为日常生活的一部分。确切地说，年轻一代中的绝大多数是伴随着各种媒体和媒体形式的发展长大的；大多数情况下，他们会定期、满意地使用这些媒体资源。鉴于其巨大的影响力，Facebook 等所谓的"社交网络"在影响有关当前社会话题（如移民、共存）的公众和政治话语方面发挥着决定性作用。特别地，"难民潮"和"移民危机"等不断被重复的语言和陈词滥调具有很强的影响力及有效性。它们渗入了日常生活和政治的各种讨论中，达到了一种不言而喻的、可被随意使用的程度。传统的老牌主流媒体会对移民、难民外逃和"融合"现象进行报道，报道方式通常带有反思性，并配有视觉图像。在此过程中，它们很少或从不允许移民自己"发声"，即通过书面或口头的方式讲述自己的经历和观点。一本名为《海狸》（biber）的杂志走出了一条不同的道路。该杂志在维也纳印刷并发行纸质版，同时提供开放获取的网络版本（for more details，see Ratkovic，2018）。杂志的投稿作者和读者均具有多元性。尽管如此，《海狸》的作者和读者是相似的。这是因为两个群体都塑造并体验着日常生活的多重性——这种多重性很大程度上是由他们自己或家庭的移民经历决定的。《海狸》以"猛料"（mit scharf）为口号吸引读者，特别针对年轻的维也纳二、三代移民。这个目标读者群体，同时也可能是《海狸》的撰稿人，反之亦然。对他们的描述是"年轻、时尚、移民"（see https：//www.dasbiber.at/%C3%BCber-uns）。而杂志作者则自称为"一群来自土耳其、波斯尼亚、塞尔维亚、克罗地亚、库尔德、巴西、卡林提亚、上奥地利、斯洛文尼亚等地的年轻的、雄心勃勃的记者［……］"，专注于提供"……真实的报道"（ibid.）。在文章中，他们努力通过优质的研究——利用象征和幽默、语言挑衅、轻松的笔触和敏锐的洞察力——探讨最新的爆炸性话题，并尽可能贴近二、三代移民的生活世界和生活现实。该杂志支持一种远离传统或"资产阶级"、中产阶级媒体的新闻定位，或者说是通过对相关话题的报道与那些媒体划清界限。在杂志最近发表的一篇文章中，作者特别探讨了千禧一代会如何行事的问题，得出的结论是，她（作者本人）和她这一代人是"毫不遮掩的俗人"。杂志曾刊发了一篇关于男性三代移民的报道，配图是一张讽刺漫画，搭配的文字是一个"年过三十，土耳其裔，单身汉"（das biber，April 2015a，p. 30），文中主人公对家庭包办婚姻的做法进行了冷嘲热讽。喜剧演员 Serdar Somuncu 在接受《海狸》采访时针对一个问题进行了详细解答，即为什么仅用示威来回应右翼暴力和种族主义已经不够了。而在他的舞台节目中，他大声朗读希特勒《我的奋斗》中的文字。对此，他解释道：

> 我想提供另一种答案，并开始研究《我的奋斗》中关于奋斗的部分。我想了解右翼激进思想是如何产生的，以及隐藏在普通人当中的对这种意识形态的敏感性。［……］德国和奥地利青年渴望了解这方面内容，对这个话题很感兴趣。当我大声读给他们听时，他们明白这本书就是一本精神糟粕。

他还指出，媒体往往乐于误解他的行为，他"受到敌视和审查，因为作为一个土耳其人，我引用了阿道夫·希特勒的话"（das biber，April 2015b，p. 65）。《海狸》这样的杂志非常适合维也纳这种城市，因为如果没有移民运动和移民及其后代的种种凄惨经历，也就不会有维也纳这座国际都市和《海狸》这本杂志。（当代）维也纳是《海狸》记者们的生活中心之一，他们与当地有着复合人生故事的人们联系紧密，这就是大多数报道和文章以此地为背景的原因。

3.2 喜剧越界者

根据个人主页上的介绍，Omar Sarsam 的身份包括"真正的维也纳人"、喜剧演员、儿科外科医生、喜剧节目《喜剧跨界者》(Comedy Grenzgänger) 主持人。Sarsam 的人生经历具有典型的移民后代特征：他出生在维也纳，父母是伊拉克人，受过良好教育，会说多种语言，对方言有亲近感，经常往返于不同城市和国家之间。在一次采访中，他表示尽管人们说着不同的语言，但他们之间还是有许多共同点的："比如便秘。这是一个全球性的问题，它也以某种方式将人们联系在一起。"(https: //www.tt.com/kultur/buehne/15572388/chirurg-und-kabarettist-omar-sarsam-bloedelei-ist-mir-heilig) 因此，Sarsam 现在定期邀请有移民背景的德语喜剧演员出现在电视上和舞台上，他们表演时有一句口号"外国人上台！"(https: //www.puls4.com/Comedy-Grenzgaenger)。就像节目的名字所暗示的那样，来客串表演的年轻喜剧们不允许自己被社会边界和关于幽默与讽刺的陈腐观念限制。他们既消解界限，又创造似是而非的界限，尤其喜欢消除边界和惯例。为此，他们重新解释日常生活中的现象、问题和纠纷。这种电视节目形式于 2019 年在奥地利推出，目的是让身为三代移民的喜剧演员获得发言权：既能发声、讲故事，也可以控诉和挖苦，目的是让观众感到躁动。在德国，移民后代借助戏剧或喜剧进行自我表达的形式早已出现，但在奥地利媒体界，这种形式相对较新。主要是因为到目前为止，数量有限的所谓"本土"艺术家们仍然在电视和舞台节目中占主导地位。然而，艺术和媒体界的新老交替，以及表演主题和表达形式上的创新也是人们喜闻乐见的。例如，《喜剧跨界者》的出现就表明，年轻的喜剧演员们能讲出很多东西。而为高端的、票价更高的戏剧表演、歌舞节目和讽刺剧买单的恰恰是那些具有"中产"生活习惯的人。通常来说，喜剧节目更经济实惠，而且往往更倾向于邀请来自各种不同背景的表演者。因此，将喜剧确定为一种"适合所有人"的艺术形式，而不仅仅局限于特定的环境和熟悉的话题，也是《喜剧跨界者》的目标之一，因为艺术最终的受众应该是每个人。除其他功能外，喜剧还需要回顾先前关于谁应该或被允许参加某些娱乐表演和休闲活动的（自我）认识，并重新诠释它们。关键是要向喜剧演员们强调"除了写几个种族相关的段子外，他们还要做得更多"（see ibid.），因为他们是从自己的日常生活中挖掘素材的。他们谈论的东西有时是平庸的，有时是不可理解的。他们谈论自己的主观经历，谈论有趣或尴尬的事情，也谈论歧视和种族主义。但在此过程中，他们不能仅仅局限于出身或（家庭）移民经历。他们要审视自己的人生经历和故事，通过反霸权视角进行呈现，并以幽默的方式进行雄辩的分析。《喜剧跨界者》的表演者们自行决定称呼自己的方式，以及"陌生人"的称呼和描述应该在节目中发挥怎样的作用。总体上，观众们似乎获得了快乐，但也常常感到困惑。

节目演完后，演员一般会和观众道别。被表演触动若有所思的观众，有时会发出喝彩声。

3.3 说唱组合EsRap

对于"正常"的定义，存在既定的看法以及过时的话语和观念，而通过音乐对其进行批判则提供了另一种接触青年受众的可能性。Esra和Enes是姐弟说唱二人组的两名成员，他们将说唱作为一种政治和解放的表达方式，立场是反对已经过时的欺骗性话语——那些努力将具有移民经历的人描述为社会边缘人、而非一分子的旧时代叙事。通过有力的歌词，EsRap倡导一个将移民视为日常和正常现象的社会。Esra和Enes

是土耳其"外籍劳工"的孙辈，是生活在维也纳的三代移民。在歌词中，他们阐明了日常生活中面临的种种偏见。他们的策略是突出这些偏见和负面经历，并在说唱中大声反对它们。他们不会创作陈词滥调的黑帮说唱，而是重新阐释关于女性和男性社会定位的父权观念。时至今日仍主要由男性声音主导的说唱音乐，除对性别和角色分配的特定刻板印象外，还喜欢在歌词中使用脏话和侮辱性词汇。相比之下，EsRap 将表达的重点放在姐弟二人的人生故事和轶事上，"灵感来自活跃的奥地利嘻哈音乐圈［……］以及维也纳土耳其移民身上的那份自信［……］"（https：//www.esrapduo.net/about-us）。EsRap 结合了 Enes 悠扬的（土耳其语）歌声和姐姐 Esra 雷鸣般有力的德语说唱。他们的音乐散发着跨国、本土和全球（音乐）元素。

  说唱音乐是 20 世纪 70 年代在纽约市布朗克斯兴起的嘻哈文化的一部分（Seeliger，2018，http：//www.bpb.de/apuz/265102/rap-und-gegenidentitaeten-in-der-migrationsgesellschaft）。当时的青年和今天的 EsRap 成员一样，认为重要的是要表达"……他们被边缘化的经历以及对社会主流的反抗［……］"（ibid.）。即使基准参考价值观发生了变化，EsRap 对于这些"边缘体验"还是了解的。例如，Esra 正在攻读博士学位，姐弟两人早已在各自的领域（比如说唱亚文化）站稳了脚跟。然而，二人的社会出身和他们祖父母的地理出身还是"有问题的"。他们为自己辩护，并颠覆性地运用各类陈词滥调来抨击这种行为。此外，他们使用传统上被视为侮辱的概念并加以改造，因此"Tschusch"——这个最初用来指代少数民族的贬义词——就变成了他们的自我描述和自称方式。自称"Tschusch"并以此剥夺对手的解释特权，可以被解读为一种后移民和反霸权策略。从一个具有侮辱性的词汇中发掘新的意义，即将最初那令人窘迫的东西挪用，将原本的污蔑与中伤转化为某种程度上的自称，并借此建立自信感。因此，EsRap 采用了"Tschusch"概念，为此还专门虚构了一个名为"Tschuschistan"国家，并称其国民为"Tschuschen"：

> 欢迎来到 Tschuchistan，一个沙漠中的国家，一个梦幻之地。那些在各自国家是 Tschusch 的人们都住在那里。作为一名 Tschusch 的经历是他们聚在一起的基础。他们讲述过去生活的故事、被歧视的经历以及那个社会环境不允许他们对未来拥有梦想的时代。在所有这些对未来的共同梦想和老人们分享的故事中，Tschuschistan 诞生了。
>
> （http://clubhavera.weebly.com/musik-video--esrap-tschuschistan.html）

在这种语境下，Tschuchistan 是一个"相遇的地方"，在这里与移民社会有关的问题被当作主题来讨论。它也是一个空间，"……在这里，种族主义、征服和剥削只是云记忆档案库中保存的故事，不断被讲述是为了给后代提供警示"（ibid.）。因此，通过 Tschuschistan，EsRap 对二人反复经历的使他们从共同的"我们"中被排斥、驱逐和迁移的机制做出回应。但这首歌也表达了一种希望，一种源于（消极）经历的代际转移和传承的希望。年轻一代可以从长辈的叙述中获益，并借此塑造和规范未来移民社会中的共同生活，比如以更加包容的方式接受一种现实，即资源具有多样性，每个人都有能力做出贡献。通过这种方式，年轻一代在集体共存方面被赋予了高度的效能感和影响力。

3.4 非成人：受监护者

参与公民社会的一个引人注目的例子是"非成人"（"受监护者"）组织（die Unmündigen）。这是一家总部位于曼海姆的自治非政府组织，自1992年以来其成员一直活跃于各个地区，并在多个层面上为移民及其家庭争取正当权益（官网：http：//www.die-unmuendig en.de/）。在非传统理念的指引下，他们在社会领域和公民社会中开展活动，事业不断取得进步，在社会系统化发展、解释权和决策领域获得了影响力。通常，法律意义上的"未成年人""非成年人"（unmündig），指的是在人口中不占多数的不成熟群体，处于康德（Kant）所谓的成年（Mündigkeit）以下的状态，没有话语权（也就不具备相应的思考力）。这个人口类别由那些因年龄或精神疾病而被视为无法成年的个体组成。康德将未成年（Unmündigkeit）定义为一种"需要监护的状态"，强调"启蒙乃是人从其自我导致的不成熟状态中解脱出来。监护意味着人无法在不接受他人引导的情况下独立运用自己的理解能力。而自我引导发生的原因不在于缺乏理性，而在于没有他人指导时缺乏决心和勇气"（Kant，1785[1963]，p. 1）。康德将"启蒙"定义为走出"少数"或"不成熟"的状态。这些与年龄（18岁或21岁以下）或心智挂钩的常见分类方式不适用于由二、三代移民组成的非成年人。尽管如此，他们认为，由于移民经历，自己在许多情况下被剥夺了充分的公民权利。通过"用艺术反对种族主义"等行动，以及大声介入相关讨论和话语，该群体成员通过公开方式有效地表达了自己抗争的意愿。

> 我们既不是"客人"也不是"陌生人"，更不是"外国人"："客人"不会停留半个世纪，"陌生人"不是你每天都会遇到的人，"外国人"住在国外。这种表述掩饰一个事实，即虽然我们是这个国家的公民，但我们却被人为限定在政治"不成熟"的地位上，这无法令人满意。
>
> （http：//www.die-unmuendigen.de/die-unmuendigen/selbstda/wir_text/wir text.html）

所以，年轻人才会反抗政策、政治和主流社会对其施加的矮化与限制。第一，他们采取了针对性的挑衅措施；第二，他们阐述了反霸权观点（Cindark，2004，p. 305）；第三，他们采取行动颠覆了"正常"的观念和（非）归属问题；第四，他们强调自己有能力采取行动，反抗则被定性为受害者（Cindark，ibid.）。未成年人非但不想讲述身为受害者的故事，反而日复一日地书写关于抵抗的故事，为将自己边缘化的（移民）社会树立了一面明镜。因此，对于他人施加的隐性歧视和对社会参与的百般阻挠，移民后代试图表达愤怒。这种不满源自一个基本问题，即对于一群拥有相似边缘化经历但却面临各自生活现实的年轻人来说，什么样的称呼才是合适的。在这一点上，他们认为："客工、外籍劳工、外国人、外来本国公民、移民、非德国人，以及介于几种称呼之间的叫法，如土耳其佬（Kanaks）（土耳其人的贬义词）、大蒜饕餮（Knobi Fresser）和许多其他称呼都是不恰当的"（ibid.）。这就是为什么他们更倾向于——在政治、政治家和社会也承认他们为真正的成年人，并给予其相应的待遇之前——使用"非成人"（Unmündige）来称呼那些处在被引导、被监护（Vormundschaf）、被强贴上社会阅历"不成熟"标签阶段的人。

非成人的一个重要行动策略是既不回应融合和让步方面的提议，也不支持将所谓的"好"移民和"坏"移民区分开来的做法。例如，在一次公共小组讨论中，面对这样的问题，一位发言者语出惊人，表示"你们（指提问者）这些人才是危险分子"（Cindark，2004，p. 304），从而扭转了一种逻辑：移民是对社会凝聚力和共同生活的一种危害。这种表达和论证对所有居民及社会参与者给予了平等的责任与义务，"种族主义是独立于移民行为和社会融合程度存在的，是威胁多数人和少数人间和睦共存的最大问题——这也是要与种族主义斗争到底的原因"（Cindark，2004，p. 305）。

为了引起人们的反思并实现范式转变，他们采取积极行动，比如举办名为"昨天——外籍劳工50年"的活动，并指出劳工移民及其家人并不是初来乍到，而是已经在此生活工作很久了。展览举办地不是在传统博物馆，而是在各种移民协会，目的是直接面向潜在受众和移民本人。更深层次的目的在于保证当代目击者和亲历者能够亲自进行讲述与解读，从而避免博物馆环境对劳工移民故事和经历的客观物化。此外，还有一项一年一度的活动，名为"德国同胞节"（Festival of the German Fellow Citizen）。这一节日被认为是对众多跨文化节日活动的一种反击。在这些活动中，"希腊人""土耳其人"和"意大利人"被"德国人"赞美并亲切地称为"好邻居"。而通过将注意力转移到"德国同胞"上，非成人希望以一种讽刺的方式指出德国邻居们采取的片面化融合和隔离化（ghettoization）措施。由于在跨文化节日中，食物的作用很重要，非成人也在自己举办的活动中提供各种"美食"，比如德国泡菜配皮塔饼和枣树啤酒（date tree beer）。

除像"德国同胞节"这样的大型活动外，他们还通过参加小组讨论和小规模公开露面，提出有力的论点，制作辛辣的讽刺漫画，努力唤醒民众。通过倡导自觉自主和自我解放，他们对二元概念进行了成功的批判，并呼吁那些认为这些现象不会影响自己的人关注与移民、种族主义和歧视相关的地方以及全国性话题及问题。

> 我们既不会因为强加在我们身上的身份而卑微地舔舐伤口，也不会在民族融合节日上像猴子一样跳舞。我们不参与起源政治。我们生活的中心在哪里，哪里就是我们的祖国——而现在德国就是我们的祖国。作为生活在自己国家的"外国人"，我们希望对"德国人"的概念进行修正："德国人"不仅仅包括"德意志民族"的后代。在这里出生和/或在这里生活了数年或数十年的人也是"德国人"，即"政治上的德国人"。
>
> （http://www.die-unmuendigen.de/die-unmuendigen/ selbstda/wir_text/wir text.html）

3.5 Secondos 与 Secondas

在与意大利和西班牙签订双边招聘协议的过程中，瑞士奉行的一种理念可能是称呼"外籍劳工"子女的最佳方式。最初，他们只是将意大利语中的"Secondi"（二代）一词用作称呼。然后，基于西班牙语对"外籍劳工"及其家庭成员的叫法，最终采用了西班牙语的复数形式"Secondos"作为称呼方式。Secondos 最初是一个相对中立的集体概念，但无论如何都没有对来自极度多样化复杂背景的移民进行反思性分析的内涵。因此，该词主要用于称呼在瑞士出生的移民二代；后来，它的指代范围拓展了。触发因素就是 2002 年 5 月 1 日爆发的抗议活动。根据媒体和警方的说法，"年轻移民"在抗议活动中横冲直撞。如今，Secondos 被更具体地用来称呼移民二代青年。同时，这个概念被重新塑造为一种否定的称呼方式和负面归因，并因此成为（负面）集体语言使用的一部分。今天，该术语的内涵仍然在很大程度上是负面的，使用者通常认定民族融合彻底失败或者仅仅取得了部分成功（see Fibbi et al., 2015）。移民二、三代青年正在努力应对这种联想和描述，称自己是 Secondos（女性自称为 Secondas，Secondos 的阴性形式）。这些形式的自我称呼体现了自信和拒绝墨守成规，因为它们与任何他人给予的外部归因均背道而驰。但是，这种自称方式同时也是高度政治性的，因为它们揭露了这样的一个事实：在被阻止参与政治进程的同时，移民后代也在努力追求政治化和主体化。瑞士民法规定了哪些人可以参加政治选举，而具有选举资格可以等同于拥有瑞士公民身份。瑞士血统法（juss blocii）从生物学角度对公民权进行了规定。父母或单亲为瑞士公民的，子女"继承"瑞士公民身份。相比之下，其他（大部分在该国出生的）不满足上述条件的儿童则没有获得公民身份。因此，根据法律规定，Secondos 和 Secondas 被排除在具体的政治参与及行动空间之外。这推动了年轻人的去政治化进程，并没有兑现给予年轻人"发言权"的主张（即在社会各个层面参与集体决策）。Secondos 和 Secondas 是自我选择的结果，不是社会学或学术上的称呼。通过这种自称方式，年轻人强调，他们在当地生活、工作、学习，并希望以各种方式参与社会，同时积极争取更多权利（如投票权）。所谓年轻人（这样做）会"两头落空"的说法是荒谬和过时的。相反，移民后代在公民社会发起的项目，如苏黎世的跨党派工作圈"Secondas"或巴塞尔的"Secondas 咖啡馆"，表明他们正在地方、地区和国家层面上积极为自身权利、利益与价值观而奋斗，并就促进社群和多样性社会繁荣发展提出自己的看法。

> 护照的颜色对我们来说没有任何意义——所有人都可以成为我们组织的成员和/或与我们积极合作。不同出身、不同职业、不同年龄的人们正在与我们合作——正是这种多样性确保了有趣的讨论和可持续的解决方案。（https: //secondas-zh.ch/uber-uns/）

4. 总结：颠覆性的抵抗

将视角调转，就可以看清年轻人如何在权力关系不对等的情况下，通过制定生活和政治战略，实现自我的社会定位（Yildiz，2010）。这些例子表明，移民后代（并非移民）通过讲述自己的故事，将来自不同和矛盾世界的元素杂糅，从而形成混合的传记和文化取向。他们的生活现实似乎呈现如下特点：他们的生活跨越不同世界，他们不断地与社会框架和现状对抗，他们要求社会承认自己的生活方式。正如本文例子所示，他们在不同的空间游弋，而串起这些空间的一边是全球再定向，另一边是本土生活中遭受的歧视状况。以此为基础，他们为个人生活和抵抗式的自我定位进行了不同的混合设计。在这方面，这些新的取向和自我定位构成了一种跨文化实践，表明了本土的开放。因此，类似本文描述的那些社会实践，从（反）霸权的角度来看，似乎包含了分裂和缺陷的元素，可以展现出创造性和抵抗潜质，并体现生活设计的特点和基于团结的个人态度。值得一提的是，他们创造性采用讽刺的方式，将外界赋予他们的负面特征重新阐释为一种颠覆性的政治战略，以及由此产生的态度，生动地说明了在与霸权现状和霸权关系动态抗争的过程中，他们采取了新的生活世界定位。同样显而易见的是，移民后代在各自的具体生活环境中有能力培养自己的生存和颠覆性团结态度。这样，他们就在生活世界中创造了属于自己的空间，借此规避了民族国家归属下的条条框框和种种限制。柏林作家Feridun Zaimoglu明确表达了这一点：

> 至今仍然存在这样一种虚幻的观念，即面对两种文化区块，个体要么择其一而归属，要么在二者之间备受消磨……我从未觉得自己是一个往来于两种文化之间的人，也没有经历过认同危机。因为我知道在德国不是仅有一种现实，而是有很多种现实。（Zaimoglu 2000，p. 46）

抽象政治和社会学概念（比如"融合"），阻碍了人们对此类新情况、新故事、新文化和政治实践的正确认识与理解。关于融合的迷思观念很少提及移民后代是如何应对全球化的日常生活，如何直面和应对生活现状，并从此类遭遇中发展出生活设计和抵抗态度的。这类僵化的概念无法告诉我们年轻人日常生活涉及的生活建构、自我定位过程、焦虑、希望、期望及其表现形式。

一般来说，移民后代的定位实践和抵抗态度相关论述，与Karl

Mannheim 提出的"代际理论"有相似之处。Mannheim 在 1928 年的一篇著名文章中将世代概念化为一个社会范畴，这意味着生活在可比社会条件和特定历史背景下的同龄人群可以依靠共同的经验，并在此基础上发展出一种共同的相互理解（Mannheim，1928 [1952]）。正如上文中例子充分表明的那样，移民二、三代正在努力形成一种共同意识和政治理解，以对抗歧视性结构和负面归因，并通过不同的政治和（某种程度上的）颠覆性行动对此进行实践。

我们认为，反对社会权力关系和社会不公，对于和谐共生和社会民主化具有重要意义（Gilroy，2004；Back and Sinha，2016；Yildiz and Ohnmacht，2020）。

（注：原文中德语内容由 William Templer 翻译成英文。）

参考文献

Albrow，M.（1997）. Auf Reisen jenseits der Heimat. Soziale Landschaften in einer globalen Stadt. In U. Beck（Ed.），*Kinder der Freiheit*（pp. 288-314）. Frankfurt a.M.：Suhrkamp.

Ammann，B.，& Kirndörfer，E.（2018）. *Jugendliche im Kontext von Migration und Postmigration. Zwischen Heimatgefühl und Alltagsdiskriminierung*. Weinheim and Basel：BeltzJuventa.

Back，L.，& Sinha，S.（2016）. Multikulturelles Zusammenleen in den Ruinen des Rassismus. *Das Argument*，*318/2017*，Zeitschrift für Philosophie und Sozialwissenschaften（pp. 522-533）.

Bauman，Z.（1998）. *Globalization：The Human Consequences*. New York：Colombia University Press.

Beck，U.（2017）. *Die Metamorphosen der Welt*. Berlin：Suhrkamp.

Beck，U.（2003）. Verwurzelter Kosmopolitismus：Entwicklung eines Konzeptes aus rivalisierenden Begriffsoptionen. In U. Beck，N. Sznaider，& R. Winter（Eds.），*Globales Amerika? Die kulturellen Folgen der Globalisierung*（pp. 25-43）. Bielefeld：Transcript.

Brand，U.（2005）. *Gegen-Hegemonien. Perspektiven globalisierungskritischer Strategien*. Hamburg：VSA-Verlag.

Caglar，A.（2016）. Still，migrants' after all those years：Foundational mobilities，temporal frames and emplacement of migrants. *Journal of Ethnic and Migration Studies*，*42*（6），952-969. https：// doi.org/101080/136918 3X.2015.1126085.

Cindark，I.（2004）.,, Die Unmündigen" Eine soziolinguistische Fallstudie der emanzipatorischen Migranten. *Deutsche Sprache*，32（4），299-326.

Das biber.（2015a，April）. 30，türkisch，Junggeselle. *das biber -mit scharf. Das Magazin für neue Österreicher*.

Das biber.（2015b，April）. Comedian Serdar Somuncu. Potenzielle Nazis sind wir alle! *das biber-mit scharf. Das Magazin für neue Österreicher*.

Fibbi，R.，Wanner，P.，Topgül，C.，& Ugrina，D.（Eds.）.（2015）. *The new second generation in Switzerland. Youth of Turkish and former Yugoslav descent in Zürich and Basel*. Amsterdam：Amsterdam University Press.

Foroutan，N.（2019）. *Die postmigrantische Gesellschaft. Ein Versprechen der pluralen Demokratie*. Bielefeld：Transcript.

Foroutan，N.，Karakayali，J.，& Spielhaus，R.（Eds.）.（2018）. *Postmigrantische Perspektiven. Ordnungssysteme，Repräsentationen，Kritik*.

Frankfurt a.M. and New York: Campus Verlag.

Gilroy, P. (2004). *After empire: Melancholia or convivial culture?* Abingdon, Oxfordshire: Routledge.

Gramsci, A. (2012). *Gefängnishefte. Kritische Gesamtausgabe Bd. 1-10.* Hamburg: Argument Verlag.

Hill, M., & Yildiz, E. (Eds.). (2018). *Postmigrantische Visionen. Erfahrungen -Ideen -Reflexionen.* Bielefeld: Transcript.

Kant, I. (1785[1963]). An answer to the question: What is enlightenment? Trans. Lewis White Beck. In idem, *Immanuel Kant: On history.* Indianapolis: Bobbs-Merrill. https: //en.wikisource. org/wiki/What_ is_Enlightenment%3F. Accessed 16 September 2019.

Kaschuba, W. (2001). Geschichtspolitik und Identitätspolitik. Nationale und ethnische Diskurse im Vergleich. In B. Binder, W. Kaschuba, & P. Niedermüller (Eds.), *Inszenierungen des Nationalen. Geschichte, Kultur und die Politik der Identitäten am Ende des 20. Jahrhunderts* (pp. 19-42). Cologne: Böhlau.

Mannheim, K. (1928[1952]). The problem of generations. In P. Kecskemeti (Ed.), *Karl Mannheim: Essays* (pp. 276-322). New York: Routledge. http: //marcuse.faculty.history.ucsb.edu/classes/201/ articles/27MannheimGenerations.pdf. Accessed 16 September 2019.

Maurizio, B. (2018). *Wurzeln. Die trügerischen Mythen der Identität.* München: Kunstmann Verlag.

Mignolo, W. D. (2019). *Epistemischer Ungehorsam. Rhetorik der Moderne, Logik der Kolonialität und Grammatik der Dekolonialität.* Wien: Turia+Kant.

Pries, L. (2007). *Die Transnationalisierung der sozialen Welt. Soziale*

Räume jenseits von Nationalgesellschaften. Frankfurt a.M.：Suhrkamp.

Ratkovic′，V. (2018). *Postmigrantische Medien. Die Magazine,,
Biber" und,,Migazine" zwischen Anpassung，Kritik und Transformation.*
Bielefeld：Transcript.

Ritter，C. (2018). *Postmigrantische Balkanbilder.* Ästhetische *Praxis
und digitale Kommunikation im jugendkulturellen Alltag.* Zürich：Cronos
Verlag.

Robertson，R. (1992). *Globalization*：*Social theory and global culture.*
London，Thousand Oaks，and New Delhi：Sage.

Römhild，R. (2009). Aus der Perspektive der Migration. Die
Kosmopolitisierung Europas. In S. Hess，J. Binder & J. Moser (Eds.)，
Kulturwissenschaftliche Beiträge zur Integrationsdebatte in Europa (pp. 225-
239). Bielefeld：Transcript.

Römhild，R. (2015). Jenseits ethnischer Grenzen. Für eine
postmigrantische Kultur-und Gesellschaftsforschung. In E. Yildiz & M. Hill
(Eds.)，*Nach der Migration. Postmigrantische Perspektive jenseits der
Parallelgesellschaft* (pp. 37-48). Bielefeld：Transcript.

Said，E. (1994). *Kultur und Imperialismus. Einbildungskraft und
Politik im Zeitalter der Macht.* Frankfurt a.M.：Fischer.

Sassen，S. (2008). *Das Paradox des Nationalen.* Frankfurt a.M.：
Suhrkamp.

Schrader，A.，Nikles，B. W.，& Griese，H. M. (1979). *Die Zweite
Generation. Sozialisation und Akkulturation ausländischer Kinder in der
Bundesrepublik.* Königstein/Ts.：Athenäum Verlag.

Schramm，M.，Moslund，S. P.，& Ring Petersen，A. (Eds.).
(2019). *Reframing*：*Migration，diversity and the arts*：*The postmigrant*

condition. London: Routledge.

Seeliger, M. (2018). Rap und Gegenidentitäten in der Migrationsgesellschaft. *Aus Politik und Zeit-geschichte* (APUZ 09/2018). Cited from: http://www.bpb.de/apuz/265102/rap-und-gegenidentit aeten-in-der-migrationsgesellschaft. Accessed 21 August 2019.

Sezgin, H. (2011). Deutschland schafft mich ab. In H. Sezgin (Ed.), *Deutschland erfindet sich neu. Manifest der Vielen* (pp. 45-52). Berlin: Blumenbar Verlag.

Thiemann, J. (2019). *(Post-) migrantische Flanerie. Transareale Kartierung in Berlin-Romanen der Jahrtausendwende.* Würzburg: Könighausen & Neumann.

Tomlinson, J. (2002). Internationalismus, Globalisierung und kultureller Imperialismus. In Andreas Hepp & Martin Löffelholz (Eds.), *Grundlagentexte zur transkulturellen Kommunikation* (pp. 140-163). Konstanz: UVK Verlagsgesellschaft.

Topçu, Ö., Bota, A., & Pham, K. (2014). *Wir neuen Deutschen. Wer wir sind, was wir wollen.* Reibek bei Hamburg: Rowohlt.

Yildiz, E. (2010). Die Uffnung der Orte zur Welt und postmigrantische Lebensentwürfe. In *Sozialwissenschaftliche Rundschau, 50* (3), 318-339.

Yildiz, E. (2018). Vom Methodologischen Nationalismus zu postmigrantischen Visionen. In M. Hill & E. Yildiz (Eds.), *Postmigrantische Visionen. Erfahrungen -Ideen -Reflexionen* (pp. 43-61). Bielefeld: Transcript.

Yildiz, O., & Ohnmacht, F. (2020). Rassismus in der postmi-grantischen Gesellschaft: Von der Hege-monie zur Kultur der Konvivialität. In *Migration und Soziale Arbeit, postmigrantisch-hybrid-postkolonial,* 2/2020 （pp. 153-160）．

Zaimoglu，F.（2000）．Kanak-Attack ist vielleicht deutscher，als manche es wahrhaben wollen. Interview-Ausschnitte. In H. der Kulturen der Welt（Eds.），*Interview-Ausschnitte*（pp. 46-47）．Berlin.

维也纳青年与文化间性：
跨文化背景下的游戏干预——两个项目案例

Gerit Götzenbrucker，Vera Schwarz，Fares Kayali

1. 引言

　　数字化生活和数字化学习已变得无处不在，对全世界青少年和青年公民生活的方方面面产生了影响（Miller et al.，2016）。尽管青年学生和学徒对国家组织的教学与学习基础设施——主要为非数字化环境——的依赖非常明显，但他们也越来越多地将闲暇时间花在社交媒体、计算机和在线游戏等数字环境中的活动上。我们试图通过两个研究项目解决上述矛盾，揭示移民和非移民背景下维也纳青年不同的数字实践、期望和愿望。我们关注的重点是游戏过程中的社交学习，即通过项目学习进行游戏创造，并将互联网作为青少年社交和私人活动的游乐场。近几十年来，随着移民和难民的迁入，维也纳当地的社会环境发生了变化，引发了社会参与、文化适应（acculturation）和社会融合等方面的挑战和问题。在这种情况下，传统意义上的学校系统、青年中心和社会工作者必须管理多种期望和需求。在技术评估的前提下（即调节社会和学校学习过程中的不平衡情况），我们的项目旨在对上述融合过程进行应对与干预。

　　我们研究关注的重点包括一种创新的研究方法，学习和游戏的社会维度，社交互动，以及将游戏专门技能转化为相关知识和对技术发展及其对社会影响的批判性思考的尝试。案例研究还会邀请读者和学者共同探讨青年文化中的本土实践、文化素养和全球化条件下的胜任力。

2. 如何通过（在线）游戏媒介实现跨文化学习、社会融合和社会参与

2.1 项目案例1："严肃节拍"

2011—2013年，一项名为《严肃节拍：维也纳移民青年的互联网使用情况和交友结构：社交网络和在线社交游戏中的多样性问题（2012—2013）》的干预性研究（http: //igw.tuwien.ac.at/seriousbeats/）关注了奥地利维也纳具有和不具有移民背景的青少年（来自工薪阶层家庭的第一代和第二代移民青年）的在线游戏习惯。基本上，该项目侧重于青少年在社交媒体使用、社交活动（线下和线上）、个人习惯以及与性别、年龄和种族背景有关的社交网络等方面的异同，目的是解答与青少年社交态度和交友文化有关的问题。由于交友和协作一直是全球发行的各类电子游戏的核心主题，与此类传统有关的特定观念也已经深入人心。因此，我们与具有不同文化背景的维也纳年轻人合作，共同开发了一款名为《到你了！这是款电子游戏》（*YourTurn! The Video-Game*）的虚拟游乐场，通过在维也纳不同地区的青少年之间建立联系的方式支持非传统的社会融合过程，并扩大和多样化青少年的社交网络。核心研究问题是："一款具有积极影响的在线游戏能否促使维也纳青少年反思其对文化多样性的理解，从而突破在线社交游戏中的文化/种族界限？"

该研究项目采用了多种科学方法，涉及媒体和传播研究、游戏研究

和游戏设计、政治学和计算机科学等领域。其中，行动研究和三角剖分法由定性深度媒体访谈、自我中心网络分析以及定量视频结构分析和游戏玩法参数组成。简言之，游戏干预对青少年社交网络的规模和同质性显示了积极影响。

2.2 项目案例2：《闪光游戏》

近年来，技术进步的传播速度加快，催生了新的社会关系紧张领域，对全球青年及其日常生活具有重要意义。用户在版权和知识产权、隐私和监控、社交媒体和大数据等方面的脆弱性问题在短时间内已从边缘问题发展成为社会政治讨论的中心问题。因此，对课堂教授内容适当性的考虑变得愈发重要。我们的研究主要以奥地利教育为背景，但对全球其他学校系统可能具有参考意义。

实施《闪光游戏》(*Sparkling Games*) 项目 (http：//igw.tuwien.ac.at/hci/projects/sparkling games) 的原因是奥地利学校的学术课程中没有充分涉及媒体教育、媒体素养和计算机科学等内容。在我们开展的这项教育研究和学校项目中，高中生们被要求使用数据库工具分析现有游戏 (Kayali et al.，2017) 并设计新游戏，目的是在课堂中对"信息学与社会"这一主题领域的内容和问题进行整合。我们与维也纳三所不同的学校合作，于2015年启动项目，由"闪光科学"资助计划提供资金，旨在促进学术研究向学校转移。

因此，我们的研究问题是："如何使用游戏式学习领域的概念来开发涉及信息学与社会这一主题的学习方法和学习材料？"

该项目旨在让参与的学生制作"信息学与社会"领域的主题教育游戏；在此过程中，我们试图充分考虑项目参与者的多样化性别认同和特定文化条件及需求。项目成果包括桌面游戏和电脑游戏，后来在维也纳举办的"游戏城"（Game City）贸易展上亮相。该项目还假设游戏设计过程本身是一次宝贵的学习经历。

3. 理论考虑

3.1（数字）游戏和项目式学习

对于《严肃游戏》（Abt，1970），不同学科的研究人员关注的重点是计算机游戏及其在教学领域的应用，例如媒体教育学（Franke，2009；Guyne，2007；Jenkins et al.，2003）、人机交互研究以及媒体和传播研究（Gee，2003，2007 and 2009；Prensky，2003 and 2005；Markovic' et al.，2007；Kayali et al.，2018，etc.）。

文中使用的几个术语，如"游戏式学习"（game-based learning，GBL）或"数字游戏式学习"（digital game-based learning，DGBL），以及上下文中提到的《严肃游戏》（*serious game*）（Pias，2009）或《教育游戏》（*educational games*），目前尚没有精确定义（Fromme et al.，2010）。

本文使用"严肃目的"游戏的研究方法，即游戏的目的在于获取知识或实现教育目的（Bevc and Zapf，2009）或进行交互式模拟（Smith，2005），将上述概念进行了联系和综合。对于教育游戏而言，其内容、结构和可玩性（gameplay）是为产生社会影响而设计的，但同时也必须含有游戏的关键特性（Meier and Seufert，2003）。

Klimmt（2009）从理论上探讨了严肃和学习类游戏的潜力。其他研究，比如De Freitas的《在沉浸式世界中学习：游戏式学习回顾》（2006），Mitgutsch和Alvarado的《有意为之的目的性？：一个严肃游戏设计的评估框架》（2012），Fromme等人的《数字游戏和游戏文化的教育潜力》（2009）不仅综述了课堂上使用的现有商业游戏，还介绍了专门为课堂教学设计的游戏。此外，手机游戏式学习的使用环境亦有学者关注（de Souza e Silva and Delacruz，2006；Petrovic and Brand，2009）。

游戏式学习可以通过内在动机和即时反馈培育数字素养、技能发展和认知增长，以及主动性和参与度。学习者尤其被鼓励发挥主观能动性，展示出更强的积极性。在学习环境和社会学习过程中嵌入"计算思维"（computational thinking）（Kayali，2019）有助于学习者的赋权和社会参与。课程的不足以及学生的逃避主义和不重视是我们遇到的限制条件（Schwarz et al.，2015；Kayali et al.，2018）。因此，尤其是对于青少年而言（Boyd，2014），以培养"批判性媒体素养"（Kellner and Share，2007，p. 3）为重点的媒体教育的目标应该是帮助学生分析和理解媒体表现的形态（这种表现是在全球范围内进行的）：因为"（现有的）课程仅倾向于教会学生如何去再现霸权主义表象，而很少意识到其背后的意识形态内涵或社会批判"（ibid.）。

此外，项目式学习（project-based learning，PBL）（Schmidt，1983；Connor et al.，2015；Herro et al.，2016；Oner et al.，2016）是一个理想的概念，可以促进对社会问题和技术驱动发展的理解，因为它可以提供更广阔的视野，而不是狭隘地关注成绩。项目式学习是一种教学方法，目的是让学习者能够独立地找到给定问题的解决方案。

STEAM教育指在传统的科学、技术、工程和数学（STEM）教育基础上，加入艺术和人文学科（arts and humanities，A）。闪光游戏项目就是将信息学与艺术创作方法相结合的典型例子。STEAM教育领域的大多数研究似乎都遵循与Dewey（1938）的"边做边学"理念密切相关的教育哲学，也与项目式学习有关。STEAM教育还包括主动学习（Christensen and Knezek，2015）、探究式学习（Spector，2015）和对知识理解的重视（Boy，2013）。STEAM教育的目标是教会青年可以直接迁移到STEM工作中去的生活技能，例如沟通和协作（Christensen and Knezek，2015）、推理技能（Spector，2015）、跨学科工作（Spector，2015；Henriksen，2014；Boy，2013；Connor et al.，2015；Oner et al.，2016）、创造性思维（Henriksen，2014）和整体方法（Spector，2015）。此外，艺术和人文学科的纳入旨在使STEM教育更容易为更广泛的年轻人所接受（Connor et al.，2015）。

3.2 文化适应和社会参与

两个研究项目都涉及青少年生活中的多样性研究和社会学习过程，目的是：

（a）通过玩游戏增强社会参与，支持多样性，扩大自我中心网络；

（b）通过开发游戏，在不同的环境中学习"信息学与社会"相关知识。

基于Berry（2001）的"文化适应概念"（acculturation concept），就个人所生活的社会而言，对自我的看法日益多样化的情况可以概括如下：在文化适应概念中，当人们能够采纳和接受社会主导文化或东道国文化的规范，同时保留自己的母国文化时，融合就发生了。融合的结果是二元文化/多元文化主义，而不是同化（放弃自己的少数族裔文化，转而接受社会主导文化或东道国文化规范）、分离（生活在"飞地"中，拒绝接受东道国文化）或边缘化（同时拒绝母国文化和占主导地位的东道国文化）。

融合过程中最重要的方面是建立种族间和阶级重叠的关系和理解（Götzenbrucker and Franz，2010）。有鉴于此，我们收集了社会关系、友谊观念和自我中心网络方面的相关信息，以对种族内和种族间关系进行分析。《到你了！》的可玩性以及《闪光游戏》项目开发过程产生的若干影响，会在后文中进行讨论。

此外，社会资本理论（e.g.，Hollstein，2007）和嗜同性理论（McPhearson et al.，2001）也与本文主题相关。上述理论将社会关系描述为一种可以提供更多安全性和社会嵌入性的资源，对社会参与和融合至关重要。社会资本可以通过使用社交媒体（如Facebook等社交网站）来进行扩充，因为社交媒体可以为弱社交提供支持；弱社交较少受到团结的约束，能够衍生出更多的群体外关系，并提供获取替代资源和理念的途径。因此，弱社交可能会减少社会排斥，这与强社交正好相反。Portes（1998，p. 15f.）将导致社会排斥的关系称为负面社会资本，因为其带来的社会控制是强大的、具有抑制性的。社交网络研究方法也适用于亚洲和非西方等其他文化背景（Chua and Wellman，2015）。

3.3 社会关系和交友文化

年轻人之间的友谊通常建立在性别同质化（和文化同质化）的结构中。例如，泰国和奥地利的跨文化研究表明，性别关系高度同质化，只有在信任和关系互惠方面，友谊的构成和社会关系的强度才存在细微差异（Götzenbrucker and Köhl，2014）。亲密的友谊（小圈子）和松散的熟人关系之间的对比充分说明了这一点。后者那种不那么热络的关系几乎完全是地理位置邻近的结果。此外，基于年龄和兴趣/爱好的同质化在我们研究的青少年群体中普遍存在。这显然与嗜同性理论（Lazars-feld and Merton，1954）有关，该理论指出，从社会人口统计学角度来看，相似的人往往更倾向于喜欢彼此。

虽然如此，这种关系缺陷可以通过计算机化（以计算机为媒介）的交流得到部分补偿，而借助互联网或在线游戏可以形成新的关系（see， among others，Ellison et al.，2007；Götzenbrucker，2001；Götzenbrucker and Köhl，2009；Haythornthwaite et al.，1997；Hemminger，2011；Utz，2001；Vogelgesang，2000；Wellman，2001）。

此外，在社交媒体和游戏的使用方面存在诸多性别差异（Sehidoglu，2009）。例如，以全球范围内可比的游戏玩家性别比例为例，美国娱乐软件协会数据显示，男性玩家和女性玩家之比为59∶4。青少年男性使用社交媒体平台主要是为了展示自我和认识女孩。例如，土耳其裔的青少年女性对个人数据态度更为谨慎，她们更喜欢发私信和手机短信，对Facebook等社交媒体持保留态度是因为担心隐私数据（包括照片、情感表达和关系）公开后会被家人及朋友发现。

因此，我们在游戏《到你了！》中注重匿名性，确保建立文化上重叠的联系。

4. 混合方法和研究挑战

为了设计干预方案，我们在两个研究项目中结合使用了社会科学和计算机科学（人机交互）的几种方法。为了了解维也纳青年的生活方式和期望，在第一个项目中，我们结合青年中心的参与式观察，进行了定性的深入媒体访谈。此外，我们还通过自我中心网络生成器工具收集了青少年在游戏干预前、后的各项数据，以测量干预对自我中心网络的影响。

在第二个项目中，我们使用了定量的前、后问卷，目的是更好地理解并测量信息学与社会方面知识的变化情况。为了提供持续性的学习体验，我们结合使用了支持学生掌握游戏设计能力的讲习班、项目集会和（公开）游戏演示。定性、定量和网络分析方法的结合保证了能够获得更深入的见解，并提供了仅使用单一方法无法获得的解释框架。

4.1 混合方法设计背景下的游戏干预

在《严肃节拍》项目中，我们首先概述了大量青少年、青年移民和二、三代移民的生活背景是物理世界与数字环境的混合体。在虚拟世界中，他们通常自发地设计身份和认同，没有任何特定目的。然而，通过数字活动，他们可能会获得媒体文化象征性资本（Vogelgesang，2000），并参与交流和社会关系（Kuhn，2009）（见图1）。

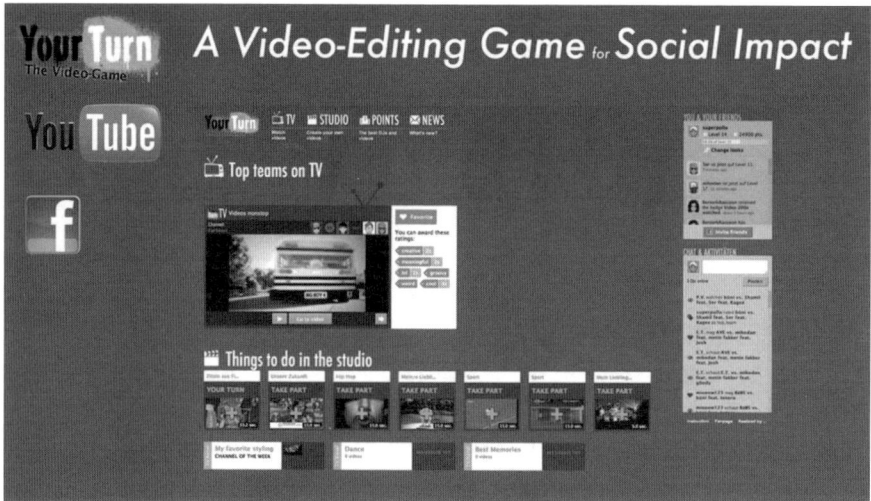

图1 《到你了！》在Facebook游戏区的主页画面

此外，对一次在青年中心举行的"玩家聚会"的参与性观察支持了我们的论点，即青少年可以将游戏化身（avatar）用作自我的虚拟代表，并在不受成年人社会控制的虚拟环境中尝试不同的认同。这增强了游戏过程的沉浸感，有助于在近乎匿名的领域内发展个性和认同。因此，游戏式学习，以及由游戏可玩性带来的自我提升和赋权在我们的《到你了！》项目中均有所涉及。

我们使用了由定性深入媒体访谈（导航网站收集的互联网内容和通过

笔记本电脑进行的访谈）、自我中心网络分析和定量视频结构分析（目的是了解不同的协作风格）以及可玩性指标构成的三角剖分法。我们的核心研究过程是运行一个行动研究环境，进行三个月的游戏干预。目标受众包括拥有或没有移民背景的维也纳工人阶级青年。我们试图寻找通过游戏干预维也纳青年真实生活的方法，并将其与他们的（社交）媒体行为直接联系起来。根据 Jane McGonigal（2011）关于游戏具有影响现实世界潜力的观点，我们还开发了一款能够将在线关系迁移到现实世界的游戏。

在游戏干预后，我们进行了两组半结构化的个人媒体访谈（第一组51人，第二组40人，分别由14~17岁和15~18岁的青少年组成，男女比例各50%）（见表1）。

表1　按分组、种族背景和性别划分的受访者

	土耳其裔	东南欧裔（及其他）	奥地利裔
第一组受访者	16（8女）	19（8女）	16（8女）
第二组受访者	14	16	10
玩家（12女）	8	12	7
顶级玩家（5女）	5	8	2

通过游戏进行研究的做法可以被视为行动研究。几乎一半的受访者玩过游戏，并被问及游戏体验。此外，我们还使用（直接和参与式）观察法收集（青年俱乐部和 Facebook 上的）现场信息。

通过测量青少年的自我中心网络，研究人员展示了随着时间的推移（尤其是在玩游戏之后），网络的变化情况。

4.2 以社会学习为目的的游戏设计方法

我们的《严肃游戏》项目还使用了前、后设计，通过在线调查测量

干预效果。三个班级的学生（项目参与者和对照组总计47人，n=47，对照组的班级类型和年级与实验参与者相同）被问及社交媒体使用情况、相关话题以及对信息学和社会的态度。在为各个班级举办的介绍性讲习班中，我们讨论了主题领域、信息学和社会方面的内容，目的是让学生对我们研究的主题有基本理解，此外，我们还向学生传授了一些关于游戏设计和学习游戏的基本知识。

接下来，学生们对几款商业游戏（模拟和数字）进行了试玩，并被要求对这些游戏的学习潜力打分，之后将分数输入我们专门为该项目开发的数据库中。

在此基础上，我们为每个班级举办了游戏设计讲习班，支持学生设计自己的游戏。首先，我们帮助他们设计（数字或桌面）游戏概念；其次，再支持他们对概念进行改进/完善。

在项目实施过程中，共组织了两次聚会，来自三所学校的约50名学生参加。第一次是海报展示，学生们介绍并分享了对游戏理念的看法。第二次在会议上（学年结束时），学生们对18个（11个桌面游戏和7个数字游戏）已完成游戏进行了试玩。最后，在一年一度的数字游戏贸易展"Game City（2016）"上，对精选游戏进行了公开展示。

4.3 挑战

吸纳维也纳青少年、教师和青年中心工作人员参与研究过程耗时较长，需要研究者具备敏感度和耐心。《闪光游戏》项目为学生和科学家之间的交流创造了机会。游戏设计方面的专业知识被传授给了学生，让他们从对游戏的反思和评估中受益匪浅。而且，研究人员也能够对教育游戏的设计获得有价值的见解。与传统的研究方法不同，这些见解并非仅通过对现有产品的评估产生，而是直接来自目标用户群体（的反馈）。

此外，还必须提到项目过程中遇到的体制性挑战。总体而言，奥地利的学校体系，尤其是课程设置方面，为个人主动性的发挥提供了很小的空间；在校学习与分数和通过集中毕业考试紧密相关。因此，学生基本上没有足够的时间来正确完成所有项目作业。未来在教学中应用项目成果的最大限制也在于学校系统：如果没有外部研究人员的激励，具有趣味性的项目式学习方法不太可能被纳入标准教学计划。上文中提到的教育失灵问题并非仅限于特定国家，而是普遍性问题，现有的国别（Ito et al.，2010）和跨国研究（Miller et al.，2016，pp. 73ff.）均对此有所涉及；而该趋势会从"正式学习"向"非正式学习"和对师生关系重组方面转移。

伦理研究与涉及青少年移民等弱势群体的科学工作高度相关。需要特别指出的是，在研究过程中，对参与者（特别是女性和青少年）的媒体使用情况、交友和社交习惯必须保证完全匿名。

5. 结果和收获

5.1 游戏适合用于促进社会参与和社会联系吗？

《严肃节拍》项目的结果显示，与"线下生活"的线上影响相比，线上游戏的线下影响更少。使用社交网站时（Facebook为主），参与游戏的青少年或多或少地拘泥于"现实的""实体的"身份，与在网络上认识的朋友相比，他们与互联网以外其他地方认识的朋友交流更多。原则上，我们的游戏干预措施鼓励青少年与其他（从前不认识的）青少年建立联系，同时参与有趣的视频创作。但是干预措施并没有触发强劲或可持续的社会融合过程。其原因可能是游戏干预持续时间太短（2个月）。

尽管青少年确实在社交网站上表达了自己的身份，但他们选择通过线上反映日常线下身份，而非表达全新的线上身份。事实上，线上网友也都是他们线下认识的人，而这可能阻碍了他们尝试新的线上身份。

这一结果说明社交媒体已经成为日常生活的一部分；智能手机使得线上和线下生活之间的界限变得越来越模糊。在此背景下，《到你了！》作为一个平台，致力于帮助青少年"求同"，而不是强化文化认同方面的差异。此外，它还是展示YouTube知识（全部由青少年分享）和发现共同音乐/视频爱好（尽管存在差异和界限）的平台。玩家们借此提升了媒体素养，而寻找合意视频的过程，也是一个学会反思人际交流、美学和环境的过程。

5.2 变化中的自我中心网络

通过《严肃游戏》项目收集受访者自我中心网络数据时，我们问了三个问题："谁是你最好的朋友？"（友谊），"遇到严重问题时，你会和谁交流？"（信任），以及"你的业余时间是和谁一起度过的？"（社交）。受访者给出人选，并回答关于人选属性（如性别、年龄、背景等）的问题。人选的名字以节点的形式显示在一个漏斗图中，由受访者根据人选与自己（"自我"）的相对关系确定节点（代表他们的朋友、家人和熟人）放置的位置。这样就可以根据与自我关系的亲疏远近和对自我的重要程度绘制社交网络图（Hollstein and Pfeffer，2010）。节点位置越低，代表与受访者的关系越亲近。

基于受访者自行创建的社交网络图，我们将他们的社交网络分为7类。

拥有一大群朋友的人：拥有庞大的、分散的社交网络，不能清楚地说出自己最好的朋友是谁。此外，如果亲戚是社交网络的一部分，则与朋友相比，亲戚与自我的距离更远。

独来独往的人：只有不到五个朋友，但朋友与自我的距离大于平均水平。

认为家庭很重要的人：家庭成员是关系密切（高密度）的社交网络的一部分。

家庭网络松散的人：家庭成员属于弱社交网络（低密度）的一部分。

拥有挚友的人：拥有一个或几个与自我关系密切的挚友。

言必称"我的朋友和我"的人：友谊非常重要（高优先级）且与朋友关系密切。

认为所有朋友都重要的人：所有朋友所处的位置都非常接近底部的自我线附近。

如纵向研究中的例子所示，大多数人的社交网络都会随着时间的推移而改变。

只有少数案例的社交网络结构前后类似（或变化细微），例如P2，一个十七八岁的具有东南欧血统的女孩。在第二组中，她的社交网络规模更小，缺少家长和朋友各一位，见图2—图5。

第1组（认为家庭重要的人）　　　　　第2组（认为家庭重要的人）

图2　案例P2的社交网络随时间推移的变化情况

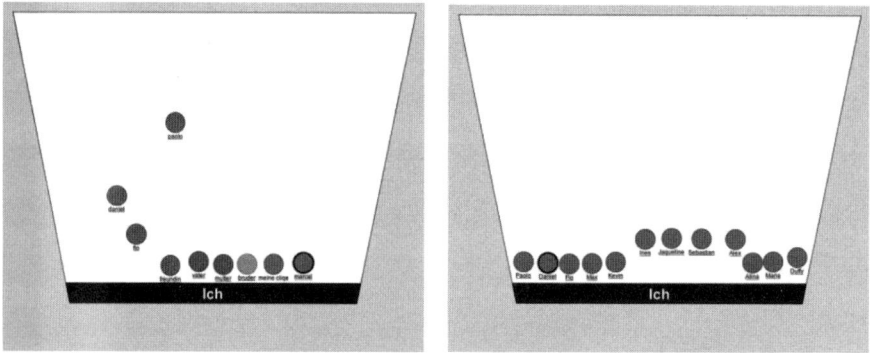

第1组（认为家庭重要的人）　　第2组（认为所有朋友都重要的人）

图3　案例P10的社交网络随时间推移的变化情况

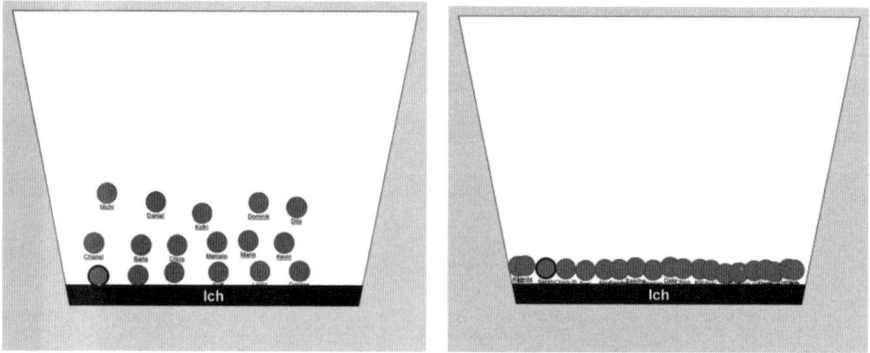

第1组（拥有一大群朋友的人）　　第2组（认为所有朋友都重要的人）

图4　案例P46的社交网络随时间推移的变化情况

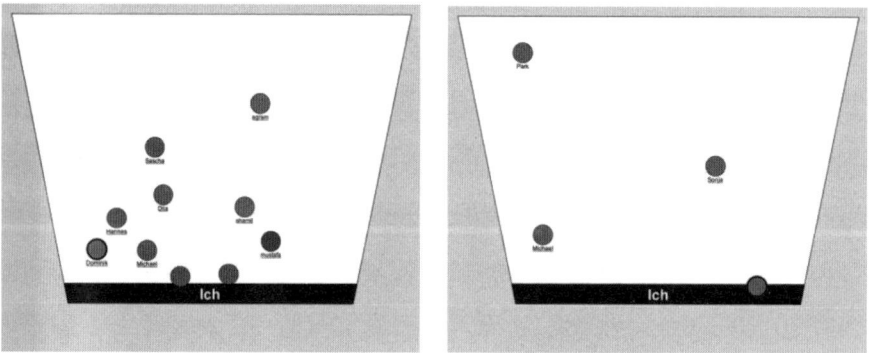

第1组（认为家庭重要的人）　　第2组（以挚友组成社交网络的人）

图5　案例P8的社交网络随时间推移的变化情况

经过一年时间，P10（一位十四五岁的奥地利裔男性学徒）将自己社交网络结构中的人物数量由9调整为12，但父母和弟弟从第二组网络中消失了。第二组网络中展示的友谊与自我的相对关系几乎一样。

P46是一位十四五岁的东南欧裔女性，她的社交网络在一年内从弱社交变为亲密社交。

相反，P8（一名十五六岁的东南欧裔失业男性）的社交网络发生了巨大变化。一年后网络中只剩下一位挚友；父母、堂兄弟以及其他四个朋友都消失了。总之，网络中人物数已从10个减少到4个，网络也因此而减弱。

随后，我们对数据进行了记录和统计学处理。结果显示，与非游戏玩家相比，游戏玩家的社交网络类型存在显著差异。甚至在参与我们的游戏之前，游戏群体的社交网络类别往往就已经是"家庭网络松散""拥有挚友"或"拥有一群朋友"（ρ=.811 sign. P=.05）。

游戏干预显示出对青少年社交网络规模和同质性的影响。虽然游戏玩家的社交网络规模一开始就更大，但每个人（在项目结束时）仍能在社交网络中平均增加一人。我们还发现，种族会影响社交的网络规模和同质性，即移民背景会带来规模更大、更为多样化的社交网络。此外，游戏设定鼓励一些"顶级玩家"（即在为期三个月的游戏干预中达到至少15级的玩家）与我们样本中他们之前不认识的其他玩家／青少年建立联系。这样游戏就可以促进在网络内建立新连接。

5.3《闪光游戏》——游戏式学习产生的效果

我们的学校项目也显示了在学生之间建立新联系方面（如跨文化联系）的积极成果。通过项目聚会，来自三所不同学校的师生得以同研究人员面对面交流。由学生、教师和研究人员组成的"神奇三角"（"闪光科学资助计划"所固有的），促进了三方对教育、我们的研究领域和研究面临挑战的共同理解。

在《闪光游戏》项目中，学生有机会体验和评估自己的团队合作技能（以及其他社交技能）。他们对游戏的相互反馈基本上支持了这一过程。该项目还让研究团队得以深刻了解青少年对信息学和社会这一特定主题的看法。为了在课堂和讲习班上开展相关讨论，我们选定了几个主题和问题：网络霸凌、隐私/个人信息的自愿披露、网络犯罪、数字鸿沟、黑客和关键系统、互联网审查和伦理问题。

我们的在线调查还表明，学生们学会了更好地理解信息学和社会之间的联系与影响。最重要的是，在项目结束后，人们对数据安全、加密和密码安全等主题有了更深的认识。通过课堂内容的结构化准备和后续跟进，学习这些主题的可持续效果肯定可以实现。通过项目参与，学生们不仅获得了"信息学与社会"主题领域的学习效果，而且提升了借助（数字）游戏掌握媒体创新技能的素养，认识到技术诀窍和"自己动手"（DIY）的行事方法同样重要。批判性媒体素养是通过在游戏分析中洞察游戏机制、普世（西方）价值观和"第一世界问题"来建立的。在游戏城国际贸易展上展示自己的游戏，并反思设计过程，对学生来说是一次很棒的体验。

将游戏研究和计算机研究领域的科学内容与方法成功地传授给学生，符合"闪光科学资助计划"的初衷。此外我们还发现，之前对数字游戏接触很少的人（主要是女孩）也能够培养这方面的媒体素养。通过参与游戏设计过程，所有学生的游戏设计能力都明显提高。此外，学生们认为在游戏城贸易展上进行游戏展示和试玩对他们来说非常具有激励意义。

该项目过程中产生的学生间社交互动值得注意。三所学校的目标受众（在社会阶层、性别和移民背景方面）有着截然不同的特点，学生们对彼此了解和分享非常感兴趣。他们通过积极的反馈，彼此相互支持；然而，来自其他学校的学生也被视为竞争者，有趣的是，这反倒成为一个激励因素。

总的来看，该项目成功将学术技能传授给了学生，让他们获得了游戏设计、严肃游戏以及作品评估和反思等方面的专业知识。

6. 总体项目成果和对未来研究的意义

本文讨论的项目针对14～24岁的维也纳非移民和移民青年，包括学生、学徒或未参与教育、就业或培训（NEET）的年轻人，因此社会阶层方面属于工薪阶层或中产阶级。

通过使用混合研究方法，我们对项目参与者的媒体相关生活方式和互联网使用情况进行了批判性的学术讨论。在其中一个项目中，学生们通过自己制作游戏来解决问题，并提高对数据安全、隐私、审查、网络犯罪和网络霸凌等技术相关风险的认识。在另一个项目中，我们在Facebook上创建了一个有趣的协作游戏环境；通过对视频片段的创新性匹配，游戏玩家可以相互合作并建立联系。

由于玩家在上述项目中必须扮演积极主动的角色，因此创建游戏的过程展现出了很好的创新性和有趣的学习效果。此外，在两个项目中，协作是必不可少的。我们的游戏干预与社会学习以及建立和支持社会互动密切相关。

我们研究中存在的差距和不足为未来后续研究提供了启示，表明提升样本量和延长时间框架（同时也意味着需要投入更多资源）是有必要的。我们还希望针对来自不同城市或国家的年轻人进行更大规模的文化归属比较研究。

此外，在游戏设计和可玩性层面也应考虑交集性——提高文化、性别和阶层的包容性，以及降低对书面语的重视程度可以促进社会变革和民主化进程。

参考文献

Abt，C. C.（1970）. *Serious games*. New York：Viking Press.

Berry，J. W.（2001）. A psychology of immigration. *Journal of Social Issues*，*57*（3），615-631.

Bevc，T.，& Zapf，H.（2009）. *Wie wir spielen，was wir lernen*. Konstanz：UVK. 978 3867640510.

Boyd，D.（2014）. *It's complicated：The social lives of networked teens*. New Haven，CT：Yale University Press. pp. 177-194. ISBN 978-0-300-16631-6.

Boy，G. A.（2013）. From STEM to STEAM：Toward a human-centered education. In *Proceedings of the 31st European Conference on Cognitive Ergonomics*，1-8. Université Toulouse le Mirail，France.

Christensen，R.，& Knezek，G.（2015）. Active Learning Approaches to Integrating Technology into a Middle School Science Curriculum Based on 21st Century Skills. *Emerging Technologies for STEAM Education*，17-37. Cham：Springer.

Chua，V.，& Wellman，B.（2015，July）. Social networks in East and Southeast Asia：National Characteristics，Institutions，Network Capital，and Guanxi. *American Behavioral Scientist*，*59*（8），903-913. https：//doi.org/10.1177/0002764215580585.

Connor，A. M.，Karmokar，S.，& Whittington，C.（2015）. From STEM to STEAM：Strategies for enhancing engineering & technology education. *International Journal of Engineering Pedagogy*（*IJEP*），*5*（2），37. https：//doi.org/10.3991/ijep.v5i2.4458.

Dewey, J. (1938). *Logic: The theory of inquiry.* Carbondale: Southern Illinois University Press.

De Freitas, S. (2006). *Learning in immersive worlds: A review of game-based learning.* Bristol, England: Joint Information Systems Committee. Retrieved from https://pureportal.coventry.ac. uk/files/4017131/learning%20in%20immersive%20worlds.pdf.

De Souza e Silva, A., & Delacruz, G. C. (2006). Hybrid reality games reframed: Potential uses in educational contexts. *Games and Culture*, *1*(3), 231-251.

Ellison, N. B., Steinfeld, C., & Lampe, C. (2007). The benefits of Facebook "friends": Social capital and college students' use of online social network sites. *Journal of Computer Mediated Communication*, *12*(4), 1143-1168. article 1 http://jcmc.indiana.edu/vol12/issue4/ellison.html.

Entertainment Software Association USA. https://www.theesa.com/wp-content/uploads/2020/07/ Final-Edited-2020-ESA_Essential_facts.pdf.

Franke, M. (2009). Gestaltung und Einsatz von Serious Games zur Förderung der. Handlungskompetenz. Grin Verlag München.

Fromme, J., Jörissen, B., & Unger, A. (2009). (Self-) educational effects of computer gaming cultures. In R. Ferdig (Ed.), *Handbook of research on effective electronic gaming* (Vol. II, pp. 757-775). Hershey/New York: Information Science Reference.

Fromme, J., Biermann, R. & Unger, A. (2010). Serious Games" oder,, "taking games seriously"?. In: K.-U. Hugger & M.Walber (Hrsg.), Digitale Lernwelten. Konzepte, Beispiele und Perspektiven. Wiesbaden: VS Verlag für Sozialwissenschaften, 40-57.

Gee, J. P. (2003). *What video games have to teach us about learning and literacy*. New York: Palgrave Macmillan.

Gee, J. P. (2007) . *What video games have to teach us about learning and literacy*. New York: St. Martin's Press.

Gee, J. P. (2009) . School has competition—The power of games for situated learning. *RezEd Review*, *2*(1), 6-9. New York: Global Kids.

Götzenbrucker, G. (2001) . *Soziale Netzwerke und Internet-Spielewelten. Eine empirische Analyse der Transformation virtueller in realweltliche Gemeinschaften am Beispiel von MUDs*. Wiesbaden: Westdeutscher Verlag.

Götzenbrucker, G., & Franz, B. (2010) . Integrationspotenziale des Internet für türkische Jugendliche in Wien am Beispiel von Online-Spielen und digitalen Freundschaftsnetzwerken im Internet. *ÖZS-Österreichische Zeitschrift für Soziologie*, *4*, 62-82.

Götzenbrucker, G., & Köhl, M. (2009) . Ten years later. Towards the careers of long-term gamers in Austria. *Eludamos*, *3*(2), 309-324.

Götzenbrucker, G., & Köhl, M. (2014) . Online relationship management, friendship cultures, and ego-networks of young people in Thailand and Austria. *Asia Europe Journal*, *12*(3 Springer), 265-283. https://link.springer.com/article/10.1007/s10308-014-0384-8.

Guyne, R. H. (2007, November 1) . The educational benefits of video games. *Educators' eZine*. Tech & Learning. https://www.techlearning.com/news/the-educational-benefits-of-video-games.

Haythornthwaite, C., Wellman, B., & Garton, L. (1997) . Studying online social networks. *Journal of Computer-Mediated Communication*, *3*(1). http://jcmc.indiana.edu/vol3/issue1/garton.html.

Henriksen, D. (2014) . Full STEAM ahead: Creativity in excellent

STEM teaching practices. *STEAM*, *1*（2）, 1-9. https：//doi.org/10.5642/steam.20140102.15.

Hemminger, E.（2011）. Wenn Räume verschmelzen -soziale Netzwerke in virtuellen Spielwelten. In J. Fuhse & C. Stegbauer（Eds.）, *Kultur und mediale Kommunikation in sozialen Netzwerken*. Wiesbaden：VS Verlag für Sozialwissenschaften.

Herro, D., Quigley, C., & Dsouza, N.（2016）. STEAM enacted：A case study exploring middle school teachers implementing STEAM instructional practices. *Journal of Computers in Mathematics and Science Teaching*, *35*（4）, 319-342.

Hollstein, B.（2007）. Sozialkapital und Statuspassagen -Die Rolle von institutionellen Gatekeepern bei der Aktivierung von Netzwerkressourcen. In J. Lüdicke & M. Diewald（Eds.）, *Soziale Netzwerke und soziale Ungleichheit. Zur Rolle von Sozialkapital in modernen Gesellschaften*（pp. 53-83）. Wiesbaden：VS Verlag.

Hollstein, B., & Pfeffer, J.（2010）. *Netzwerkkarten als Instrument zur Erhebung egozentrierter Netzwerke*. http：//www.pfeffer.at/egonet/Hollstein%20Pfeffer.pdf.

Jenkins, H., Klopfer, E., Squire, K., & Tan, P.（2003）. Entering the educational arcade. ACM *Computers in Entertainment*, *1*（1）, 1-11. article 8.

Ito, M., et al.（2010）. *Hanging out, messing around, and geeking out*. Cambridge, MA：The MIT Press.

Kayali, F.（2019, June 26）. *Berufungsvortrag*. Vienna：University of Vienna.

Kayali, F., Schwarz, V., Götzenbrucker, G., & Purgathofer, P.

（2017）. Sparkling Games -Erfahrungen mit Interventionsforschung im Schulischen Umfeld. In Zielinski, Wolfgang et al.（Eds.）, *Spielend lernen! Computerspiele（n）in Schule und Unterricht*（pp. 159-170）. Düsseldorf, München: Digitale Gesellschaft NRW.

Kayali, F., Schwarz, V., Purgathofer, P., & Götzenbrucker, G.（2018）. Using game design to teach informatics and society topics in secondary schools. *Multimodal Technologies and Interaction*, 2（4）, 77, 1-13. https: //doi.org/10.3390/mti2040077.

Kellner, D., & Share, J.（2007）. Critical media literacy is not an option. *Learning Inquiry*, *1*, 59-69. https: //doi.org/10.1007/s11519-007-0004-2.

Klimmt, C.（2009）. Serious games for social change: Why they（should）work. In U. Ritterfeld, M. Cody, & P. Vorderer（Eds.）, *Serious games: Effects and mechanisms*（pp. 247-270）. New York: Routledge.

Kuhn, A.（2009）. *Vernetzte Medien. Nutzung und Rezeption am Beispiel von "World of Warcraft"*. Konstanz: UVK.

Lazarsfeld, P., & Merton, R. K.（1954）. Friendship as a social process: A substantive and methodological analysis. In M. Berger, T. Abel, & C. H. Page（Eds.）, *Freedom and control in modern society*（pp. 18-66）. New York: Van Nostrand.

Maier, C., & Seufert, S.（2003）. Game-based Learning: Erfahrungen mit und Perspektiven für digitale Lernspiele in der betrieblichen Bildung. In A. Hohenstein & K. Wilbers（Eds.）, *Handbuch E-Learning*（pp. 1-17）. Köln: Verlag Deutscher Wirtschaftsdienst.

Markovic, F., Petrovic, O., Kittl, C., & Edegger, B.（2007）. Pervasive learning games: A comparative study. *New Review of Hypermedia and Multimedia*, *13*（2）, 93-116.

McGonigal, J.（2011）. *Reality is broken: Why games make us better and how they can change the world*. New York: Penguin Press.

McPhearson, M., Smith-Lovin, L., & Cook, J. M.（2001）. Birds of a feather: Homophily in social networks. *Annual Review of Sociology*, *27*, 415-444.

Miller, D., Costa, E., Haynes, N., McDonald, T., Nicolescu, R., Sinanan J. et al.（2016）. *How the world changed social media*. OCL Press. https://doi.org/10.2307/j.ctt1g69z35.

Mitgutsch, K., & Alvarado, N.（2012）. *Purposeful by design? A serious game design assessment framework*. In Proceedings of the International Conference on the Foundations of Digital Games, pp. 121-128 ACM.

Oner, A., Nite, S., Capraro, R., & Capraro, M.（2016）. From STEM to STEAM: Students' beliefs about the use of their creativity. *STEAM*, *2*（2）, 1-14. https://doi.org/10.5642/steam.20160202.06.

Petrovic, O., & Brand, A.（2009）. *Serious games on the move*（pp. 978-3211094174）. Wien: Springer-Verlag.

Pias, C.（2009）. Playing seriously; kritische Berichte. *Zeitschrift für Kunst- und Kulturwis-senschaften*, *37*（2）, 39-50. Verband für Kunst-und Kulturwissenschaften.

Portes, A.（1998）. Social capital: Its origins and applications in modern sociology. *Annual Review of Sociology*, *24*, 1-24.

Prensky, M.（2003, October）. Digital game-based learning. *ACM Computers in Entertainment*, *1*（1）, Book 02.

Prensky, Marc.（2005）. Computer games and learning: Digital game-based learning. In J. Raessens & J. Goldstein（Eds.）, *Handbook of computer game studies*（p. 97）. Cambridge，MA：MIT Press.

Schmidt，H. G.（1983）. Problem-based learning：Rationale and description. *Medical Education*，*17*，11-16.

Schwarz，V.，Götzenbrucker，G.，& Kayali，F.（2015）. Du bist dran! Spielerisch die Welt verän-dern? Eine qualitative Studie und Spielintervention zum Thema kulturelle Vielfalt unter Wiener Jugendlichen mit ArbeiterInneneltern. *Diskurs Kindheits- und Jugendforschung/ Discourse. Journal of Childhood and Adolescence*，*4*，445-459.

Sehidoglu，Z.（2009）. *Die Rolle des Internet im Lebenszusammenhang von türkischen jungen Frauen in Wien*. Bakkalaureatsarbeit：Universität Wien.

Smith，Peter A.（2005）. Serious games：Opportunities for game developers in interactive simulation and training. In F. D. Laramée（Ed.），*Secrets of the game business*（p. 61）. Hingham，MA：Charles River Media.

Spector，J. M.（2015）. Education，Training，Competencies，Curricula and Technology. *Emerging Technologies for STEAM Education*，3-14. Cham：Springer.

Utz，S.（2001）. Der Aufbau von interpersonalen Beziehungen in MUDs：Die Rolle von Motiven und Kommunikationsstrategien. *Gruppendynamik und Organisationsberatung*，*3*，145-160.

Vogelgesang，W.（2000）. Ich bin，wen ich spiele. Ludische Identitäten im Netz. In C. Thimm（Ed.），*Soziales im Netz. Sprache，Beziehungen und Kommunikationskulturen im Internet*（pp. 240-259）. Wiesbaden：Westdeutscher Verlag.

Wellman，B.（2001）. Computer networks as social networks. *Science*，*293*（5537），2031-2034.

数字化、经济和工作

"全球本土化"的数字青年文化

Natalia Waechter

1. 引言

青年文化一直具有全球化的特征和本土化的表现形式，现在一般使用"全球本土化的青年文化"或"青年文化的全球本土化"进行表述。现代青年文化始于100多年前，以德国青年的候鸟运动（Wandervogel）和国际青年工人运动（Waechter，2006）为开端。如今，青年文化的全球化趋势由于数字化和全球化的加持变得愈发明确。这一现象在数字媒体导向的社区（如Instagram、TikTok或YouTube）中可能最为明显。因此，本文主要描述了社交媒体青年文化活动的四个领域（在Instagram上展示自我、参加多人在线角色扮演游戏、在TikTok上自行制作音乐视频以及在Facebook和YouTube上参与政治），并探讨青年获得全球或本土特征的方式。

全球本土化（glocalization）一词最早由Robertson提出（1995），指的是本土社区与世界其他地区的互联程度提高，以及全球和本土趋势之间的相互作用。在青年文化的语境下，全球音乐场景的出现意味着全球趋势对本土场景（比如如何定义嘻哈音乐）影响巨大，但本土音乐场景仍然受到本土经验影响。然而，不同的结构性立场使得一些青年群体更加放眼全球，而其他人的目光则更加局限于本土（Roudometof，2019）。例如，对于英国的哥特场景来说，跨地方联系比地方差异更重要（Hodkinson，2004）。青年文化被认为是"优秀的研究现场"，有助于了解全球—本土互联性，以及由本土背景和本土环境孕育的具体实践（Roudometof，2019）。

Waechter（2006；2012）描述了五类在某种程度上可以进行清晰区分的青年文化：音乐、体育、媒体、政治导向的青年文化和粉丝文化。不同分类之间总是存在一些重叠情况，例如某些青年运动文化会对某些音乐风格具有偏好（例如，朋克摇滚和滑板运动曾经紧密相关）。然而，如今重叠的情况变多了，社交媒体似乎成为许多青年文化的一个重要活动领域，而这些文化不被认为是"媒体"青年文化。还有一些只出现在社交媒体上的音乐青年文化，比如，用户会在 Musical.ly 和 TikTok 上上传自制音乐视频（见本文第5节），而 YouTube 已经超越 CD 机和收音机，成为年轻人欣赏音乐更为重要的途径。在数字游戏领域，一方面，电子竞技已经成为职业玩家活跃的舞台；另一方面，多人在线角色扮演游戏也会使用社交媒体应用（见本文第4节）。因此，数字游戏可能置于体育和媒体导向的青年文化之间，其确切位置取决于具体背景和语境。即使是年轻人强烈支持的政治青年文化（如新社会运动），也会借助社交媒体进行动员、社区建设、政治信息传播和讨论（见本文第6节）。本文中，Instagram 及其推崇的自我展示文化似乎是本文讨论的唯一"纯"媒体导向青年文化（见本文第3节）。

青年文化与社会化进程和青年个人发展的相关性似乎比以往任何时候都更加重要。一个人认同和传记的建构较少由社会结构决定，而更多地是由自我决定，这意味着需要付出更多努力，并可能导致不安全感。参与某种青年文化并从属于某个群体有助于身份认同的发展和在多元化社会中找到自己的发展道路（Waechter，已被录用）。此外，快速变化的青年文化满足了新自由主义时代对于"灵活性"的社会要求（Stauber，2001）。

需要强调的是，社交媒体已经成为青年处理认同发展和同龄人亲密关系等成长任务时的一个重要环境（Subrahmanyam et al.，2008）。社交媒体让青年能够与同龄人建立联系、培养归属感、尝试自我展示以及通过协商的方式进入或退出某些群体（Manago et al.，2008；Subrahmanyam et al.，2008；Waechter et al.，2010）。青年使用社交媒体结识新朋友，协商现有关系，并尝试建立同龄人群体归属感（Rosenberg and Egbert，2011；Waechter et al.，2011；Waechter et al.，2010）。每个社交平台上都存在多个级别的社区，从由整个网络构成的全球社区（由特定平台的所有用户组成）到更多基于区域和本土的社区（Waechter，已被录用）。

然而，也有研究指出了青年使用社交媒体的关键方面和负面后果。学者们描述了其中涉及的风险，如网瘾、网络霸凌以及接触有害内容和仇恨言论（JIM，2018；Kammerl，2013；Waechter，2015；Waechter and Hollauf，2018）。虽然"有害内容"通常是指不适合青年群体的性和暴力内容，但在社交媒体上看到其他用户精心编排和制作的美好生活也可能对一个人的幸福与自尊产生负面影响（Brown and Tiggemann，2016；Tiggemann et al.，2018）。在本文中，我将重点关注网络游戏中的仇恨言论，以及女孩和年轻女性在Instagram上承受的展示完美自我的压力。出于政治目的使用社交媒体的青年必须考虑其他风险（例如网络监控和失去对其个人数据去向的控制），这也将在本文中进行讨论。然而，贯穿本文的主题将是这样的一个问题：社交媒体青年文化是如何被视为一种全球、本土或"全球本土化"现象的？

2. 方法论说明

本文基于作者作为（国别）项目负责人参与的两个研究项目：《阿拉伯转型》（*ArabTrans*）和《分析器》（*The Profiler*）。合作项目《阿拉伯转型——阿拉伯世界的政治和社会转型（2013—2016）》由"欧盟第七框架计划"（FP7）提供资金支持，通过在中东和北非地区六个国家（埃及、伊拉克、约旦、利比亚、摩洛哥和突尼斯）开展大规模调查收集相关数据。单一国家的样本量从1215（突尼斯）到2139（约旦）不等，总样本量为8594。问卷的部分问题选自"阿拉伯晴雨表"（Arab Barometer）和世界价值观调查（World Value Surveys），但为了更加贴近本文的研究，我们还设计了一些关于社交媒体及其政治用途的新问题，以及关于政治活动的更为细化的问题。此外，本文还对"阿拉伯之春"（Arab Spring）革命中被用作抗议歌曲的音乐视频进行了定性内容分析。

《分析器》是一项国别合作研究，收集了年轻人社交媒体使用方面的定性和定量数据。调查对象是1000名年龄在10～18岁的年轻男女。研究团队共进行了16次问答式访谈（Witzel and Reiter，2012）和4次焦点小组讨论（每次有5名学生参加），因此样本总数为36名在校学生。受访者都是八年级或十年级的学生，这意味着采访发生时他们的年龄为13岁或15岁。参加小组讨论的学生在年龄和性别上具有同质性（女孩分两组参加小组讨论：第一组年龄为13岁，第二组为15岁。男孩同样分两组参加小组讨论：第一组年龄为13岁，第二组为15岁）。本文中使用的项目成果中描述女孩的Instagram文化和男孩的在线游戏文化的部分将被收录在Waechter用于发表的论文中（已被录用）。

3. Instagram 女孩

自2010年首次推出并于2012年开始支持安卓智能手机以来，Instagram已经吸引了全球数十亿用户。最活跃的用户是13～40岁的女性，占用户总数的70%（Abidin，2016）。笔者自行开展的研究发现，虽然青少年男女都会使用Instagram，但女孩在平台上花费的时间更多，对她们来说，自己或其他人账户上发生了什么似乎更重要（Waechter，已被录用）。

成为Instagram用户的第一步是创建账户来分享自己或他人的照片和视频。用户通常使用Instagram提供的滤镜编辑照片，并为照片和视频添加描述与评论。这样做的目的是向更多的人展示自己的照片，并得到他人的积极反馈，如点赞和正面评论，最重要的是，让尽可能多的人关注自己的账号。这与Snapchat形成了鲜明的对比。Snapchat被用来向朋友分享有趣的快照，发送者不需要想太多，因此快照大多都是"双下巴、扮丑和自我揭露的照片"（Kofoed and Larsen，2016，p. 1）。在Instagram上，制作和上传高质量照片是至关重要的，因为这些照片是要一直挂在网络上供人欣赏的（Waechter，已被录用）。这些照片"精致、整洁、完美"（Kofoed and Larsen，2016，p. 1），有些可能展示的是优美的风景，但自拍照一直是最受重视的。我们的采访结果显示，这些女孩不仅想给朋友留下深刻印象，还想吸引更多的受众。"我们的目标是获得点赞和积极的评论，并让其他用户关注我们。"为大众所接受的非正式规则大致可以概括为：（1）关注者越多越好；（2）获得更多的关注者而不是关注其他人"（Waechter，已被录用）。而增加粉丝数的策略之一是"以赞换赞"：这不是一个通用规则，但似乎发生的频率不低。如果其他人给自己的照片点赞和/或关注了自己的账号，那我似乎就一定要对他的照片表达出兴趣。她们在 Instagram 上停留的时间越多，点赞的帖子就越多，也就越有可能认为可以继续增加自己的粉丝数量。这意味着粉丝更多来自公众，而不仅仅是自己的小圈子或朋友圈，Instagram 用户之间处于一种竞争关系。这也意味着获取粉丝没有地域限制，一个人的照片是面向全球 Instagram 社区的。

Instagram 很快成为"时尚和生活方式博主"和其他因定期发布各种主题的帖子而出名的用户最喜欢的平台。他们至少有几千名粉丝，被称为"网红"。最重要的是，时尚和生活方式公司借网红之手，以一种真实和直接的方式向目标群体推广其产品。粉丝数量越多（对访问者可见），网红在人们心中的可信度就越高（Djararova and Rushworth，2017；Jin and Phua，2014）。有些网红在通过互联网出名之前，可能已经是个名人（即"传统名人"，如电影明星、音乐家、著名运动员或电视名人）。由于网红比传统名人拥有更多的可信度，粉丝们认为网红和自己的距离更近，推荐的东西也更符合自己的预算（与传统名人推荐的高端品牌相比，网红带货的产品更实惠）（Djafarova and Rushworth，2017）。但经常使用 Instagram 的用户也会分享他们对（全球）品牌的（正面）体验（Bookman and Hall，2019）。

在 Instagram 上，用户评论通常是积极的，普通用户会避免发内容负面的帖子（Djafarova and Rushworth，2017）；因此，可以说 Instagram 是一个"让人自我感觉良好的平台"（Waechter，已被录用）。心理学研究发现，社交媒体上的积极反馈可以增强用户的自尊（Valkenburg et al.，2006）。然而，其他研究表明，女性用户倾向于将自己的外表与 Instagram 上名人和同龄人的照片进行比较，这增加了负面情绪和对自己身体的不满（Brown and Tiggemann，2016；Tiggemann et al.，2018）。一项针对普通用户的大型在线研究表明，Instagram 上的图片可以分为八大类（活动、照片+文字、时尚、小配件、食物、朋友、宠物、自拍）。占比最大的类别是"自拍"（Hu et al.，2014）。

女孩们的目标是在Instagram上被看见、认可和关注，所以花了很多精力来制作照片，最主要的目的就是拍出"完美的自拍"。这不仅要花费很多时间，而且考虑到Instagram上的激烈竞争和女孩们较高的自我期望，也会让人感到沮丧：

> 因为每个人的自我呈现都是如此精彩，所以每个人都被迫要力争完美。如果你经常看到那些衣着光鲜、身材惊人的名人，那么你就不会对自己感到满意。（小组讨论中一名15岁的女孩如是说）

仅凭手中的智能手机和滤镜，她们一方面要将自己尽可能完美地呈现给大众（符合当前的性别规范），另一方面还必须与专业摄影师甚至专业模特一较高下。女孩们似乎已经意识到上传到Instagram上的照片需要符合高标准，但她们还没人意识到自己需要与专业人士竞争这个事实（Waechter，已被录用）。下面这段话说明了她们上传一张照片需要付出多大的努力：

> "通常这些照片都不是随手拍的。我认为大多数女孩的真实情况是，她们拍了大约100张自拍，先删除80张，然后在余下的20张里选定1张，但之后又把这张也删除了，因为这张也无法令她们很满意。然后重复不断整个过程，直到找到一张真正满意的照片。"（小组讨论中一名15岁的女孩如是说）

女孩们喜欢Instagram，不仅是因为通过平台可以与朋友保持联系并获得粉丝，还因为平台使她们能够与自己的偶像建立联系。她们喜欢与自己崇拜的人使用同一个平台和社交网络，比如世界各地的It girl（物质女孩）、歌手和好莱坞明星，以及像"网红"和"YouTube博主"这样的网络名人（Waechter，已被录用）。与传统名人类似，那些通过网络活动走红的人可能拥有来自全球各地的粉丝，但其关注的仍旧是某个地区。例如，奥地利女孩更容易被来自德语地区（尤其是德国）的网红和YouTube博主吸引。虽然在Instagram上，创作者的母国语言似乎不那么重要，因为人们不需要太多的英语知识就能欣赏图片。但在YouTube上看视频时，语言理解则更加重要，这取决于视频的类型。即便视频搭配文本，通常也没有字幕和配音。

虽然崇拜偶像可以被视为青少年认同发展的积极方面，但在Instagram语境下，也会带来负面影响。在访谈中，女孩们很明显并没有完全意识到，许多照片并不像看起来那么随意，而是经过专业制作的。此外，想象中的与名人"距离更近"会让女孩们对自己抱有很高的期望。她们的目标是让自己的照片达到与（国际）偶像相同的专业水准，但永远不会真正成功（Waechter，已被录用）。

4. 多人在线角色扮演游戏中的男孩们

本节主要关注多人在线游戏玩家（通常需要组队），玩家们可能私下认识，或者只在游戏中相识。这类游戏被称为大型多人在线角色扮演游戏（MMORPG）。进入游戏前，玩家必须选择并登录到一个中央服务器。每款游戏都有许多服务器提供支持，每个服务器都支持特定的语言，以吸引特定的（区域）玩家群体。例如，英语服务器比德语服务器更能吸引跨地区的全球用户。在游戏过程中，参与者需要使用服务器支持的语言进行交流。

关于年轻人与数字游戏的研究除一直非常关注暴力内容（e.g. Fritz and Fehr，2003）和成瘾（e.g. Kammerl，2013）等风险外，也关注游戏对感觉运动认知技能（e.g. Kühn et al.，2017）和自尊（e.g.

Klimmt，2006）提升方面的益处。然而，将数字游戏作为年轻人社交生活世界看待的相关研究在很大程度上仍然缺失（Waechter and Hollauf，2018）。从教育学角度来看，Hollauf（2015）、Schrammel 和Mitgutsch（2009）的研究表明，参与数字游戏（如MMORPG）可以让年轻人获得游戏世界之外的相关体验。年轻人可以利用数字游戏环境来完成核心成长任务（Moser，2014），比如建立密切的同龄人关系（Dreher et al.，2012；Havighurst，1972）。由于数字游戏的特定背景设定，他们必须完成更多也更为复杂的任务，这些任务与个人成长（如掌握时间管理能力）相关性越来越高（Waechter and Hollauf，2018）。研究人员发现，数字游戏已成为青少年成长过程中进行各类试验的有益空间，因为玩家总是需要不断去尝试和学习新东西［Huizinga，1938（2013）］。此外，数字游戏涉及的认知和复杂学习过程还有助于认知与社交能力的培养（Bogost，2008；Hollauf，2015）。

在社交网站和数字游戏等网络环境中，年轻人创造了新的交流形式（Ackermann，2010），这并不是新现象。为了将自己与老一代和年轻一代区分开来，并彼此建立联系，年轻人开发出属于自己的"青年语言"（Neuland，2008），这往往是成年人和教育者不愿意看到的。然而，"人们常常担心电脑游戏会导致语言和沟通能力的退化，这种想法与现实不符。相反，语言的自由使用和个人交际技能的增加是肉眼可见的。"（Ackermann，2010，pp. 103-104）。虽然从发展的角度看，我们必须认识到年轻人创造了新的语言用途，但也有一种特殊形式的青年语言经常出现在数字游戏交流中：仇恨言论。仇恨言论不仅在数字游戏中使用广泛（Brehm，2013），而且"在日常游戏中也是被容忍、接受和难以辨别的"（Tan，2011）。虽然现在的玩家或多或少都不得不在某种程度上面对在网络游戏中被辱骂的问题，但对于青少年而言，从他们开始MMORPG游戏的那一刻起，这就是一个他们不得不去适应的新世界。

受访者（十几岁的男孩）告诉我们，他们要么和学校里的朋友一起玩，要么和网上认识的人一起玩。在通常情况下，他们在线和组队比赛的目标是击败其他队伍。通常他们会约好时间在网上约练。在赛前、赛中或赛后，他们会使用多种通信工具相互交流，最主要的是Teamspeak或Skype。有些人更喜欢Teamspeak，因为匿名性更好（不显示名字，只显示IP地址）。除了游戏相关内容，他们还会讨论日常话题。他们还通过Steam等游戏社交媒体平台联系（Waechter，已被录用）。访谈显示，MMORPG将全球和本土联系在了一起。受访玩家们先前在学校就互相认识，也会一起在英语国际服务器上与其他队伍对战。对手团队的成员可以来自世界任何地方，唯一的要求是大家都使用英语交流。例如，一位受访者告诉我们，当对手团队成员在比赛中用俄语交谈时，他自己团队的成员就会开始抱怨和投诉。

受访者指出，游戏文化非常具有创造性和支持性。其他玩家，即使不是己方团队的成员，也可能会帮助你，并给出如何在游戏中继续前进的建议。此外，主观视角游戏解说（Let's Play，LP）视频可以帮助你获得如何成功通关的必要知识。所谓LP视频，就是玩家首先将自己的游戏过程用视频录制下来，然后在YouTube的游戏频道上开直播，自己解说自己。所以，一方面，游戏文化可以被理解为全球化的"共享文化"（Waechter，已被录用）。另一方面，在线仇恨言论似乎在游戏世界尤为普遍。最重要的是，缺乏经验的年轻玩家由于表现欠佳可能反复收到来自其他玩家的恶劣评论（"喷"），这些评论轻则不友好，重则刻薄，甚至可能上升为仇恨言论。例如，有时，一群玩家会针对（通常是）一名玩家发表一连串有目的性的、系统性的谩骂（"骂战"），如果过火的话，还有可能演变成网络霸凌。在访谈过程中，男孩们没有报告网络霸凌事件，但他们都提到了游戏新手们正暴露在"仇恨文化"中：

或者，你刚开始玩，他们就表现得咄咄逼人。又或者，他们会把侮辱人的话打在游戏屏幕上，因为大多数游戏支持打字功能，边玩边打，这样的话每个人都能看到。（小组讨论一名13岁的男孩如是说）

正如这段引述所表明的，遭遇仇恨言论攻击很糟糕，更糟的是游戏中所有其他玩家都能听到或读到这些刻薄的指责和侮辱。我们发现13岁和15岁的孩子对此的反应是不同的。年龄稍小的孩子还需要学习如何应对网络游戏中的仇恨文化，而年长的孩子已经建立了一整套抵御骚扰的策略。其中一种就是尽量保持匿名，并尽可能少地使用个人真实信息：

他们唯一可能知道的是我的年龄，我可能会输入一个年龄，但这也可能不是我的真实年龄。这样做给我带来了优势，如果没有人了解我，没有人知道我长什么样子，没有人知道我的弱点是什么，也就没有人知道如何攻击我。（小组讨论一名15岁的男孩如是说）

其他应对策略包括尽量不往心里去，使用隐私设置，拒不提供个人信息、图片和视频。受访者还报告说，在最坏的情况下，他们换了另一个游戏平台或服务器，不再和侮辱他们的玩家一起玩。如果他们目睹别人被骚扰，他们的策略是保持沉默，而不是干涉和保护受害者，因为他们担心自己的参与和为受害者出头会导致自己被骚扰（Waechter，已被录用）。

上述两种文化——互帮互助的"共享文化"和以粗鄙言语和侮辱为代表的"仇恨文化"——都不是本土现象，而是具有全球特征。活跃在国际服务器上的游戏玩家对两种文化都有共同的理解。此外，正如访谈结果所显示的那样，玩家们似乎不仅认同仇恨文化和共享文化，还讨厌和反对他们所谓的"Instagram完美主义"。他们与Instagram上"完美"但肤浅的自我展示划清界限，并强调与Instagram不同，游戏文化并不关注外表，而是关注成就。他们自豪地表示，自己心目中的英雄玩家录制游戏视频时穿的就是条旧运动裤（Waechter，已被录用）。欣赏"真正的努力"而不仅仅是外表（这是他们对Instagram用户的预设）似乎是全球网络游戏玩家群体的另一个特征。

5. TikTok上的Tween女孩们

通过短视频平台Musical.ly（2014—2018），来自世界各地的女孩和男孩自己成为音乐视频制作人。Musical.ly允许用户在自己的卧室里根据知名歌曲制作对口型假唱视频，过程中不需要掌握太多的技术、音乐和表演技巧。2018年TikTok接管Musical.ly后，此类音乐和舞蹈自拍视频仍是TikTok上最受欢迎的。通过TikTok智能手机客户端，用户可以录制、编辑和分享自己的视频，最长不超过60秒。像其他社交网络一样，TikTok用户可以关注其他用户，为其他用户的视频点赞和评论。

2018年，TikTok中国母公司字节跳动在整合美洲、欧洲和亚洲业务的过程中，将Musical.ly并入TikTok。此举帮助TikTok在全球获得5亿用户，成为用户增速最快的社交媒体应用（Business of Apps，2019）。TikTok的社区规模，以及用户的个人社交网络均具有鲜明的全球化特征。以德国双胞胎姐妹"丽莎和莉娜"（Lisa & Lena）为例，她们在13岁时开通了自己的账号，并获得了超过3000万的粉丝，粉丝网络已经超越了国家或语言界限。利用她们在Musical.ly和TikTok上的成功，这对姐妹还在Instagram上成为网红。2019年春天，16岁的她们注销了TikTok账户，解释说自己已经长大，不再使用TikTok了。

德国一项关于12～19岁青少年媒体使用情况的代表性研究显示，使用TikTok的主要是年轻女孩。2019年，19%的女孩每天或每周会数次使用TikTok，而仅有9%的男孩会这样做。在青少年中，12～13岁和14～15岁群体每周至少数次使用TikTok的比例最高，分别为21%和

22%。16~17岁群体这一比例降至7%（JIM，2019）。虽然缺乏年龄更小的女孩和男孩的可比数据，但可以假设，对TikTok的兴趣出现在12岁之前，即介于童年和青年之间的青春期之前，也就是他们拥有第一部智能手机的时候。关于TikTok的积极使用，研究人员只询问了受访者是否使用该应用程序以及使用频率，这意味着自制视频的青少年数量可能更少。

虽然有人可能会认为，对处于前青春期阶段（tween）的女孩来说，自制TikTok视频是常见做法，但只有少数人能成为"丽莎和莉娜"这样的明星。在制作视频时，她们不仅展示自己的表演和舞蹈技能，而且通过为视频配乐与大众分享了自己喜欢的音乐、乐队和歌手。在这个意义上，Musical.ly/TikTok文化是女孩卧室文化的延续，这一文化由Angela McRobbie（1991）提出。年轻女孩们参与（仍由男性主导的）青少年音乐亚文化的可能性有限，于是她们利用自己的卧室创造了一种粉丝文化。作为一名粉丝往往意味着要积极主动地做一些事，比如与其他粉丝联系、加入粉丝俱乐部、分享粉丝内容、学习歌词、收集名人周边等。现在，对口型假唱类应用（App）为典型的粉丝活动增添了另一个元素。然而，与以往不同的地方在于，如今那些成功在TikTok上大量"吸粉"的粉丝自己也出名了。

由于这一领域的快速发展变化，目前关于Musical.ly或TikTok的相关研究还不多。大多数出版物关注技术或经济层面，只有少数应用了社会科学视角。例如，Rettberg（2017，p. 1）研究了Musical.ly上年轻表演者使用的典型身体姿势（手势）。他认为，视觉符号正在融入口头语言，不仅通过表情符号等书面语言，而且借助基于视频的交流方式。在通常情况下，手势用于对歌词中单个单词直接解释：

Musical.ly用户通常只用一只手做手势（因为另一只手拿着拍

摄视频），一般是复制或演绎歌词中的某些单词。比如，如果歌词是"I'm way too good for you"，那么手势就是首先举起两根手指表示"too"，然后迅速竖起大拇指表示"good"，接着再次举起两根手指表示"to"，最后指向镜头表示"you"。整个过程不到一秒。（Rettberg，2017，p. 2）

整个视频中都会用到手势，但只针对特定单词。许多单词都有对应的手势，在社区中被普遍理解和使用。例如，我：拇指指向自己；你：食指指向相机，或者将视线保持在双眼水平之上。手势可以被视为对年轻表演者声音缺失的补偿，类似于表情符号对文本交流中缺失的（可见）情绪进行的补偿（Rettberg，2017）。正如例子所示，一些手势的含义不仅对Musical.ly和TikTok用户是不言自明的，而且对（西方）社会全体成员也是如此。尽管如此，这种对手势的特殊使用表明对口型假唱和视频分享平台上出现了一种新的青少年文化。

然而，TikTok视频不再仅限于舞蹈视频自拍和卧室文化。最近发生的事件以及正在进行的研究让观察人士认为，TikTok上正在出现一种新的政治意识，这可能也与TikTok内容审核的变化有关。2020年美国George Floyd之死引发了"黑人的命也是命"（Black Lives Matter）抗议活动，相关视频片段吸引了数千万次观看。在青少年制作和发布的视频中也可以发现政治意识的表达。总的来说，在TikTok上，种族主义、性别歧视和恐同似乎已经"过时"，而多样性似乎成为广大用户的潜在共识。然而，近期也有研究指出，极右翼极端组织对TikTok的使用在很大程度上没有受到关注（Weimann and Masri，2020）。与此同时，TikTok用户群体——至少从德国来看——整体年龄上比过去稍长，主要年龄组从12～13岁扩大到12～15岁（JIM，2019；JIM，2018）。我们可以假设TikTok已经成为当前青少年一代将潮流和政治宣言结合在一起的全球新媒体。未来的研究需要对这一新兴文化提供更多的见解。

6. Facebook和YouTube上的青年政治行动主义

在西方社会，重要的政治参与方式（比如投票或从政）受到年龄的限制。在最年轻的具有投票资格的年龄组中，投票率通常是最低的，因为年轻人仍然需要加强对政治的了解和学习，而且政治人物的竞选活动也不以年轻人为目标受众。虽然这导致年轻人被贴上对政治不感兴趣的标签，但他们中间也发展出一种趋势，即以更多非传统形式进行政治参与，如加入新社会运动。过去，在政治行动主义语境下，"年轻人"一词通常用于指代十几岁、二十几岁和三十岁出头（青春期后期和成年早期）的年轻男女。然而，近期由瑞典女学生和气候活动人士格蕾塔·桑伯格（Greta Thunberg）发起的抗议运动"气候大罢课"（Fridays for Future）则表明，参与活动的人群要年轻得多，其中大多数人还是学生。

对于互联网和社交媒体是否有助于过去政治上不活跃的群体（如年轻人）更多进行政治参与，或者二者是否只是被那些已经参与政治的群体用于政治目的，学界存在分歧。虽然一些学者认为，互联网通过提供新的水平和垂直交流形式改变了政治参与方式，从而进一步促进了政治参与并丰富了协商民主内涵（Oates et al., 2006; Dyson, 1998），但Banaji和Buckingham（2013）指出，在年轻群体中，只有政治活跃的年轻男性和女性在网上继续参与政治活动。同样地，Marr（2005）面向全部人口的研究表明，只有那些出于政治目的而使用互联网的人才对政治感兴趣。

一般而言，年轻人使用Facebook和YouTube等社交媒体的目的包括互相联系与交流，通过文字、图片或视频分享信息以及结成团体。从交流内容和信息流向来看，政治并未在其中扮演主要角色，这点和传统媒体或面对面交流情况一样，政治问题只是年轻人关注的众多问题之一。然而，毫无疑问，对于那些在抗议运动中积极参与政治活动的人来说，社交媒体在接收和分享政治内容方面已经变得非常重要。

新社会运动，如全球化批评者发起的抗议运动或导致长期独裁者倒台的阿拉伯国家抗议活动，具有一个与以往社会运动不同的特点：对互联网和社交媒体的使用。因此，由于年轻人的高参与率，"阿拉伯之春"革命很快被称为"Facebook革命"，以及"青年地震"（youth quake）（Cuconato and Waechter，2012）。"年轻人"和"Facebook革命"这两个标签似乎紧密相连。"被边缘化的年轻人"叙事借助青年文化的表达形式在社交媒体上传播，比如由YouTube博主El Général创作的视频《总统先生，你的人民正在死去》（Rayes Le Bled）。对于那些被传统政治强烈排斥的年轻人来说（极低的投票率和无法担任公职），社交媒体可能为他们进入政界铺平了道路（Waechter，2019）。

学者们在研究中描述了线上社交网络支持革命活动的多种方式：组织政治行动、提供替代新闻来源、影响政治辩论以及建立志同道合积极分子的线上社区（Cuconato and Waechter，2012；Howard et al.，2011）。此外，数字媒体也被用来连接志同道合的群体、筹集资金以及影响国内外公众（Howard and Hussein，2013）。最初，国际网络活动人士主要反对限制自由使用互联网的政治压迫，但很快就与那些站起来反对政治领导人并希望建立新政府的人士联合起来，支持革命事业（Honwana，2013）。例如，在突尼斯，"黑客活动人士"就通过关闭股票交易所扰乱了经济发展（Howard and Hussein，2013）。

自1999年西雅图发生反全球化（WTO）抗议以来，全球范围内出现了新的抗议运动。而在学术辩论中，也出现了批判性声音，追问社交媒体是否是发起并加强新抗议运动的一种重要影响力工具。所谓的网络悲观主义者不认为社交媒体已经产生了（积极）影响，并将网络行动主义描述为不需要付出太多努力的"懒怠行动主义"（slacktivism）或"自我感觉良好的行动主义"（feel good activism）（e.g. Morozov，2011）。"鼠标点击行动主义"（clicktivism）这个词也被用来描述那些不费吹灰之力式的线上参与行为，比如为一番政治评论点"赞"。进一步的批评涉及活动人士对其数据轨迹、通信和内容失去自主权与控制权，当局的监控行为，反民主团体对社交媒体的使用，利用社交媒体为当权者争取经济和政治利益的做法，以及丧失隐私和言论自由的危险（Dolata，2018；Poell，2014）。学者们发现，在"阿拉伯之春"中，通过社交媒体发起的抗议活动只有在电视台等传统媒体（如半岛电视台、法国24小时、阿拉伯电视台）对活动人士及其目标进行报道时，才会向线下发展（Aouragh and Alexander，2011；Dolata，2018；Kneuer and Demmelhuber，2012；Mozorov，2011）。综上，人们可以得出这样的结论：社交媒体为动员提供了更多的可能性，人们借此可以更容易、更迅速地加入一场社会运动，这有助于抗议活动的发动。但随着时间的推移，我们也可以在"气候大罢课"运动中看到，传统媒体对社交媒体的补充是必要的，有助于（年轻人）运动最终站稳脚跟。

关于全球化，"阿拉伯之春"中社交媒体的使用具有跨国和全球性的元素。在22岁的突尼斯说唱歌手El Général发布上文中提到的嘻哈歌曲Rayes El Bled几天后，这首歌也被开罗解放广场的年轻埃及抗议者们所传唱（Cuconato and Waechter，2012）。此外，其他在中东和北非地区（MENA）被用作"抗议歌曲"的嘻哈歌曲（Rosenthal，2001；Rosenthal and Flacks，2012）表达了阿拉伯青年的愤怒与希望，表明在多个层面上存在一个强有力的国际网络。一些说唱歌手来自中东和北非地区，另一些则是已经移民到西方国家（如美国）的青年。歌词的语言有阿拉伯语、英语，或二者兼而有之。歌词内容涉及本国的政治和社会状况，也会提到其他阿拉伯国家的局势和抗议活动。此外，嘻哈抗议歌曲的制作具有国际化背景，是音乐家和制作人通过数字化的在线制作和交流工具完成的。一方面这种国际化强化了嘻哈文化的全球地位，另一方面混合创作过程也为本地创造了新的音乐文化。在中东和北非地区，嘻哈不是一种"拿来主义的""外来的"青年文化，而是一种自成一体的文化，一个被称为"本土化"的过程（LeVine，2012）。网络活动人士的另一个特点是其强大的国际网络，将当地和区域内的"黑客活动人士"与来自西欧或美国的志同道合的年轻人联系起来。

7. 结论

本文表明，社交媒体上的青年文化具有强烈的全球特征，但在某些情况下，其表现形式仍然是本土的。在 Instagram 上，青年（女性）用户将自己视为大型全球社区的一员，这使她们能够在个人社交网络上与国际名人建立联系。与此同时，她们个人社交网络的特点仍是对本人所属的地理区域的关注，虽然通常社交平台用户的目标是获得全球粉丝的关注。

在 MMORPG 中，年轻玩家通过国际服务器与来自世界各地的其他玩家一起游戏。语言技能仍然会造成区域限制，因为语言技能是游戏中与其他玩家交流所必需的。此外，正如我们的访谈所揭示的那样，参与网络游戏时，年轻玩家不仅会和"陌生人"一起玩，还会和学校里的朋友一起玩。在线角色扮演游戏除具有全球特色外，还有很强的本土元素。

在 TikTok 上，全球青年相互联系、分享自制音乐视频并观看其他TikTok 同龄人网红上传的视频片段。顶级 TikTok 网红的知名度超越国界，但仍然存在区域偏好，这可能也与音乐偏好和时事有关。

最后，青年政治行动人士出于政治目的，使用 Facebook 和其他社交媒体，在全球范围内与志同道合的行动人士联系。"阿拉伯之春"中的例子表明，全球化进程已深入许多方面。社交媒体被用来与志同道合的行动人士一道建立国际社区，与志同道合的团体建立和保持联系，以及接触外国公众和媒体。有趣的是，全球活动和社交网络与本地活动及社交网络密切相关。文化生产和传播的全球化网络有助于动员本土人士参与抗议活动。

以上实证案例让学者们认为，尽管社会和经济层面存在全球化的总体趋势，但本土背景在青年文化中未曾也不会变得无关紧要。这似乎适用于各种形式的青年文化活动和场景，对积极参与政治的青年和分享自制音乐视频的十几岁孩子都是如此。然而，有人可能会认为，本土参照物在政治（青年文化）语境中的重要性，要高于其在主要参考全球流行文化的TikTok自拍视频等语境中的重要性。因此，未来有必要加强对不同青年文化背景的研究，以进一步总结青年文化全球本土化的共同趋势和差异。

参考文献

Abidin，C.（2016）. Visibility labour. Engaging with influencers' fashion brands and #OOTD advertorial campaigns on Instagram. *Media International Australia*，*161*（1），86-100.

Ackermann，J.（2010）. The edge of communication? Examining communicative challenges of LAN-parties. In K. Mitgutsch，C. Klimt，& H. Rosenstingl（Eds.），*Exploring the edges of gaming. Proceedings of the Vienna Games Conference 2008-2009：Future and Reality of Gaming*（pp. 103-118）. Wien：Wilhelm Braumüller Universitäts-Verlagsbuchhandlung.

Aouragh，M.，& Alexander，A.（2011）. The Egyptian experience：

Sense and nonsense of the Internet revolution. *International Journal of Communication*, *5*（2011）, 1344-1358.

Banaji, S., & Buckingham, D.（2013）. *The Civic Web: Young people, the Internet, and civic participation.* MacArthur Foundation series on digital media and learning. Cambridge, MA: MIT Press.

Brehm, A. L.（2013）. Navigating the feminine in massively multiplayer online games: gender in World of Warcraft. *Frontiers in Psychology 4*（Article 903）: 1-12.

Bogost, I.（2008）. The rhetoric of video games. In K. Salen（Ed.）, *The ecology of game: Connecting youth, games, and learning*（pp. 117-140）. Cambridge, MA: MIT Press.

Bookman, S., & Hall, T.（2019）. Global brands, youth, cosmopolitan consumption: Instagram performances of branded moral cosmopolitanism. *Journal of Youth Studies*, *1*（1）, 107-137. Special Issue by V. Cicchelli & S. Octobre（Eds.）, The rise and fall of cosmopolitanism.

Brown, Z., & Tiggemann, M.（2016）. Attractive celebrity and peer images on Instagram: Effect on women's mood and body image. *Body Image*, *19*（Dec 2016）, 37-43.

Business of Apps.（2019）. TikTok Revenue and Usage Statistics. https: //www.businessofapps.com/ data/tik-tok-statistics/.

Cuconato, M., & Waechter, N.（2012）. The interplay of youth cultures, the Web 2.0 and political participation in Europe: New reflections after the Youth Quake in Northern Africa and the Middle East. In P. Loncle, M. Cuconato, V. Muniglia, & A. Walther（Eds.）, *Youth participation in Europe: Beyond discourses, practices and realities*（pp. 143-158）. Bristol and Chicago: Policy Press.

Djararova，E.，& Rushworth，C.（2017）. Exploring the credibility of online celebrities' Instagram profiles in influencing the purchase decisions of young female users. *Computer in Human Behavior*，*68*，1-7.

Dreher，E.，Sirsch，U.，Strobl，S.，& Muck，S.（2012）. Jugendalter. Lebensabschnitt und Entwicklungsphase. In G. Knapp & K. Lauermann（Eds.），*Jugend*，*Gesellschaft und Soziale Arbeit*（pp. 118-159）. Klagenfurt：Hermagoras.

Dolata，U.（2018）. Soziale Bewegungen：Die soziotechnische Konstitution kollektiven Handelns. In U. Dolata and J.-F. Schrape（Eds.），*Kollektivität und Macht im Internet. Soziale Bewegungen-Open Source Communities -Internetkonzerne*（pp. 39-69）. Wiesbaden：Springer VS.

Dyson，E.（1998）. *Release 2.1：A Design for Living in the Digital Age.* New York：Broadway Books.

Fritz，J.，& Fehr，W.（2003）. Virtuelle Gewalt：Modell oder Spiegel? Computerspiele aus Sicht der Medienwirkungsforschung. In Bundeszentrale für politische Bildung（Ed.），*Dossier Computerspiele.* http：//www.bpb.de/gesellschaft/digitales/computerspiele/63709/virtuelle-gewalt?p=all.

Handyside，S.，& Ringrose，J.（2017）. Snapchat memory and youth digital sexual cultures：Mediated temporality，duration，and affect. *Journal of Gender Studies*，*26*（3），347-360.

Havighurst，R. J.（1972）. *Developmental tasks and education*（3rd ed.）. New York and London：Longman.

Hodkinson，P.（2004）. Youth cultures and the rest of the life：subcultures，post-subcultures and beyond. *Journal of Youth Studies*，*19*（5），629-645.

Hollauf，I.（2015）. *Erfahrungsräume in digitalen Spielen.* Master

Thesis. Graz: University of Graz. Honwana, A. (2013). *Youth and revolution in Tunisia.* London and New York: Zed Books.

Howard, P. N., & Hussain, M. M. (2013). *Democracy's fourth wave? Digital media and the Arab Spring.* Oxford: Oxford University Press.

Howard, P. N., Duffy, A., Freelon, D., Hussain, M., Mari, W., & Mazaid, M. (2011). *Opening closed regimes: What was the role of social media during the Arab Spring?* Project on Information Technology and Political Islam. Working Paper 2011.1. Seattle: University of Washington.

Hu, Y, Manikonda, L., & *Kambhampati*, S. (2014). *What we instagram: A first analysis of instagram photo content and user types.* In Proceedings of 8th International Conference on Weblogs and Social Media, ICWSM 2014, Ann Arbor, United States, June 1-4, 2014 (pp. 595-598). Palo Alto: AAAI Press.

Huizinga, J. (1938). [2013]. *Homo Ludens. Vom Ursprung der Kultur im Spiel* (23rd ed.). Hamburg: Rowohlt.

JIM. (2019). *JIM 2019. Jugend, Information, (Multi-) Media. Basisuntersuchung zum Medienumgang 12-bis 19-Jähriger in Deutschland.* Stuttgart: Medienpädagogischer Forschungsverbund Südwest.

JIM. (2018). *JIM 2018. Jugend, Information, (Multi-) Media. Basisuntersuchung zum Medienumgang 12-bis 19-Jähriger in Deutschland.* Stuttgart: Medienpädagogischer Forschungsverbund Südwest.

Jin, S.-A. A., & Phua, J. (2014). Following celebrities' tweets about brands: The impact of Twitter-based electronic word-of-mouth on consumers' source credibility perception, buying intention, and social identification with celebrities. *Journal of Advertising*, 43 (2), 181-195.

Kammerl, R. (2013). Machen Medien süchtig? Perspektiven auf das

Phänomen 'Exzessive Mediennutzung im Jugendalter. *medien+erziehung. Zeitschrift für Medienpädagogik*, *57*(4), 12-17.

Kofoed, J., & Larsen, M.(2016). A snap of intimacy: Photo-sharing practices among young people on social media. *First Monday*, *21*(11), https://doi.org/10.5210/fm.v21i11.6905.

Klimmt, C.(2006). *Computerspielen als Handlung: Dimensionen und Determinanten des Erlebens interaktiver Unterhaltungsangebote*. Köln: Halem.

Kneuer, M., & Demmelhuber, T.(2012). Die Bedeutung neuer Medien für die Demokratieentwicklung. Überlegungen am Beispiel des Arabischen Frühlings. *Informationen zur Politischen Bildung*, *35*, 30-38.

Kühn, S., et al.(2017). Taking control! Structural and behavioural plasticity in response to gamebased inhibition training in older adults. *NeuroImage*, *156*, 199-206.

LeVine, M.(2012). Music and the aura of revolution. *International Journal of Middle East Studies*, *44*(2012), 794-797.

Manago, Adriana M., Graham, Michael B., Greenfield, Patricia M., & Salimkhan, Goldie.(2008). Self-presentation and gender on MySpace. *Journal of Applied Development Psychology*, *29*(6), 446-458.

Marr, M.(2005). *Internetzugang und politische Informiertheit: zur digitalen Spaltung der Gesellschaft*. Konstanz: UVK.

McRobbie, A.(1991). *Feminism and youth culture: From 'Jackie' to 'just seventeen'*. Basingstoke: Macmillan.

Morozov, E.(2011). *The net delusion: How not to liberate the world*. London: Penguin.

Moser, H.(2014). Medien in der späten Kindheit. In A. Tillmann, S.

Fleischer, & Hugger, K.-U. (Eds.), *Handbuch Kinder und Medien. Digitale Kultur und Kommunikation* (pp. 323-337). Wiesbaden: Springer VS.

Neuland, E. (2008) . *Jugendsprache.* Tübingen: A. Francke Verlag.

Oates, S., Owen, D. M., & Gibson, R. K. (2006) . *The internet and politics: Citizens, voters and activists.* London: Routledge.

Poell, T. (2014) . Social Media Activism and State Censorship. In D. Trottier & C. Fuchs (Eds.), *Social media, politics and the state: protests, revolutions, riots, crime and policing in an age of Facebook* (pp. 189-206) . London: Routledge.

Rettberg, J. W. (2017, October-December) . Hand Signs for Lip-syncing: The Emergence of a Gestural Language on Musical.ly as a Video-Based Equivalent to Emoji. In *Social Media+Society*, *3*, 1-11.

Robertson, R. (1995) . Glocalization: Time-space and homogeneity. In M. Featherstone, S. Lash, & R. Robertson (Eds.), *Global modernities* (pp. 25-54) . London: Sage.

Rosenberg, J., & Egbert, N. (2011) . Online impression management: Personality traits and concerns for secondary goals as predictors of self-presentation tactics on Facebook. *Journal of Computer-Mediated Communication*, *17*(1), 1-18.

Rosenthal, R. (2001) . Serving the movement: The role (s) of music. *Popular Music and Society*, *25*(3-4), 11-24.

Rosenthal, R., & Flacks, R. (2012) . *Playing for change: Musicians in the service of social movements.* Boulder, CO: Paradigm Publishers.

Roudometof. V. (2019) . Cosmopolitanism, glocalization and youth cultures. *Journal of Youth Studies*, *1*(1), 19-39. Special Issue by V. Cicchelli and S. Octobre (Eds.), The rise and fall of cosmopolitanism.

Schrammel，S.，& Mitgutsch，K.（2009）. Computerspielen als medial-kulturelle Praktik -Ein medienpädagogisch-kulturtheoretischer Zugang zum Phänomen Computerspielen. *Medienpädagogik. Zeitschrift für Praxis und Theorie in der Medienbildung* 15/16，1-16.

Stauber，B.（2001）. Junge Frauen und Männer in Jugendkulturen-gewandelte Bedeutungen in der späten Moderne und Konsequenzen für die Jugendforschung. *Deutsche Jugend*，*49*（2），62-70.

Subrahmanyam，K.，Reich，S. M.，Waechter，N.，& Espinoza，G.（2008）. Online and offline social networks：Use of social networking sites by emerging adults. *Journal of Applied Developmental Psychology*，*29*（6），420-433.

Tan，P.（2011）. *Hate speech in game communities.* Singapore-MIT GAMBIT Game Lab. http：//gam bit.mit.edu/updates/2011/03/hate_speech_in_game_communitie.php.

Tiggemann，M.，Hayden，S.，Brown，Z.，& Veldhuis，J.（2018，September）. The effect of Instagram "likes" on women's social comparison and body dissatisfaction. *Body Image*，*26*，90-97.

Valkenburg，P. M.，Peter，J.，& Schouten，A. P.（2006）. Friend networking sites and their relationship to adolescents' well-being and social self-esteem. *CyberPsychology & Behavior*，*9*（5），584-590.

Waechter，N.（accepted）. Gendered Social Media Cultures between Individuality and Collectivity. In V. Cuzzocrea，B. Gook，& B. Schiermer（Eds.），*Forms of collectivity among contemporary youth：A global perspective.* Leiden：Brill.

Waechter，N.（2019）. The participative role of social media for the disadvantaged young generation in the Arab Spring. *Österreichische Zeitschrift für Soziologie*, *44*（Suppl. 1）, 217-236.

Waechter, N.（2015）. Soziale Ungleichheit in sozialen Netzwerken. *Sozialpädagogische Impulse*, *2015*（3）, 18-20.

Waechter, N.（2012）. Jugend und Jugendkulturen. In G. Knapp & K. Lauermann（Eds.）, *Jugend, Gesellschaft und Soziale Arbeit -Lebenslagen und soziale Ungleichheit von Jugendlichen in Österreich*（pp. 308-326）. Klagenfurt: Hermagoras.

Waechter, N.（2006）. *Wunderbare Jahre? Jugendkultur in Wien. Geschichte und Gegenwart.* Weitra: Bibliothek der Provinz.

Waechter, N., & Hollauf, I.（2018）. Soziale Herausforderungen und Entwicklungsaufgaben im Medienalltag jugendlicher Videospieler/innen. *Deutsche Jugend. Zeitschrift für die Jugendarbeit*, *2018*（5）, 218-226.

Waechter, N., Subrahmanyam, K., Reich, S. M., & Espinoza, G.（2010）. Teenagers connecting online: From chat rooms to social networking sites. In D. Riha & A. Maj（Eds.）, *Emerging practices in cyberculture and social networking*（pp. 151-178）. Amsterdam and New York: Rodopi.

Waechter, N., Triebswetter, K., & Jäger, B.（2011）. Friend or Foe? Jugendliche in Communitys zwischen Selbstdarstellung und Cybermobbing. *Merz-Zeitschrift für Medienpädagogik*, *55*（3）, 56-62.

Weimann, G., & Masri, N.（2020）. Research note: Spreading hate on TikTok. *Studies in Conflict & Terrorism.* Published online 19 June 2020. https: //doi.org/10.1080/1057610x.2020.1780027.

Witzel, A., & Reiter, H.（2012）. *The problem-centred interview.* London: Sage.

消费、中产阶级和青年

Dieter Bögenhold，Yorga Permana，

Farah Naz，Ksenija Popovic

1. 引言：青年和消费主义

本文探讨的是社会分层、青年和消费模式之间的普遍联系。如果按照Karl Mannheim（1952）关于社会被划分为不同世代的经典理解（最初于1928年以德语出版），社会可以被看作由不同年龄层组成的个整体。每一代人或同生群的特点是具有相似的出生年份和共同的生活观点、认同与兴趣（France and Roberts，2015）。Mannheim认为，最年轻的社会成员被称为青年。当年轻人成长为下一代时，他们就会被当前新一代青年所取代，如此循环往复。社会老龄化进程必须被理解为由一代又一代人前赴后继进行的社会永续重组。消费行为被认为是一种习得行为，始于消费模式被内化的童年时期（Martens et al.，2004）。

区分不同年龄层的一个典型特征是消费行为，因为所处人生阶段不同，消费模式差异显著。换言之，与年长消费者不同，年轻消费者会主动花钱或希望通过储蓄为未来的消费做好准备。尽管由于地理和历史条件，以及社会阶层、文化背景、种族和性别等方面的差异，消费模式之间会呈现差异，但年龄相仿的人们往往也会拥有共同愿景。当然，经济

因素也起着非常重要的作用（Duesenberry，1949）。根据Juliet Schor（1998）的说法，所谓的"旧消费主义"和"新消费主义"之间是可以进行区分的。所谓的"旧消费主义"在20世纪50年代和20世纪60年代占主导地位。随后，水平和近邻仿效或比较对家庭消费行为进行了塑造。鉴于中产阶级整体同质化趋势更加明显，比较和模仿主要发生在阶级内部也就不让人意外了。当时的收入分配更加平等，家庭也更积极地参与社交活动。用来描述此类家庭消费模式的表述是"向邻居看齐"（keeping up with the Joneses）。看到邻居拥有新车或新家电，会激发家庭的消费欲望和购买需求。

而所谓的"新消费主义"，从20世纪80年代到2007—2008年大萧条之前一直占据主导地位。20世纪70年代，收入分配从更加平等转变为更加不平等，顶级富人变得愈发富有。Frank（2004）重新使用了由Veblen（1899）最先提出的"炫耀性消费"（conspicuous consumption）一词，用来描述当时美国家庭的消费模式，消费对象包括更大的房子、第二辆汽车、昂贵的度假之旅、珠宝、漂亮衣服等。这种消费行为和消费欲望的延伸被称为"奢侈热"（Frank，2010）：顶级富人过度消费的习惯就像一种病毒，在社会上引发了一场"发热"。Schor（1998）的研究主要关注中产阶级家庭，即收入处于中等水平的家庭，因为它们是一般消费行为的完美例子。

二十年前，Juliet Schor（2002）表示："我的人生故事首先是一个美国故事，是根据美国过去十年的经验发展而来的。但我相信它也与其他国家和地区有关。到了20世纪90年代中期，西欧似乎也出现了类似的情况。但是，欧洲的情况就让其他人去研究吧。"（Schor，2002，p. 2）因此，本文试图提供更多清晰的数据，以填补研究空白。

根据欧洲统计局（EUROSTAT）发布的数据，我们对青年和中产阶级（两个消费主力军群体）之间的联系进行了实证研究（见图1），结果表明二者间存在较强相关性（0.52），这意味着中产阶级规模与青年占总人口比例正相关，即中产阶级规模的萎缩与人口老龄化现象同时发生。

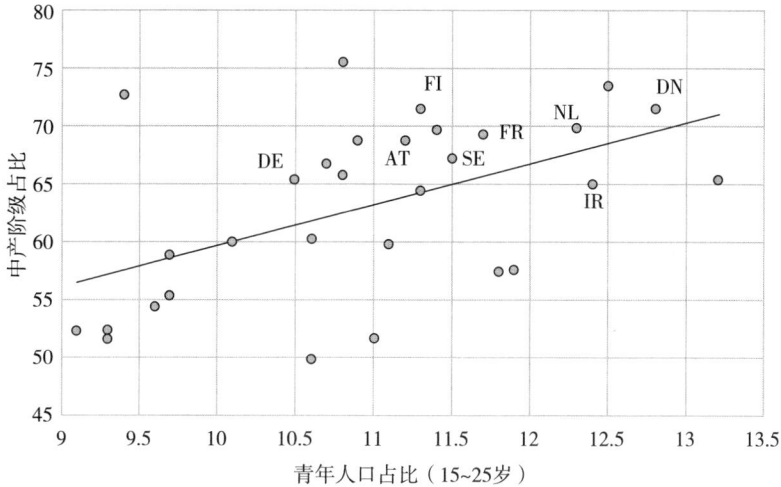

图1　欧洲国家中产阶级和青年人口的对比情况（2018）

来源：根据欧洲统计局数据自行计算得出。

在过去几十年中，青年消费者的重要性凸显，主要推动因素是对中产阶级生活标准的重视、教育水平的提高、休闲时间的增加以及新技术市场的扩大。尽管经济资源通常有限，且目前在许多西方国家的劳动力市场上处于不利地位，但青年无疑仍然是一个重要的消费群体（Wilska，2017）。正如中产阶级本身受到攻击和批评一样，人们可能会发现，中产阶级作为现代大众消费市场中经典消费品的搬运者和传播者的许多核心与流行假设可能会受到越来越多的质疑（Buckingham and Tingstad，2017）。

本文讨论了全球化世界经济中社会分层问题的一个方面，即消费与中产阶级之间的联系。分层的概念是指以拥有资源数量多寡为标准对社会进行垂直细分。对中产阶级的研究兴趣主要基于以下几种原因：（i）从社会秩序、融合和政治冲突角度来看，中产阶级充当了各阶层之间的缓冲。（ⅱ）中产阶级被定义为介于贫困和富裕之间的中等收入家庭群体。它们对新的消费市场、研究生活方式的新领域以及与此相关的新的消费行为持开放态度。（ⅲ）对于不平等和社会流动模式方面的研究而言，中产阶级是个能让研究人员感兴趣的群体。鉴于全球化世界中中产阶级的衰落，最后一点显得尤其重要。是否发生了 Bögenhold 和 Permana（2018）所谓的"去中产阶级化"？由于所有关于不平等加剧（或减少）的讨论都直接涉及中产阶级，且中产阶级现象终究与消费和消费者行为有关，因此本文寻求对这些联系进行更为详细的研究，目的是提供一系列强有力的论据，以激发对中产阶级、不平等和消费者行为等主题的研究热情。我们认为，贫穷和富裕阶层吸引了大多数研究关注（特别激起了人们对于占有过多或过少财富的愤慨），而中产阶级却没有得到应有的关注。

2. 消费和社会分层

我们的消费方式不仅取决于我们生活的具体社会和时代，还取决于我们的偏好，取决于生活方式和相关品位，而这些几乎总是与我们在社会阶级体系中所处的地位有关。因此，下面的讨论将围绕消费和生活方式之间的联系展开，以解释人们采取不同方式创造自身生活方式和消费世界背后的合理性。我们想要拥有什么？哪些商品是我们梦寐以求的？我们出于什么目的而省钱？回答上述问题有助于我们理解人类是如何通过组织自身生活来处理与物质产品之间关系的。消费实践总会带来副作用，表明并强调消费者在分层社会中的社会地位（Veblen，1899；Goffman，1951；Bourdieu，1984）。同样，文化资本与促进社会包容和/或排斥进程的能力有关（Lamont and Lareau，1988）。另外一个研究领域是处在社会中下层或中上层的人们如何形成消费习惯。特别是，徘徊在贫困线以上意味着除实现物质层面的生存外，无法对生活战略或生活方式做出大规模调整。将上述观点与性别或年龄等其他变量结合起来，就可以提出进一步的研究问题（Katz-Gerro，2004）。

这类讨论背后的基本假设是中产阶级是驱动消费的基本盘。中等收入阶层的消费行为和实践涵盖了社会上绝大多数家庭。他们的消费即Riesman等人（1969）所称的"美国家庭消费的标准套餐"。Riesman等人（1969）认为，这是一种童年晚期开始形成的习得行为。此外，中产阶级消费被媒体广泛报道和传播。在某种程度上，消费模式显示了消费者的社会地位。购买昂贵物品给人以满足、"快乐"和"愉悦"，从而使他们感到幸福［Veblen，2007（1899）］。

分层概念指按占有资源多寡对社会进行垂直细分的理念，类似于地质学中对不同物质分层进行研究的做法。社会学家用"社会分层"一词从纵向角度描述社会秩序体系。分层的程度总是体现出关联性，表达的是社会不平等程度。分层的参照物是阶级结构，其中生活方式被视为消费和群体社会包容与排斥中的一种具有表现力的文化时刻（Bögenhold and Naz，2018）。将研究的物质维度和文化维度结合起来，上述问题就会变得愈发明显。人们"是什么"和"做什么"不能再通过简单的一一对应来概念化（Bögenhold，2001）。基于这种理解，生活方式概念可以为社会等级和社会实践之间建立一种联系。人们如何安排闲暇时间以及如何支配收入背后的逻辑并不是收入水平的简单反映，而必须被视为深深嵌入社会的行为。Bourdieu（1984）对社会世界有这样一番比喻：想象存在一个多维的社会空间，空间中属于不同群体的行动者一方面反映了其所处的不同社会地位，另一方面反映了其所代表的不同生活方式。由社会地位不同决定的物质分配差异在一个空间中有所表现，而在另一个空间中，文化资源的供给则通过不同的生活方式进行标示和表现。

其他研究人员强调，由于教育、城市化和不断变化的人口结构模式（包括家庭制度重要性的下降）促进了人口流动，阶级概念的相对性日益增强，进而促使分层体系变得愈发复杂，且处于不断被重新配置的状态。特别地，Beck（2002）提出的个体化（individualization）是增加流动性的标准化社会原则的理念，为社会分层研究提供了新的视角。总之，关于社会分层的观点和话题成倍增加。而Grusky、Ku和Szelényi（2008）则对各种研究问题进行了介绍和概述。如今，开放式社会分层体系相关研究已将不平等问题作为替代变量。Piketty的《21世纪资本论》（2014）在经济学和社会学界取得的巨大商业成功，表明了平等和分层问题的持续吸引力。

图2说明了现代社会的垂直社会分层体系，其中有分别由穷人和富人构成的底层与上层，以及二者之间的广大中间阶层。穷人只是通过满足基本生活需求来求生存，而富人往往表现出明显的消费行为特征。垂直剖面图让人想起了雨滴，雨滴的腰线部分是窄还是宽是一个开放性问题。在研究变革和政治冲突的社会学中，中产阶级一直扮演着核心角色，在现代社会中发挥着一种介于贫困和富裕之间的冲突缓冲区作用。根据Collins（2013）的说法，对中产阶级劳动力的技术替代是近20年才发生的事情，而对工人阶级劳动力的替代过程则持续了近200年（大约是整个19世纪和20世纪的前3/4），与手工劳动力的机械化过程相比，中产阶级劳动力的计算机化（自20世纪最后一个十年以来）要快得多（Collins，2013，p. 56）。因此，以往任何一种补偿失业的方法在未来都将失效。

近期在关于现代资本主义社会未来的讨论中，许多有理有据的推测都是以全球化进程持续演进、数字化和其他技术进步及其对社会分层与社会流动性体系影响三者之间的相互作用为基础的（Wallerstein et al.，2013）。悲观主义者认为，21世纪的技术发展轨迹可能会让中产阶级概念变得多余。如果这一预测成真，它肯定会对社会凝聚力和消费决策的大众消费者特征产生影响。

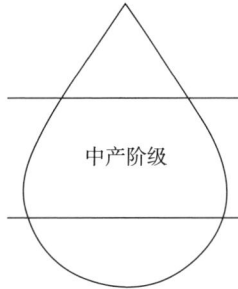

图2 社会分层中的中产阶级

来源：作者自行绘制。

3. 中产阶级的变化：实证观察

令人惊讶的是，学者们对中产阶级的定义没有达成一致（Pressman，2015）。长期以来，分配相关研究侧重于穷人和富人，而处于中间的群体则被遗忘（Atkinson and Brandolini，2011）。自从中产阶级规模萎缩成为一个令人焦虑的问题以来，在过去十年中，人们对中产阶级的定义和测量问题越来越关注。因此，由于缺乏共识，任何界定中产阶级规模的尝试都是"非常武断且容易受到挑战的"（Piketty，2014）。

在本研究中，我们关注的是家庭可支配收入范围，数据来源为欧盟统计局数据库收录的《欧盟收入和生活条件统计数据》（EU-SILC）调查。我们将中产阶级定义为收入介于绝对下限和接近中位数上限之间的群体。皮尤研究中心（2012）对美国中产阶级的定义为收入为中位数的67%~200%的群体。

然而，我们不认为下限或上限能够对应确切数字，因为这取决于研究的背景。因此，我们遵循Ravallion（2010）、Atkinson和Brandolini

（2011）的观点，即中产阶级的下限相当于贫困风险的阈值线。换句话说，被归类为中产阶级的人是那些没有贫困风险的人。在欧盟，贫困风险阈值为全国家庭收入中位数的60%。因此，我们选择了这个数字作为定义中产阶级的下限。与此同时，区分中产阶级和富人的依据是收入上限。借鉴Grabka和Frick（2008）衡量德国中产阶级规模时的做法，我们将中位数的150%设定为界定中产阶级的上限。

总之，本研究将中产阶级定义为相对收入水平在中位数的60%～150%的人口群体。相比之下，当将下限和上限分别更改为收入中位数的40%与130%时，结果也很稳健。

表1显示了2005—2018年，30个国家（28个欧盟国家，以及挪威和瑞士2个非欧盟国家）的中产阶级规模中，有19个国家的中产阶级规模正在下降，而所有国家的中产阶层整体规模从63.4%下降到62.9%，降幅为5%。卢森堡（-11.2%）、瑞典（-9.4%）、德国（-6.6%）和丹麦（-4.6%）经历了最明显的去中产化现象（Bögenhold and Permana，2018）。在中产阶级规模有所增加的国家中，波兰（+11%）、斯洛伐克（+5.1%）、爱尔兰（+5.4%）和葡萄牙（+4.3%）是中产阶级规模显著增加的国家，而其余国家中产阶级规模则更加稳定。

表1　2005—2018年中产阶级规模萎缩的国家/地区（欧盟+瑞士和挪威）

国家/地区	首次观察年份（2005）			最后观察年份（2018）			中产阶级规模
	穷人	中产阶级	富人	穷人	中产阶级	富人	
	收入低于中位数60%的人口比例	收入为中位数60%～150%的人口比例	收入高于中位数150%的人口比例	收入低于中位数60%的人口比例	收入为中位数60~150%的人口比例	收入高于中位数150%的人口比例	
欧盟	16.5	63.4	20.1	17.1	62.9	20	下降
卢森堡	13.7	68.6	17.7	18.3	57.4	24.3	下降
瑞典	9.5	76.6	13.9	16.4	67.2	16.4	下降
保加利亚	18.4	60.2	21.4	22	52.2	25.8	下降

国家 / 地区	首次观察年份（2005）			最后观察年份（2018）			中产阶级规模
	穷人	中产阶级	富人	穷人	中产阶级	富人	
	收入低于中位数60%的人口比例	收入为中位数60%～150%的人口比例	收入高于中位数150%的人口比例	收入低于中位数60%的人口比例	收入为中位数60～150%的人口比例	收入高于中位数150%的人口比例	
德国	12.2	72	15.8	16	65.4	18.6	下降
丹麦	11.8	76.1	12.1	12.7	71.5	15.8	下降
拉脱维亚	19.4	55.2	25.4	23.3	51.6	25.1	下降
挪威	11.4	76.8	11.8	12.9	73.5	13.6	下降
荷兰	10.7	72.8	16.5	13.3	69.8	16.9	下降
奥地利	12.6	70.8	16.6	14.3	68.7	17	下降
爱沙尼亚	18.3	55.8	25.9	21.9	54.4	23.7	下降
西班牙	20.1	56.7	23.2	21.5	55.3	23.2	下降
立陶宛	20.5	53.1	26.4	22.9	51.7	25.4	下降

来源：作者基于欧洲统计局数据自行计算所得。

4. 青年、消费和去中产化之间的关联

当前对美国以及欧洲或亚洲国家中产阶级状况的实证研究（Kochhar，2017；Pruchnik and Zowczak，2017）揭示了具有矛盾性的生活趋势，表明存在不同的生活方向。本文介绍的关于欧洲中产阶级的调查结果表明，一些国家确实经历了去中产化的过程。在与某些实证数据进行比对时，Collins（2013）关于去中产化趋势增强的观点似乎得到了一些实证证据作为支撑。我们的研究也植根于最近的社会分层研究，但关注的首要问题是观察到的不平等现象是否会转变为不断变化的消费模式。

无论何时，大规模的社会、经济和文化变革必然会影响儿童的生活。这些变革可能是直接的，比如战争、移民或快速城市化；也可能是间接

的，比如孩子的父母需要应对新的经济现实。换句话说，社会和经济结构的大环境改变从儿童时期就已经开始影响生活方式、生活观念与消费者偏好（Kaufman et al.，2004）。成年后，他们的愿望和梦想就会变成现实（Cross 2010）。当一般消费家庭及其购买力出现萎缩时，作为中产阶级典型成员的"普通消费者"就会开始失去从前的主导地位。

在欧盟人均GDP最高的八个国家中，只有爱尔兰的中产阶级规模有所扩大，而其他国家的中产阶级则呈下降趋势（见图3）。由于中产阶级似乎正在失去从前的一致性和稳定性，且变得支离破碎，他们可能无法继续充当现代消费家庭的标准模板（Riesman et al.，1969）。人们可能会认为，这套标准模板具有一种侵蚀性，威胁并限制生活方式和消费认同的持续多元化。社会的多元化（Bögenhold，2001；Beck，2002）将作为一种平行趋势，越来越多地影响人们向消费实践多元化的转变。

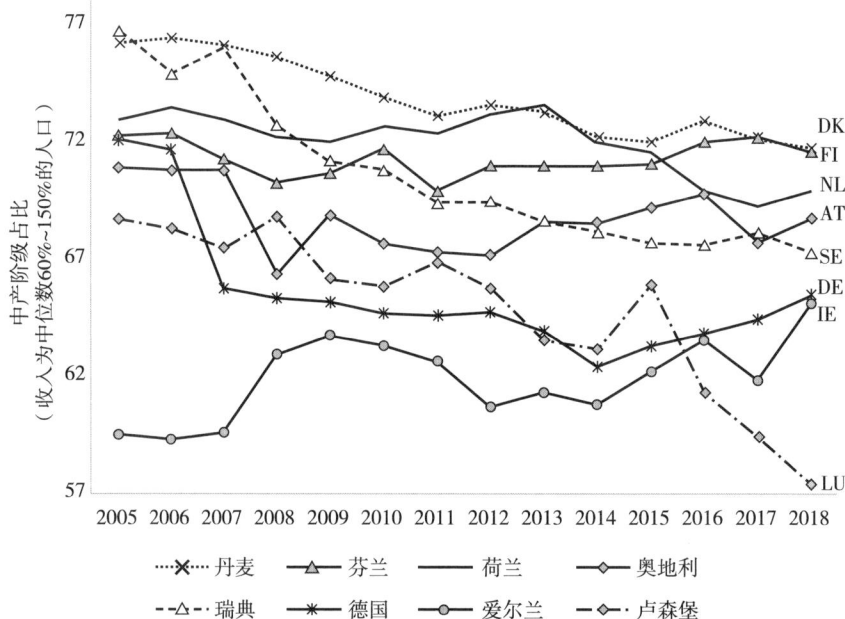

图3 欧盟人均GDP最高且中产阶级化趋势最明显的八个国家

来源：作者自行计算。

在讨论全球化问题时，人们特别注重研究消费实践是否发生在全球层面，也就是是否正在发生所谓的"麦当劳化"（McDonaldization）过程（Ritzer，1993；Ritzer and Malone，2000）。"麦当劳化"在不同消费实践领域均有所体现，包括食品、纺织、旅游和娱乐业，以及信用卡消费等。

Vergara和Rodríguez（2010）认为，正是通过消费社会的广告机构，市场力量才成为经济、社会和文化部门的中轴，植入并产生了一套新的意义、价值观、思维和现实解读方式、新的世界观与行为模式。尽管存在各种文化差异，但由于市场的全球化，消费行为日渐趋同的趋势已非常明显。全球通用的消费相关符号，如品牌、产品类别和消费活动，催生了一种通过市场全球化培育的全球消费文化（Holt et al.，2004）。更令人感兴趣的是那些将消费视为消费社会的一部分的研究课题，因为消费社会本身也在发生变化，是国际同质化和异质化进程的一部分。

当然，本文的实证基础和概念参考是与西方国家有密切关系的。尤其是在美国，我们发现中产阶级及其消费预算有越来越被掏空的趋势（Komlos，2018；Pressman，2010，2015）。这表明关于社会分层的研究，特别是关于中产阶级的研究，是一个真正的跨学科研究领域，结合了经济学、政治经济学、产业关系、社会不平等研究、消费社会学、伦理学、性别研究和青年研究等不同学术视角。而这种跨学科性质意味着研究涵盖许多不同的关键词，将消费、收入、工作和性别模式，以及不平等、正义、社会和经济变化与政治经济等主题结合在一起，综合多样的知识领域和不同的专业讨论，整个研究过程就像是完成拼图一样。

早在2000年，联合国就组织了一项针对24个国家的1万名18~25岁青年城市中产的调查。其目的是研究年轻一代的可持续消费行为（Nyberg，Stø et al.，2000）。简言之，虽然青年受访者们认识到了使用和处置商品对环境的影响，但对购物行为对于环境的影响则缺乏认识（Nyberg，Stø，2000，p. 45）。青年消费者似乎没有把社会责任的重要性置于个人日常购买习惯上。相反，他们做出购买决策时更关注价格和质量，而不是生态可持续性（Nyberg，Stø，2000，p. 16）。然而，环境意识会随着教育水平的提高而提高（Nyberg，Stø，2000，p. 44）。鉴于这项调查的结果已经发布了20年，研究新一代城市年轻中产的最新数据，并测定教育水平提高是否会对年轻一代的政治意识水平产生影响、影响程度有多大，可能具有指导意义。本文尝试将青年引入关于全球化世界中消费和中产阶级的相关讨论中来。我们试图关注这三者之间的一些联系，并介绍了对社会不平等状况和财富分布动态的一些初步评估。文中所有推理在某种程度上都是极具试探性且初步的，因此，相关论点仍需进一步详细论证。文中所有的辩论不仅是在学术意义上研讨了青年和消费问题，而且最终与现代社会中对不平等问题的辩论存在联系。在联合国提出的可持续发展目标中，"目标10"就是减少国家内部和国家之间的不平等（United Nations，2015）。我们的实证研究结果似乎也表明，不平等状况正在加剧，而非减轻。

参考文献

Atkinson，A. B.，& Brandolini，A.（2011）. *On the identification of the "middle class"*（ECINEQ Working Paper 2011-217）. Verona，Italy：Society for the Study of Economic Inequality.

Beck，U.（2002）. *Risk society：Toward a modernity*. London：Sage.

Bögenhold，D.（2001）. Social inequality and the sociology of life style：Material and cultural aspects of social stratification. *American Journal of Economics & Sociology*，*60*，829-848.

Bögenhold, D., & Naz, F. (2018). *Consumption and life-styles.* A Short Introduction, London: Palgrave.

Bögenhold, D., & Permana, Y. (2018). *End of middle classes? social inequalities in the digital age*, *Discussion Paper 04-2018.* Department of Sociology: University of Klagenfurt.

Bourdieu, P. (1984). *Distinction*: *A social critique of the judgement of taste.* Cambridge: Harvard University Press.

Buckingham, D., & Tingstad, V. (2017). Children as Consumers. In M. Keller, B. Halkier, T.-A. Wilska, & M. Truninger (Eds.), *Routledge handbook on consumption* (pp. 303-313). London: Routledge.

Collins, R. (2013). The end of middle-class work: No more escapes. In I. Wallerstein, R. Collins, et al. (Eds.), *Does Capitalism have a Future? (Chapter 2)*. Oxford: Oxford University Press.

Cross, G. (2010). Valves of adult desire: The regulation and incitement of children's consumption. In D. Buckingham & V. Tingstad (Eds.), *Childhood and consumer culture* (pp. 17-30). London: Palgrave Macmillan.

Duesenberry, J. (1949). *Income, saving and the theory of consumer behaviour.* Cambridge, MA: Harvard University Press.

France, A., & Roberts, S. (2015). The problem of social generations: A critique of the new emerging orthodoxy in youth studies. *Journal of Youth Studies*, *18*(2), 215-223.

Frank, R. H. (2004). How not to buy happiness. *Dædalus*, *133*(2), 69-79.

Frank, R. H. (2010). *Luxury Fever: Weighting the Cost of Excess*, Princeton: Princeton University Press.

Frank, R. H. (2019). *Luxury fever: Weighting the cost of excess.*

Princeton: Princeton University Press.

Goffman, E. (1951). *Gender Advertisements*. London: Macmillan.

Grabka, M. M., & Frick, J. R. (2008). The shrinking German middle class-signs of long-term polarization in disposable income? *DIW Berlin Weekly Report*, *4*(4), 21-27.

Grusky, D., Ku, C. M., & Szelényi, S. (Eds.). (2008). *Social stratification: Class, race, and gender in sociological perspective*. Boulder: Westview Press.

Holt, D., Quelch, J., & Taylor, E. L. (2004). How global brands compete. *Harvard Business Review*, *82*(9), 68-75.

Katz-Gerro, T. (2004). Cultural consumption research: Review of methodology, theory, and consequence. *International Review of Sociology*, *14*(1), 11-29. Retrieved from https://doi.org/10.1080/0390670042000186743.

Kaufman, N. H., Rizzini, I., Wilson, K., & Bush, M. (2004). The Impact of global economic, political, and social transformations on the lives of children. In N. H. Kaufman, & I. Rizzini (Eds.), *Globalization and children: Exploring potentials for enhancing opportunities in the lives of children and youth globalization and children* (pp. 3-18). New York: Kluwer.

Kochhar, R. (2017). *Middle class fortunes in Western Europe* (Luxembourg Income Study (LIS), Working Paper No. 702).

Komlos, J. (2018). Hollowing out of the middle class: Growth of income and its distribution in the US, 1979-2013. *Challenge*, *61*(4), 303-324.

Lamont, M., & Lareau, A. (1988). Cultural capital: Allusions, gaps and glissandos in recent theoretical. *Sociological Theory*, *6*(2), 153-

168.

Mannheim，K.（1952）. The problem of generations. In K. Mannheim （Ed.），*Essays on the sociology of knowledge.* London：Routledge and Kegan Paul.

Martens，L.，Southerton，D.，& Scott，S.（2004）. Bringing children （and parents）into the sociology of consumption：Towards a theoretical and empirical agenda. *Journal of Consumer Culture，4*（2），155-182.

Nyberg，A.，& Stø，E.（2000）. Is the future yours? In A. Nyberg，E. Stø，J. Fien，P. Skoien，D.E. Clover，R. Brusdal，R.，& M. Maggi（Eds.），*Youth，Sustainable consumption patterns and life styles*（pp. 7-8）. Paris：UNEP & UNESCO.

Nyberg，A.，Stø，E.，Fien，J.，Skoien，P.，Clover，D. E.，Brusdal，R.，et al.（2000）. *Youth，sustainable consumption patterns and life styles.* Paris：UNEP & UNESCO.

Pew Research Center.（2012）. *The lost decade of the middle class.* Washington，DC：August 22. http：//www.pewsocialtrends.org/2012/08/22/ the-lost-decade-of-the-middle-class/.

Piketty，Th.（2014）. *Capital in the 21st century.* Cambridge：Harvard University Press.

Pressman，S.（2010）. The middle class throughout the world in the mid-2000s. *Journal of Economic Issues，44*（1），243-262. https：//doi. org/10.2753/JEI0021-3624440112.

Pressman，S.（2015）. *Defining and measuring the middle class.* American Institute for Economic Research，pp. 1-27.

Pruchnik，K.，& Zowczak，J.（2017）. *Middle-income trap：Review of the conceptual framework*（Working Paper No. 760）. Tokyo：Asian

Development Bank Institute.

Ravallion, Martin. (2010). The developing world's bulging (but vulnerable) middle class. *World Development*, *38*(4), 445-454.

Riesman, D., Glazer, N., & Denney, R. (1969). *The lonely crowd. A study of the changing American character*. New Haven: Yale University Press.

Ritzer, G. (1993). *The McDonaldization of society: An investigation into the changing character of contemporary social life*. Thousand Oaks: Pine Forge Press.

Ritzer, G., & Malone, E. L. (2000). Globalization Theory: Lessons from the exportation of Mcdonaldization and the new means of consumption. *American Studies*, *41*(2-3), 97-118.

Schor, J. (1998). *The overspent American: Why we want what we don't need*. New York: Harper Collins.

Schor, J. (2002). *Understanding the New Consumerism: Inequality, Emulation and the Erosion of Well-Being*. PSW-paper 2002/2.

United Nations. (2015). *Transforming our world: The 2030 agenda for sustainable development*. Knowledge platform Available online: https: // sustainabledevelopment.un.org/post2015/tra nsformingourworld/publication.

Veblen, T. (1899). *The theory of the leisure class*. New York: MacMillan.

Vergara, E. L., & Rodríguez, M. S. (2010). The social and cultural impact of advertising among chilean youths. *Scientific Journal of Media Literacy. Communicar*, *18*(35), 113-118. Retrieved from https: //doi. org/10.3916/C35-2010-03-04.

Wallerstein, I., Collins, R., Mann, M., Derluguian, G., &

Calhoun，C.（2013）. *Does capitalism have a future?*. Oxford：Oxford University Press.

Wilska，T.-A.（2017）. Youth and generations in consumption. In M. Keller，B. Halkier，T.-A. Wilska，& M. Truninger（Eds.），*Routledge handbook on consumption*（pp. 314-325）. London：Routledge.

青年与失业：
社会影响的实证研究

Gerald Knapp

1. 引言和问题描述

对于欧洲许多青年来说，从学校到有酬就业的过渡之路变得更加艰辛、更加多样化，也更加缺乏清晰的结构。越来越少的青年认为融入就业体系的过程是理所当然的，不认为这是直截了当的。由于就业制度性质不断变化，如今，青年需要更长的时间才能找到第一份工作。

越来越多的青年可能会遭遇走弯路、待业、求职过程延长和就业中断。转型轨迹的改变不仅反映了"劳动社会的结构性转型"，也凸显了社会中的"个性化和去标准化进程"（cf. Spannring，2007，pp. 356ff.；Knapp，2007，2012）。

此外，由于"劳动力市场的临时工化（casualisation）"（Dörre，2006，pp. 181ff.；Pichler，2008，pp. 355ff.），青年更可能面临非典型雇佣关系，包括非自愿兼职或边缘就业、临时就业合同以及工作和服务合同。这些不稳定和缺乏保障的就业状况，一方面导致青年收入下降，另一方面造成社保基金缴纳不足，对青年规划未来的能力产生不利影响。此外，劳动力市场细分程度加深意味着一些青年被卷入就业排斥的恶性循环，其特点是边缘化的工作岗位和反复出现的青年失业。

受影响最为严重的青年一般来自受教育程度较低的家庭，父母失业（占比较高），和/或具有移民背景（cf. Arbeiterkammer Wien，2006，pp. 15f.）。

对许多青年来说，领取失业救济金困难重重，只有先找到一份工作才能在失业之后领取救济金，而就业过程充满挑战。在多数情况下，物质上的不安全和失业增加了青年面临贫困与社会排斥的风险（cf. Knapp，2008，pp. 324ff.），从而减少了其参与社会的机会。欧洲的经济和债务危机进一步加剧了这一问题。

本文描述的情况表明，许多青年进入职场时遭遇延迟，需要长期住在父母家或依赖社会支持措施。传统上向拥有自主权的成年人转型并完成相关的成长任务——融入职场生活和组建家庭——要等到青春期晚期才会成功（如果取得成功的话），而且过程中往往伴随着多方面的困难。如果转型不成功，结果就是失业、就业和失业交替出现、大龄青年（尤其是年轻男性）搬回父母家中，和/或经常遭受社会孤立和污名化。研究人员和深受现状影响的个体一再将此类与近年来经济结构调整直接相关的生活困境，解读为个人层面的失败和年轻人的咎由自取。对这些危机经历的处置通常是在没有社会支持的情况下完成的，且失败的风险更高，极易导致消极自我认知、社交孤立、被迫加入社会边缘群体和反社会态度（cf. Hurrelmann，2010；Knapp，2012）。因此，上述情况不仅对欧洲学校和教育系统，而且对就业系统都是一次至关重要的未来挑战。

2. 青年失业的社会条件

作为一个社会问题，青年失业的出现总是具有非常独特的文化、社会和劳动力市场背景。在关注青年失业的影响之前，我们首先概述青少年阶段的社会转型，并探讨就业对青年认同发展的社会意义。

2.1 青年和社会变革

在西欧的工业化和服务业社会中，由于社会经济状况的快速变化，青年作为一个人生阶段经历了深刻变化（cf. Beck，1986；Beck et al.，1996；Beck，1997）。童年和青春期融入了一系列现代化进程。在现代化和个性化进程开启的背景下，传统的、分阶段的童年、青春期和成年生活安排正在瓦解。

青年的生活条件正在经历一个平行的变化过程。为了拥有一段"成功的传记"（cf. Thiersch，1986），他们必须应对各类艰难且在某种程度上相互矛盾的社会挑战。因此，自20世纪80年代末以来，青年研究领域的理论论述便开始使用"青年阶段的解构"这种表述（cf. Schröer，2002）。这不仅指相对同质化的青年人生阶段的逐渐解体，而且描述了青年面对的传统社会环境的转型。过去，这种环境被视为结构清晰且可靠。

青年不能再依赖预先确定的传记决定，而是要自己做出人生抉择。对于青年个体而言，这些社会变革一方面打开了"行动自由度"并"扩展了可能性空间"（Fend，1988，p. 296）；但另一方面，现代社会后期的青年也面临着越来越大的"失败风险"（Keupp，1988；Keupp et al.，1999）。

青年的职业轨迹取决于在学校取得的教育资质、个人投入程度以及影响劳动力市场的社会条件（如经济和债务危机），这些都不会受到青年个人因素的影响。在此背景下，青年研究领域的理论论述提到了"通过差异化和个性化去标准化"的概念（Hornstein，1999）。

在青年经历社会变革的背景下，学校需要应对广泛挑战。几十年来，对欧洲学校和教育系统的社会观念仍旧维持着一种青年受到社会变革影响的形象。社会公认的"青年教育暂停"（youth education moratorium）（Zinnecker，1991）起源于20世纪的工业劳动社会，如今已经过时。这种做法最初是为了在社交、经济和文化层面上保障社会的存续而确立的，规定青年在社会化过程中免于承担就业和家务方面的义务，以便接受教育和培训。尽管已经过时，但大多数欧洲教育系统仍旧以这种青年形象为运转的基础，枉顾青年长期处于"去标准化"过程中的现实。去标准化过程迫使青年直面社会心理问题，而事实上，按照"教育暂停"框架下的青年形象，应该保护青年使其免于这种负担（cf. Schröer，2004；Knapp，2012，pp. 393ff.）。

青年面临的社会心理问题（也即他们需要完成的成长任务），涉及发展朋友圈、维持与两性同龄人的关系、接受自己的外表以及采用复合自身性别（男/女）的行为模式。此外，他们还绕不开亲密关系的开启，从父母身边独立，对职业选择及所需资质的认知和了解。最后，这些问题还涉及发展对伴侣关系和家庭的认知，塑造自我认知和他人对自己的看法，以及建立世界观和价值取向，以此作为个人行动的决策基础（cf. on this Oerter and Dreher，1995，p. 329；Dreher et al.，2011，pp. 49-81）。

因此，接受学校教育的年轻人对应对能力的追求正在逐步超越对接受教育本身的追求。对于21世纪的许多青年来说，这意味着学校和教育系统所赋予的学历越来越不足以帮助他们应对当前及未来的社会问题（如失业、劳动力市场的要求），也不足以支持他们继续作为社会的一员。

2.2 有酬就业对青年认同发展的意义

在人生规划的背景下，特别对于青年而言，融入有酬就业的过程至关重要（cf. Heinz，1995；Knapp，2008，pp. 324ff.；Hurrelmann，

2010)。对于绝大多数人而言，除非出现劳动社会崩溃的末日情况，否则有酬就业或雇佣劳动是保障物质生活的唯一基础。此外，有酬就业还在社会定位和社会参与机会方面发挥关键作用，涉及教育、文化和政治生活参与、娱乐活动、健康等生活的各个方面。

此外，有酬就业在个人生活中也具有着重要的社会功能。一方面，有酬就业预设了日常作息和生活节奏。另一方面，有酬就业提供了社会关系体验和对个人的不同形式的认可。从这个意义上讲，有酬就业对个人的"认同形成"至关重要（cf. Keupp et al. 1999），对青年而言最是如此。

参考各种理论概念后（cf. Mead，1968；Goffmann，1974；Erikson，1994；Müller，2011）可以发现，个人"认同"呈现出复杂的结构特征。认同可以理解为一项个人成就，既满足了个人对独特性的期望，又符合了社会对理想行为模式的期望。在社会变革进程框架内，每个人都需要不断创造并整合这一成就。

应考虑到，脱离职业各自的社会和经济框架条件去孤立地看待这一过程是不可以的，因为这些条件可能会根据自身特定结构促进或阻碍职业认同的发展。职业认同的形成在很大程度上取决于教育条件、职业成功和失败的经历、社会利益相关者群体给予的认可、与直接同行和其他职业（例如合作伙伴）的关系，以及制度和组织条件（例如自由度、个人成长机会、对待规则和规章的态度）。此外，还必须假定，职业紧张不仅对人们的生活和工作条件产生负面影响，而且还会导致"角色冲突"和"职业认同危机"。

尽管目前整个经济合作发展组织（OECD）地区约有3000万失业人口，3.7亿欧洲人中有5300万人生活在贫困线以下（cf. Beck，2007，p. 379；Knapp，2008），但有酬就业对人生规划和设计的重要性（尤其是对青年而言）丝毫没有减弱。

影响经济制度的激进重组、关停、全球化（cf. Beck，1997）和"数字化"进程导致了劳动力市场危机，家庭制度和生活形式改变对经济和社会文化方面提出了新要求，再加上福利国家社会保障体系的结构性问题已经引发了风险（cf. Knapp，2004，pp. 80ff.），而这些风险更加有可能引起欧洲各国人口"就业导向的扩展"（cf. on this Mutz and Kühnlein，2000）。

有鉴于此，当涉及寻找"认同"时，"工作和职业"这两个问题对所有人都具有核心意义，特别是对青年和初入职场的人而言，这是可以理解的。融入（有薪）工作社会的过程是制订人生规划的核心，是"人生管理"的关键（cf. Böhnisch，1994），也是在人生传记中取得成功的指导方针（cf. Baethge et al.，1996；Hein and Lappe，1998）。

在这种情况下，"教育""培训"和"就业"（cf. Kellermann，1986）对于获得专业技能和能力（"资质"）以及实现经济自主与独立具有重大意义。此外，从社会化理论视角来看，它们对于青年形成认同，并获得"解放"从而成为独立的社会一分子而言也至关重要（cf. also Tillmann，1989；Hurrelmann，1993；Böhnisch，1998；Keupp et al.，1999）。

然而，"工作社会"的结构性转型导致人们，特别是青年，在"工作和职业"的背景下实现某些人生规划的机会变得越来越渺茫，从而阻碍了人类认同的形成。有鉴于此，青年失业率高于平均水平的现象在整个欧洲和经济政策领域都正在成为一个紧迫问题；受影响的群体通常被称为"欧洲的失落一代"。与欧洲总体失业率相比，15~24岁青年的失业率（ILO）状况令人担忧（见图1）。

高于平均水平的失业率只是问题之一：由于劳动力市场的临时工化和不稳定性不断增加，青年更频繁地面临非典型就业条件，包括非自愿兼职工作、边缘就业、短期合同和/或自由职业合同与服务合同，给社会带来贫困或排斥风险等各类后果（cf. Knapp and Pichler，2008 ）。

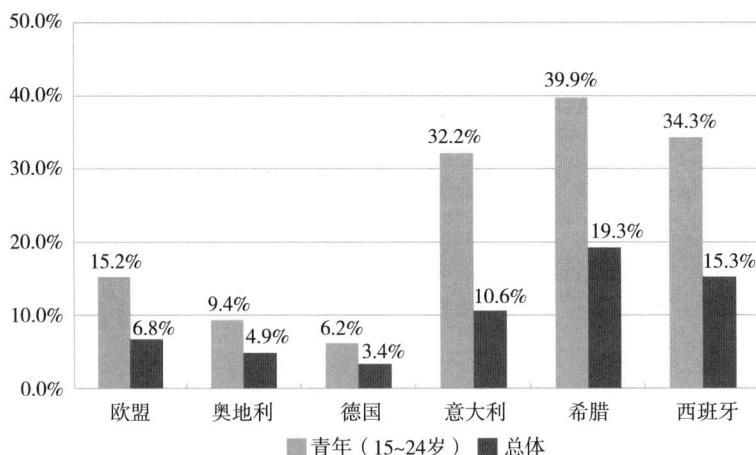

**图1　2018年欧盟部分成员国青年（15～24岁）失业率（ILO）与
总体失业率比较情况（年平均值以百分比表示）**
来源：欧盟统计局2018年数据，线上；作者自行绘制。

3. 实证调查的目的、方法和关键数据

在上述背景下，克拉根福大学（University of Klagenfurt）支持的
一项大型研究项目（由大学学术办公室首席研究员、教授Gerald Knapp
领导）研究了青年失业的决定因素，目的是为制定教育和劳动力市场相
关政策提供措施建议，积极主动应对青年失业现象。

基于现有理论和研究，本研究预先采用的核心假设是，除经济和区
域劳动力市场状况，以及服务型社会导向的结构性转型外，（1）与家庭
相关的决定因素和（2）与学校或教育相关的环境因素之间的复杂互动，
可能与青年失业的出现高度相关。换言之，青年失业被视为一个由多种
因素共同决定的问题，许多影响因素（如社会出身和/或低教育或技能水
平）的（同时）作用被认为是具有决定性的。

鉴于现有文献通常只对单一后果展开分析，如失业造成的社会心理影响（cf., representative of many others, Kritzinger et al., 2009），本研究项目的第二个基本目标是描述（青年）失业引发的各种后果和副作用。上述研究（通常涉及德语区，并不局限于奥地利），以及作者进行的文献综述和二次分析表明，现有研究只是从原因和影响的角度描绘出了一幅不完整的青年失业图景。在分析过程中，项目团队发现了定性研究领域存在空白，而定量研究方面的不足（指缺乏可用数据）进一步放大了这一空白，这说明有必要开展一种全新的实证调查，即以大范围书面调查＋补充访谈的形式进行的定量分析（"混合方法"）。实证调查的目标群体或基本人群（涉及定量和定性研究）由15～24岁的青年组成，无论调查是否恰逢失业期。这种方法使项目团队能够选定由失业青年组成的"测试组"，以及相应的"控制组"。控制组成员大多数是向劳动力市场过渡顺利的年轻人，或在调查时已经融入劳动力市场一段时间并取得一定成功的青年。这样做一方面可以比较不同的职业生涯发展情况（以及职业发展的必要先决条件，如相应的教育水平），另一方面也可以总结出青年失业造成的多方面（社会）影响。

为了更深入地了解造成青年失业的多种因素，本次调查采用模块化问卷设计，共72个问题，分为8个不同特征模块。除个人特征（如年龄、性别或移民背景）问题外，社会经济、家庭背景或教育相关问题构成了问卷中青年失业决定因素模块的主要部分。职业相关特征问题（包括与失业相关的一组问题）构成了问卷的另外两个关键模块，目的是追踪青年受访者的职业生涯发展轨迹，从而识别劳动力市场上两个群体之间的表现差异。此外，与影响相关的一系列特征也被纳入了问卷，如与健康有关的行为或社会心理压力因素，目的是使研究人员既可以探究对经济的影响（如贫困风险），又可以从社会科学角度探究对个人和社会的影响（如社会排斥或犯罪）。关于青年的社会关系或社会参与（如志愿活动），或关于其社会态度和对未来的看法（如对未来的期望）的一般问题构成了问卷余下的部分。问卷问题的可理解性和一致性已通过预测试。最后，问卷被邮寄给《居民中央登记簿》上随机抽取的6280名（N=6280）克恩顿州（奥地利南部）青年。

尽管问卷很长，但项目组还是成功回收了1454份可用问卷，回收率为23.2%。可用于进一步统计分析的样本具有高度代表性：样本的年龄（平均值：19.2岁）和区域分布，支持对农村和城市进行区域比较，符合基本人口情况（cf. Statistik Austria，2013，p. 338；Amt der Kärntner Landesregierung，2014，p. 37）。仅就问卷中填写的性别而言，女性在样本中的占比过高，为60.5%，而男性（39.5%）占比则明显低于奥地利统计局统计的真实男性人口比例（51.6%）（2013，p. 338）。然而，这种不平衡并没有带来任何重大后果，因为研究的重点是青年失业的一般原因，而不是性别原因。

此外，我们为定性调查部分制作了一份结构化访谈指南（与问卷配合支持研究项目的定量部分），也分为8个模块。根据指南，我们共进行了25次访谈，访谈对象主要是失业青年，目的是深化和扩大定量调查的结果。

4. 青年失业的社会影响

关于青年失业的多方面影响，下文将特别谈到贫困风险的增加以及与健康有关的影响，而鉴于青年失业人数众多，我们在此只能呈现其他影响的某些方面。完整综述，请参阅Knapp等人的论文（2018）。

4.1 贫困和社会排斥风险

大量研究表明，排斥过程（在失业或劳动力市场上缺乏积极性，即完全退出劳动力市场）往往与受影响个人的社会经济劣势密切相关（cf. Giesecke et al., 2010, p. 421）。青年失业最重要的经济影响之一是贫困和被排斥的风险增加，尽管被动的劳动力市场政策（如失业津贴、紧急津贴）能够提供一定的财务支持，但失业会导致重大的经济和物质损失，其影响会持续到成年（早）期。例如，官方统计数据表明，与其他职业情况（如熟练工人、低层管理人员）相比，失业人员的家庭年净收入最低（cf. Statistik Austria, 2015c, p. 269）；而当涉及贫困风险时，失业尤其被视为一个核心风险因素。因此，失业人员的贫困风险为46%，而就业人员的贫困风险（8%）则明显低于14%的社会平均水平（cf. BMASK, 2014, pp. 347f.; Statistik Austria, 2015d, pp. 82f.）。"所以，参与有酬就业是预防贫困的基本前提。"（BMASK, 2010, p. 178）

除这种对贫困的相对衡量标准外，"物质匮乏"（material deprivation）则代表了对生活水平的一种绝对衡量。与基于收入的方法不同，它主要关注财务资源（变化）带来的实际影响。根据欧洲的定义，当一个家庭在经济上无法满足几项主要的基本需求时，我们称这种生活状况为物质匮乏。尽管形式上有所修改，并加入了社会参与的相关特征，但本文所述研究对上述基本需求均有所涉及，包括能够为自己的公寓/住房充分供暖，或每个月能够邀请朋友或家人聚餐一次。

根据调查结果，项目团队生成了"匮乏和参与指数"（deprivation and participation index），取值范围从0（无限制）到6（最大限制）；然后，团队进行了一次均值比较实验，证实两组均值之间存在显著差异。除了受教育程度低且由于在劳动力市场上处于不利地位而收入水平相对较低的受调查青年，失业青年尤其受到限制性财务状况和社会参与度较低的影响。实验结果显示，失业青年的平均值是3.4，而就业青年的平均值明显更高，为4.9（$t=7.74$；$p=0.000$）。这意味着，失业青年平均有

2.6项基本需求无法满足，而就业青年平均仅有1.1项基本需求无法满足（主要是假期数量，因此不属于迫切的基本需求范畴）。

此外，调查结果显示，与就业青年相比，失业青年更有可能拖欠房租、贷款或手机话费（t=4.53；p=0.000），对国家福利支出的依赖程度也更高（t=-5.28；p=0.000）。例如，分析显示，失业青年（31.9%）比就业青年（16.4%）更有可能获得住房福利补贴。还有一点可以确定，那就是失业青年单独立户的可能性要小得多，这意味着其与父母一起生活的可能性要大得多（Pearson-χ^2=10.9；p=0.054；Cramer's V=0.16）。因此，由于财务资源的缺乏和紧密的空间联系，这种安排可能会导致摩擦，并让青年遭受来自原生家庭的较大压力（cf. Schober，1978，p. 204）。

此外，还可以通过研究娱乐活动的参与程度对上述社会参与受限情况进行阐述，这些娱乐活动（如看电影、健身等）一方面涉及成本，另一方面对失业青年来说相对难以负担，因此可能导致社会孤立和社会联系减少（cf. on this also Kronauer，2002）。考虑就业状况的差异分析显示，不到一半（45.6%）的失业青年经常沉溺于昂贵的娱乐活动；另外15.2%的失业青年表示自己一般不想这么做，而剩余的39.2%表示财务原因导致自己无法负担此类娱乐活动的花费，正如访谈结果所证实的：

> "我必须时刻小心花钱。我的朋友们很生气，因为我总是很小心，但即便如此我仍然没钱。买烟和外出都很费钱。我已经减少了自己外出的次数，但最后还是把钱花在了其他地方"（M13），或者"是的，我正在为考驾照存钱。我已经计划好了，因此必须要有耐心。"（W1）

相比之下，76.0%的就业青年经常参加涉及成本的娱乐活动，他们的社会融合程度也较高（见图2）。

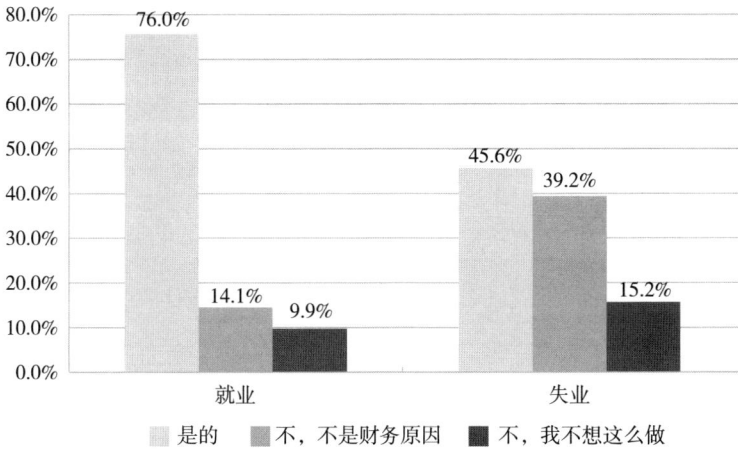

图2　不同就业状况下对涉及成本的娱乐活动的参与情况（百分比）

来源：作者自行绘制。

与此同时，失业青年——可能同样受限于经济条件——也较少参加俱乐部、社区或协会的活动（z=4.18；p=0.000）。失业青年的社会融合程度尤其低，也不太能够通过（广泛且具有异质性的）社交网络获得支持。这可以被看作一种劣势，例如Brandt（2006，p. 468）指出，失业青年特别有可能通过社交网络摆脱失业，因为针对稀缺资源（如工作机会）展开竞争时，能够动用社会联系往往意味着获得了决定性优势。总之，失业青年在多个层面上处于不利的经济和社会地位，这在统计上是显著的。

结果1：贫困和（社会）排斥风险的增加可以被定义为青年失业的核心影响。

4.2 健康相关影响

除上述影响外，失业的主要影响还包括与健康有关的各种后果，而这些都是医学、社会学和心理学领域的研究主题（cf. for instance

Kiesel-bach and Beelmann，2006；Kroll and Lamprecht，2011）。大量研究清楚表明，与就业者相比，失业者受到健康和心理问题的影响更大。与失业有关的压力可能会导致危害健康的行为、社会心理压力和疾病（cf. Robert Koch Institut，2012，p. 1；Hess et al.，1991），奥地利的实证健康调查也证实了这一点。根据奥地利统计局的数据（Statistik Austria）（2014a，b），失业人员罹患疾病的概率明显高于就业人员，失业人群更容易患上慢性焦虑/抑郁、高血压或糖尿病。因此，本文讨论的研究结果也确定了年轻人的（主观）健康状况与失业之间的显著相关性，这并不令人惊讶。根据秩和检验结果，失业青年对其健康状况的估计要比就业青年对其健康状况的估计差得多（$z=-2.01$；$p=0.045$；见图3）。虽然只有3.3%的就业人员认为自己的健康状况"（很）差"，但在接受调查的失业青年中（尽管年龄尚小），这一比例为7.6%。因此，我们在这里需要强调一个会随时间恶化的因素，即成年早期经历失业会对个体以后的健康产生持久影响（cf. Mohr and Richter，2008，p. 26）。

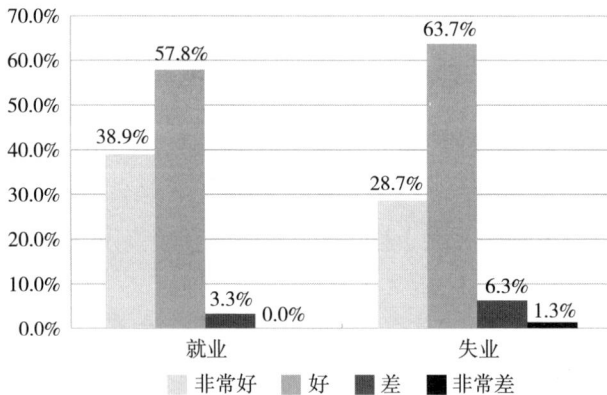

图3 不同就业状况人员对个人健康状况的（主观）评估（百分比）
来源：作者自行绘制。

主观上认为健康状况变差与青年危害健康的行为模式密切相关。

例如，相关文献提出了吸烟流行与社会阶层归属之间具有相关性的假设。而我们收集到的数据也证实了这一点。烟草消费在试验组和对照组之间表现出显著差异：虽然超过一半（56.3%）的失业青年经常消费烟草产品，但同样的情况仅占参与调查就业人员的37.0%（Pearson - x^2=9.90；p=0.002；Cramer's V=0.12）。因此，失业青年中烟草流行程度更高支持了现有研究给出的（理论）解释：一方面，呼应了Kieselbach和Beelmann、Jungbauer-Gans和Gross，以及Hollereder等人的观点（cf. for instance Kieselbach and Beelmann，2006；Jungbauer-Gans and Gross，2009；Hollereder，2011）；另一方面，也与《奥地利健康调查（2006/2007）》的数据一致。根据该调查，45%的失业者和30%的就业人口经常吸烟（cf. Statistik Austria，2014a，p. 76）。

除身体上的影响外，"失业还会导致心理状态恶化……引发抑郁、焦虑、身心性疾病，而且对自我价值感的影响已被认定为失业造成的心理后果之一"（Mohr and Richter，2008，p. 26；transl. by the author）。我们的评估也证实了社会心理压力（沮丧、不快乐和抑郁）是青年失业造成的主要健康相关影响（z=-2.01；P=0.000），定性研究部分的某些结果再次证实了这一点：

> 过去，我经历过霸凌、离婚、家庭问题等。虽然发生了一些事情，但那已经过去了。我当时甚至还去看了心理医生。12岁到15岁的时候，每两周去一次医院吧。（M14）

因此，特别是在青年阶段，失业会带来社会心理影响，因为青年正处于寻找自我认同的过程中（即一个成年和独立的过程）。在这一阶段，专业培训和工作具有重要意义。失业在很大程度上干扰了自身社会认同的发展、人生规划和价值判断。一方面，现有研究表明，出于物质或经

济原因，青年会被束缚在原生家庭中；另一方面，青年也会因失业而被
排除在同龄人群体之外，从而丧失向成年人过渡和获得职业角色的机会
（cf. Schober，1978，pp. 200f.；Schober，1987，p. 459）。由此带
来的欲望和现实之间的冲突可以被视为一种关键的生活经历，可能或者无
法避免地会给性格发展带来伤害并造成社会心理压力（cf. Reißig，2010，
p. 55；Schober，1978，p. 201）。受影响的个体必须找到一种方法来处
理由此产生的精神和社会压力，无论是以内疚感或失败感的形式，还是
以攻击其他社会群体的形式（cf. Schober，1978，p. 202）。图4展示了
（理论上预测的）失业对青年个人生活状况影响的实证证据。

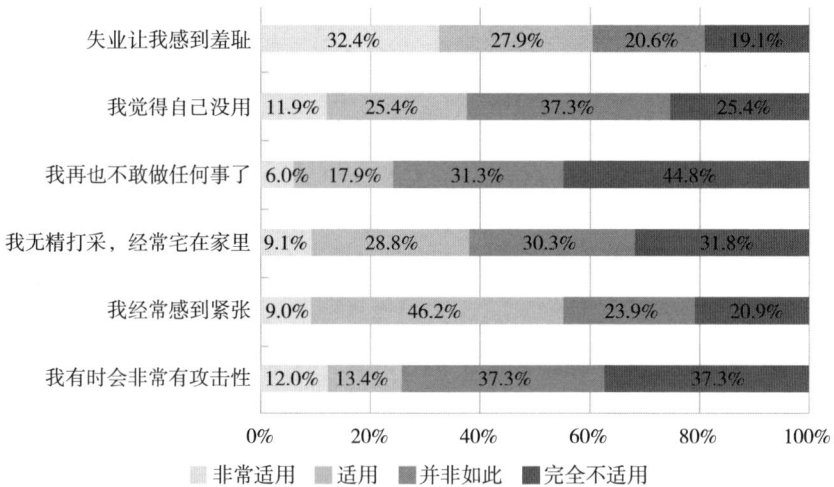

图4 失业对生活状况的影响（百分比）
来源：作者自行绘制。

从失业对青年个人生活状况产生影响的调查结果来看，在参与调查
的失业青年中，有不少人觉得自己没有价值（11.9%），对失业感到羞耻
（32.4%），并/或表现出认命和对自己失去信心的倾向（6.0%）以及缺乏
干劲（9.1%；受访者认为描述"完全适用"）。更糟糕的是，失业青年预
期个人生活状况在未来不会出现任何显著改善，认为职业生涯和未来充

满极大不确定性。因此，受访失业青年中四分之一（24.7%）担心未来，超过一半（53.3%）表示怀疑自己是否能够完全融入劳动力市场，正如一名受访青年所强调的：

> 情况不好。是的，确实不好。我看不到任何积极信号。一切都很复杂。现在，我不能说情况就一定不会变好。我还没走到那一步。我可以找一千个借口，但却仍然不知道未来会是什么样子。我必须顺其自然，必须接受等待我的一切。我不提前计划。我感到很强的不确定性，我无法预测未来会怎样发展。（M13）

有鉴于此，与就业的同龄人相比，失业青年对生活的不满程度普遍更高，"生活满意度"也更低，一段时间以来，学界对此给予了高度关注，将其归入"幸福研究"项下。数据分析表明，受调查青年的生活满意度由许多因素共同决定，如年龄、教育水平、健康状况、移民背景或社会声望。总之，梳理早期研究后（cf. Hadjar，2008，p. 379；Enste and Ewers，2014，p. 44；Statistik Austria，2014c，p. 87；Eurostat，2015，pp. 236ff.），可以发现就业状况被视为生活满意度最核心的决定因素之一。用1～10分的量表衡量生活满意度（1分代表"非常不满意"，10分代表"非常满意"），失业青年的平均得分为6.1分，低于在职青年（7.3分；t=3.45；p=0.000）。因此，就业促进政策措施不仅被视为经济增长的支柱，而且还可以促进社会福祉，因为人们对生活的总体满意度在很大程度上取决于就业状况。另一个确定的相关性（即健康状况或教育水平与生活满意度之间的相关性）也意味着，制定政策时还应特别注意其对（职场）健康的促进作用和对教育系统整体改革的推动作用（cf. Enste and Ewers，2014）。

结果2：在青春期和成年后稍晚遭遇失业会对身体与心理造成长期影

响。此外，由于失业，青年的未来前景充满不确定性，生活满意度也往往较低。

本节最后一部分讨论失业带来的三种影响，这些影响具有特别的社会意义。本文第五节将总结本文的贡献。

4.3 社会影响

Schober（1978，p. 202）是第一个指出失业往往与攻击性结伴出现的学者之一（cf. Sect. 4.2）。所谓的"失业理论"进一步假设，失业经历或预期会导致暴力行为，这可能是由于当事人需要处理和消化相关社会经历、对劳动力市场的直接印象以及接受就业或失业的现实状况导致的（cf. Scheu，2009，pp. 18ff.）。

参加调查的失业青年经常感觉自己有攻击性（12.0%）；此外，相关统计还可能支持失业导致犯罪行为增加的理论。虽然本文涉及的研究表明，年轻受访者中大部分人（94.5%）尚未（在刑法意义上）触犯法律，但另一项关于劳动力市场状况的分析却表明，试验组和对照组之间存在差异。与就业青年（4.8%；由于一人曾多次触犯法律，故调整后占比下降为1.8%）相比，失业青年更容易触犯法律（8.9%；由于一人曾多次触犯法律，故调整后占比下降为7.6%）；差异具有统计显著性（z=-2.90；p=0.004）。

上述结果也与定性分析结果相吻合。在调查参与者中，失业人员比处于就业状态的同龄人更经常触犯法律。比如，一位受访者在回答自己是否与警察打过交道时做出如下回答：

> 是的，警方提出过几次指控，但都没有定罪。我以前做过蠢事，比如人身攻击、破坏财产、噪音干扰、骚乱等，也被罚过款。现在我已经因为阻碍警察执法、侮辱警方人员和破坏财产被定了罪。而且，

我之前攻击前男友女朋友的案子还没有开庭。我已经被判三年缓刑了，真的，我不能再犯事了。我不知道到最后前男友女朋友的事会不会被加到刑罚中去。我真不知道。（W1）

从两个不同的角度来看，上述结果显然具有社会意义。一方面，因为积极的劳动力市场政策和青年失业率长期下降会减少刑事犯罪的数量；另一方面，因为犯罪数量下降可能降低因打击犯罪而造成的公共预算压力，正如德国一项针对低学历和经常性失业青年的研究所显示的那样（cf. Entdorf and Sieger，2010），见图5。

本文讨论的研究中确定了青年失业的另一个核心社会影响，即失业青年在志愿服务方面表现出较低的投入水平。尽管在一般情况下，无酬社会活动在被调查青年中只发挥次要作用，但值得注意的是，就业青年比失业的同龄人更有可能成为志愿者（z=-2.14；p=0.033；见图6）。这种相关性也可以在受教育程度较低的青年中间观察到（z=-3.82；P=0.000）。这表明，低学历人群——劳动力市场上规模最大的问题群体——显然不认为志愿活动是一项值得充分参与的活动。

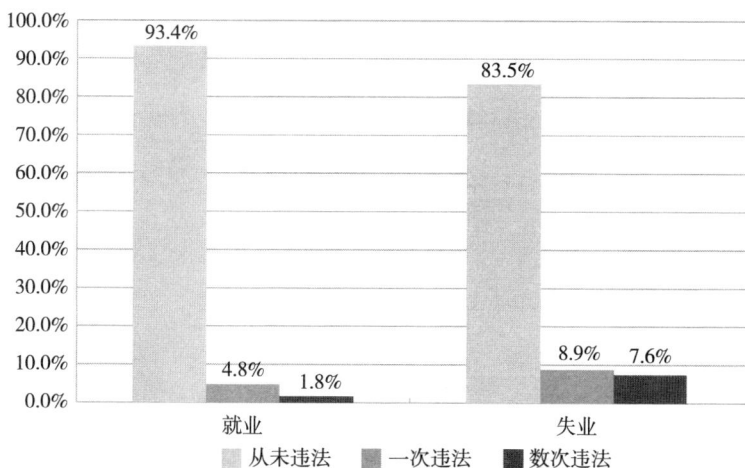

图5 不同就业状况人群触犯法律情况（百分比）

来源：作者自行绘制。

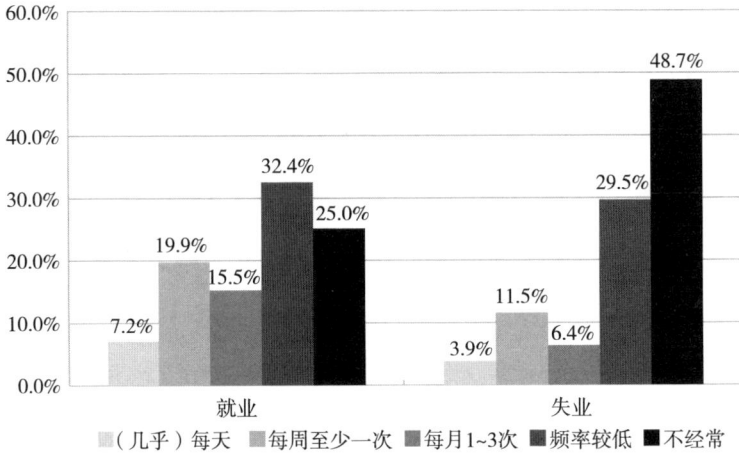

图6　不同就业状况人群对志愿服务的投入情况

来源：作者自行绘制。

Erlinghagen（2000）认为，这是由于低学历个体不具备必要的资源，而这些资源又是在知识社会的"志愿者市场"上产生相应商品所必需的。相反，资源配置更好的个体也可以成功地增加其在劳动力市场上的人力和社会资本，而那些学历较低的人则被排除在参与和提高的机会之外（cf. Erlinghagen，2000，pp. 291ff.）。然而，正是社交和社会方面的投入以及由此产生的社会关系与社交网络，才能为低收入者摆脱失业状态和取得成功提供机会。人脉越广，获得"有用"信息的渠道就越多，在找工作时发挥人脉影响力的机会也就越大。因此，社会融合应被视为预防或摆脱（青年）失业的核心，要对其予以大力推动和促进。

5. 总结和改善的支点

对青年失业发生的条件和影响的实证研究，为采取措施改善青年生活条件提供了支点，同时对于欧洲也有着重大的社会政治意义。除经济和区域劳动力市场状况、人口结构影响、与家庭有关的决定因素以及教育水平外，我们还确定了青年失业的另外两个关键决定因素。首先，家庭生活状况和社会出身可以被视为有条件教育（conditional education）和社会地位转移（status transfer）的重要前提，因此是青年失业发生的中心影响因素。其次，教育水平对青年阶段和成年后个体在劳动力市场获得机会具有决定性影响，因此可以被视为青年失业的重要决定因素。而贫困和社会排斥风险的增加可以被视作青年失业的核心经济效应。

青春期和成年后的失业经历会导致长期的身体和心理影响。失业青年的前景充满不确定性，让人感觉没有未来。同时，失业青年的生活满意度也会降低。Knapp等人（2018）对此进行了差异化综述，其见解为家庭、教育和劳动力市场政策领域的干预措施提供了支点，有助于以积极的方式应对青年失业的社会问题。

鉴于教育是防止失业的最好保护措施（cf. for instance Weber and Weber，2013），且时至今口欧洲教育系统的发达程度仍难以令人满意，增加欧洲教育系统的社会渗透率和确保教育机会均等显得尤为重要。通常，决定儿童和青少年接受何种教育的是社会出身；对于父母教育水平较低的儿童和来自移民背景家庭的儿童，成功升学相对较难（cf. Knapp，2007；Statistik Austria，2013，p. 92；Knittler，2011；Altzinger et al.，2013）。Lachmayr和Rothmüller（2009，p. 6）也已论证，"受教育愿望"在很大程度上取决于父母的教育水平；因此，过去数十年观察到的教育规模扩张不应被误认为是教育机会均等得到了改善，因为总人口中不同群体相对受教育机会的改善情况是不同的（cf. Becker 2009，p. 20）。这意味着欧洲许多国家都需要对本国的教育体系采取行动。对儿童（尤其是移民）进行早期语言培训，引进全日制学校以弥补年轻人相对困难的家庭背景（这往往是青年失业的决定性因素），以及建立"真正的"综合学校（有助于减少二次出身效应）（cf. Bacher and

Tamesberger，2011；Bacher，2007；Knapp，2007），可以被视为这种情况下采取的权宜之计。

"补救"措施（即在教育中断后采取的措施）占据主导地位是很常见的。干预策略的重点往往是使弱势青年重新融入教育系统，或者最好是将其导向劳动力市场，而不是避免他们退出教育系统。补救措施的作用往往只是"亡羊补牢"，因为在大多数情况下，正规毕业文凭的作用是无法替代的。因此，无法顺利毕业的个体未来在劳动力市场上的状况并不会明显改善。最为重要的是，干预策略越早应用于教育系统，效果越好，效率也越高；事前"预防"比事后"补救"效果更好（cf. Steiner，2009，p. 158；Nairz-Wirth and Gitschthaler，2010）。根据这些结果可以判断，预防措施应该得到更加强有力的推广（cf. Steiner，2009，p. 158）。此外，还应采取相应的配套措施，以强化职业定位、职业继续教育和终身学习。

然而，欧洲继续施行积极的劳动力市场政策仍然至关重要。尽管公共预算面临压力，但鉴于许多欧洲国家现有的监测失业率水平，必须更加重视旨在使长期失业者迅速重新融入社会的有效措施。除加强自我价值、避免社会孤立、增加志愿服务投入和防止成瘾及暴力外，尤其重要的是确保那些从未从事过固定工作的个体不仅能够获得更高水平的教育和培训，而且能够迅速且顺利地实现就业（cf. Weber et al.，2007，pp. 2957ff.；Rätzel，2007，pp. 335f.）。

正如本文所讨论的研究所展示的那样，失业与幸福感的急剧下降有关。因此，一旦出现失业，就必须通过优化干预和资质提升措施，支持受影响人员迅速重新融入社会。而鉴于失业与负面（健康）影响的相关性，欧洲劳动力市场的政策制定者们必须采取特殊举措，应对失业问题。

参考文献

Arbeiterkammer Wien（Ed.）.（2006）. *Jugend ohne Netz? Übergänge zwischen Bildung und Arbeitsmarkt*. Wien：Arbeiterkammer Wien.

Altzinger，W., Lamei，N., Rumplmaier，B., & Schneebaum，A.（2013）. Intergenerationale soziale Mobilität in Österreich. *Statistische Nachrichten*，*1*（2013），48-62.

Amt der Kärntner Landesregierung.（2014）. *Statistisches Handbuch des Landes Kärnten -Daten 2013*. Klagenfurt：Verlag Johannes Heyn.

Bacher，J.（2007）. Effekte von Gesamtschulsystemen auf Testleistungen und Chancengleichheit. *WISO*，*30*（2），16-34.

Bacher，J., & Tamesberger，D.（2011）. Junge Menschen ohne（Berufs-）Ausbildung. Ausmaß und Problemskizze anhand unterschiedlicher Sozialindikatoren. *WISO*，*34*（4），95-109.

Baethge，M., Hantsche，B., Pelull，W., & Voskamp，U.（1996）. *Jugend：Arbeit und Identität. Lebensperspektiven und Interessensorientierung von Jugendlichen*. Opladen：Leske und Budrich.

Beck，U.（1986）. *Risikogesellschaft. Auf dem Weg in eine andere Moderne*. Frankfurt am Main：Suhrkamp.

Beck，U., Giddens，A., & Lash，S.（1996）. *Reflexive Modernisierung. Eine Kontoverse*. Frankfurt am Main：Suhrkamp.

Beck，U.（1997）. *Was ist Globalisierung? Irrtümer des Globalismus-Antworten auf Globalisierung*. Frankfurt am Main：Suhrkamp.

Beck，U.（2007）. *Weltrisikogesellschaft. Auf der Suche nach der verlorenen Sicherheit*. Frankfurt am Main：Suhrkamp.

Becker, R. (2009). Entstehung und Reproduktion dauerhafter Bildungsungleichheiten. In R. Becker (Ed.), *Lehrbuch der Bildungssoziologie* (pp. 85-129). Wiesbaden: VS Verlag für Sozialwissenschaften.

Böhnisch, L. (1994). *Gespaltene Normalität. Lebensbewältigung und Sozialpädagogik an den Grenzen der Wohlfahrtsgesellschaft*. Weinheim & München: Beltz Juventa.

Böhnisch, L. (1998). Verlust der Lebensperspektiven von Jugendlichen und jungen Erwachsenen. Gesellschaftliche und biographische Folgen. In Arbeiterwohlfahrt Bundesverband e, V. (Ed.), *Gemeinsam für Ausbildung und Arbeit*. Bonn.

Brandt, M. (2006). Soziale Kontakte als Weg aus der Erwerblosigkeit. *Kölner Zeitschrift für Soziologie und Sozialpsychologie*, *58*(3), 468-488.

Bundesministerium für Arbeit, Soziales und Konsumentenschutz. (2010). *Sozialbericht 2009/2010-Ressortaktivitäten und sozialpolitische Analysen*. St. Ruprecht & Raab: Universitätsdruckerei Klampfer.

Bundesministerium für Arbeit, Soziales und Konsumentenschutz. (2014). *Sozialbericht 2013/2014-Ressortaktivitäten und sozialpolitische Analysen*. Wien.

Dörre, K. (2006). Prekäre Arbeit. Unsichere Beschäftigungsverhältnisse und ihre sozialen Folgen. *Arbeit. Zeitschrift für Arbeitsforschung, Arbeitsgestaltung und Arbeitspolitik*, *3*, 181-193.

Dreher, E., Sirsch, U., Strobl, S., & Muck, S. (2011). Das Jugendalter -Lebensabschnitt und Entwicklungsphase. In Bundesministerium für Wirtschaft, Familie und Jugend (Ed.), *6. Bericht zur Lage der Jugend in Österreich (Teil A)* (pp. 49-81). Wien.

Enste, D., & Ewers, M. (2014). Lebenszufriedenheit in

Deutschland： Entwicklung und Einflussfaktoren. *IW Trends*，2/2014，43-58.

Entdorf，H.，& Sieger，P.（2010）. *Unzureichende Bildung*： *Folgekosten durch Kriminalität*. Studie der Bertelsmann-Stiftung. Gütersloh： Bertelsmann Stiftung.

Erikson，E. H.（1994）. *Identität und Lebenszyklus. Drei Aufsätze*. 14. Auflage. Frankfurt am Main： Suhrkamp.

Erlinghagen，M.（2000）. Arbeitslosigkeit und ehrenamtliche Tätigkeit im Zeitverlauf. *Koelner Z. Soziol.u.Soz.Psychol*，*52*，291-310.

Eurostat.（2015）. *Quality of life—Facts and views*. Eurostat Books 2015 Edition. Luxembourg： Publications Office of the European Union.

Eurostat.（2018）. *Unemployment statistics and beyond*. https： // ec.europa.eu/eurostat/statistics-exp lained/index.php/Unemployment_statistics_ and_beyond.

Fend，H.（1988）. *Sozialgeschichte des Aufwachsens. Bedingungen des Aufwachsens und Jugendalters im Zwanzigsten Jahrhundert*. Frankfurt am Main： Suhrkamp.

Giesecke，J.，Ebner，C.，& Oberschachtsiek，D.（2010）. Bildungsarmut und Arbeitsmarktexklusion. In G. Quenzel & K. Hurrelmann （Eds.），*Bildungsverlierer -Neue Ungleichheiten*（pp. 421-438）. Wiesbaden： VS Verlag für Sozialwissenschaften.

Goffmann，E.（1974）. *Das Individuum im öffentlichen Austausch. Mikrostudie zur öffentlichen Ordnung*. Frankfurt am Main： Suhrkamp.

Hadjar，A.（2008）. Bildung und subjektives Wohlbefinden im Zeitverlauf 1984-2001 -Eine Mehrebenenanalyse. *Berliner Journal für Soziologie*，*3*（2008），370-400.

Heinz，W. R.（1995）. *Arbeit，Beruf und Lebenslauf. Eine Einführung in die berufliche Sozialisation.* Weinheim & München：Juventa Verlag.

Hess，D.，Hartenstein，W.，& Smid，M.（1991）. Auswirkungen von Arbeitslosigkeit auf die Familie. *Sonderdruck aus Mitteilungen der Arbeitsmarkt- und Berufsforschung，24，*178-192.

Hollereder，A.（2011）. *Erwerbslosigkeit，Gesundheit und Präventionspotentiale.* Wiesbaden：VS Verlag für Sozialwissenschaften.

Hornstein，W.（1999）. *Jugendforschung und Jugendpolitik. Entwicklungen und Strukturen in der zweiten Hälfte des 20. Jahrhunderts.* Weinheim & München：Juventa Verlag.

Hurrelmann，K.（1993）. *Einführung in die Sozialisationstheorie. Über den Zusammenhang von Sozialstruktur und Persönlichkeit.* Weinheim & Basel：Beltz Verlag.

Hurrelmann，K.（2010）. *Lebensphase Jugend. Eine Einführung in die sozialwissenschaftliche Jugendforschung.* Weinheim & München：Juventa Verlag.

Jungbauer-Gans，M.，& Gross，C.（2009）. Erklärungsansätze sozial differenzierter Gesundheitschancen. In M. Richter & K. Hurrelmann（Eds.），*Gesundheitliche Ungleichheit -Grundlagen，Probleme，Perspektiven*（pp. 73-89）. Wiesbaden：VS Verlag für Sozialwissenschaften.

Kellermann，P.（1986）. Arbeit und Bildung III. In P. Kellermann（Ed.），*Zur Interdependenz organisierten Handelns und organisierter Bildung.* Klagenfurter Beiträge zur Bildungswissenschaftlichen Forschung. Band 18. Klagenfurt：Kärntner Druck-und Verlagsgesellschaft.

Keupp，H.（1988）. *Riskante Chancen：Das Subjekt zwischen Psychokultur und Selbstorganisation.* Heidelberg：Asanger.

Keupp，H.，et al.（1999）. *Identitätskonstruktionen. Das Patchwork der*

Identitäten in der Spätmoderne. Reinbek bei Hamburg: Rowohlt.

Kieselbach, T., & Beelmann, G. (2006). Psychosoziale Risiken von Arbeitsplatzverlust und Arbeitslosigkeit -Effekte und Prävention. *Psychotherapeut*, *51* (2006), 452-459.

Knapp, G. (2004). Armut im Sozialstaat Österreich. In G. Knapp (Ed.), *Soziale Arbeit und Gesellschaft. Entwicklungen und Perspektiven in Österreich* (pp. 66-92). Klagenfurt, Ljubljana & Wien: Hermagoras.

Knapp, G. (2007). Schule und Gesellschaft. Entwicklungen, Grundprobleme und Impulse für eine Bildungsreform in Österreich. In G. Knapp & K. Lauermann (Eds.), *Schule und Soziale Arbeit. Zur. Reform öffentlicher Erziehung und Bildung in Österreich* (pp. 123-195). Klagenfurt, Ljubljana & Wien: Hermagoras.

Knapp, G. (2008). Arbeit, Erwerbslosigkeit und Armut. In G. Knapp H. & Pichler (Eds.), *Armut, Gesellschaft und Soziale Arbeit. Perspektiven gegen Armut und soziale Ausgrenzung in Österreich* (pp. 324-354). Klagenfurt, Ljubljana & Wien: Hermagoras.

Knapp, G. (2012). Jugend und Schule. In G. Knapp & K. Lauermann (Eds.), *Jugend, Gesellschaft und Soziale Arbeit* (pp. 393-423). Klagenfurt: Hermagoras/Mohorjeva.

Knapp, G., Klinglmair, R., & Schoahs, S. (2018). *Jugendarbeitslosigkeit und Armutsgefährdung in Kärnten -Eine empirische Studie über Entstehungsbedingungen, Auswirkungen und politische Gegenstrategien*. Forschungsprojekt des Instituts für Erziehungswissenschaft und Bildungsforschung (IfEB) sowie des Instituts für Volkswirtschaftslehre an der Alpen-Adria-Universität. Klagenfurt.

Knittler, K. (2011). Intergenerationale Bildungsmobilität. *Statistische*

Nachrichten, *4*(2011), 252-266.

Kritzinger, S., Ludvig, A., & Müller, K. (2009). *„Pilotprojekt Effekte der Arbeitslosigkeit"*. Forschungsprojekt der Universität Wien (Fakultät für Sozialwissenschaften) im Auftrag des Bundesministeriums für Arbeit, Soziales und Konsumentenschutz. Wien.

Kroll, L. E., & Lamprecht, T. (2011). Unemployment, social support and health problems: Results of the GEDA study in Germany 2009. *Deutsches Ärzteblatt*, *108*(4), 47-52.

Kronauer, M. (2002). *Exklusion. Die Gefährdung des Sozialen im hoch entwickelten Kapitalismus*. Frankfurt & New York: Campus.

Lachmayr, N., & Rothmüller, B. (2009). *Bundesweite Erhebung zur sozialen Situation von Bildungswegentscheidungen—Follow-Up-Erhebung 2008*. Studie des ÖIBF im Auftrag der Arbeiterkammer Wien.

Mead, G. H. (1968). *Geist, Identität und Gesellschaft*. Frankfurt am Main: Suhrkamp.

Mohr, G., & Richter, P. (2008). Psychosoziale Folgen von Erwerbslosigkeit und Intervention. *Aus Politik und Zeitgeschichte*, 40-41, 25-32.

Mutz, G., & Kühnlein, I. (2000). Erwerbsarbeit, bürgerliches Engagement und Eigenarbeit. Auf dem Weg in eine neue Arbeitsgesellschaft? In U. Beck & W. Bonß (Eds.), *Die Modernisierung der Moderne. Dokumentation des Münchner Sonderforschungsbereichs 536, Reflexive Modernisierung'*. Frankfurt a.M.: DFG.

Müller, B. (2011). *Empirische Identitätsforschung. Personale, soziale und kulturelle Dimensionen der Selbstverortung*. Wiesbaden: VS Verlag für Sozialwissenschaften.

Nairz-Wirth, E., & Gitschthaler, M. (2010). Drop-out und Gesellschaftsentwicklung. *Wissenplus*, *4* 09/10. Wien: Manz Verlag.

Oerter, R., & Dreher, E. (1995). Jugendalter. In R. Oerter & L. Montada (Eds.), *Entwicklungspsychologie* (pp. 310-396). Weinheim: Beltz.

Pichler, H. (2008). Armut trotz Erwerbstätigkeit. Fragmente zu einem sozialen Armutszeichen. In G. Knapp & H. Pichler (Eds.), *Armut, Gesellschaft und Soziale Arbeit. Perspektiven gegen Armut und soziale Ausgrenzung in Österreich* (pp. 355-384). Klagenfurt, Ljubljana & Wien: Hermagoras.

Rätzel, S. (2007). Ökonomie und Glück -zurück zu den Wurzeln? Wissenschaft für die Praxis. *Wirtschaftsdienst*, *87*, 335-344. https://doi.org/10.1007/s10273-007-0656-7.

Reißig, B. (2010). *Biographien jenseits von Erwerbsarbeit -Prozesse sozialer Exklusion und ihre Bewältigung*. Wiesbaden: VS Verlag für Sozialwissenschaften.

Robert Koch Institut. (2012). Arbeitslosigkeit, prekäre Beschä-ftigungen und Gesundheit. *GBE KOMPAKT -Zahlen und Trends aus der Gesundheitsberichterstattung des Bundes* 1/2012, 1-9.

Scheu, B. (2009). Ursachen von Jugendgewalt. In B. Scheu & O. Autrata (Eds.), *Jugendgewalt-Interdisziplinäre Sichtweise* (pp. 13-50). Wiesbaden: VS Verlag für Sozialwissenschaften.

Schober, K. (1978). Arbeitslose Jugendliche: Belastungen und Reaktionen der Betroffenen. *Sonderdruck aus Mitteilungen der Arbeitsmarkt- und Berufsforschung*, *11* (2), 198-215.

Schober, K. (1987). Die soziale und psychische Lage arbeitsloser

Jugendlicher. *Mitteilungen aus der Arbeitsmarkt- und Berufsforschung*, *20* (4), 453-478.

Schröer, W. (2002) . Jugend. In W. Schröer, N. Struck, & M. Wolff (Eds.), *Handbuch Kinder- und Jugendhilfe* (pp. 81-97) . Weinheim & München: Beltz.

Schröer, W. (2004) . Befreiung aus dem Moratorium. Zur Entgrenzung von Jugend. In K. Lenz, W. Schefold, & W. Schröer (Eds.), *Entgrenzte Lebensbewältigung* (pp. 19-47) . Weinheim & München: Beltz Juventa.

Spannring, R. (2007) . Jugend und Schule. Entgrenzt arbeiten, entgrenzt lernen im Übergang von der Schule in den Arbeitsmarkt. In G. Knapp & K. Lauermann (Eds.), *Schule und Soziale Arbeit. Zur Reform der öffentlichen Erziehung und Bildung in Österreich* (pp. 356-386) . Klagenfurt, Ljubljana & Wien: Hermagoras..

Statistik Austria. (2013) . *Demographisches Jahrbuch 2012*. Wien: Verlag Österreich.

Statistik Austria. (2014a) . *Sozio-demographische und sozio-ökonomische Determinanten von Gesundheit -Auswertungen der Daten aus der Österreichischen Gesundheitsbefragung 2006/2007*. Wien: Studie im Auftrag *des Bundesministeriums für Gesundheit*, Familie und Jugend.

Statistik Austria. (2014b) . *Österreichische Gesundheitsbefragung 2006/2007 -Hauptergeb-nisse und methodische Dokumentation*. Wien: Studie im Auftrag des Bundesministeriums für Gesundheit, Familie und Jugend.

Statistik Austria (2014c) . *Tabellenband EU-SILC 2011 -Einkommen, Armut und Lebensbedingungen*. Wien.

Statistik Austria. (2015c) . *Statistisches Jahrbuch 2015*. Wien: Verlag Österreich.

Statistik Austria. (2015d). *Lebensbedingungen in Österreich -Ein Blick auf Erwachsene, Kinder und Jugendliche sowie (Mehrfach-) Ausgrenzungsgefährdete*. Wien: Studie im Auftrag des Bundesministeriums für Arbeit, Soziales und Konsumentenschutz.

Steiner, M. (2009). Early School Leaving und Schulversagen im sterreichischen Bildungssystem. In W. Specht (Ed.), *Nationaler Bildungsbericht Österreich 2009 -Band 2. Fokussierte Analysen bildungspolitischer Schwerpunktthemen* (pp. 141-161). Graz: Leykam.

Thiersch, H. (1986). *Die Erfahrung der Wirklichkeit. Perspektiven einer alltagsorientierten Sozialpädagogik*. Weinheim & München: Juventa.

Tillmann, K.-J. (1989). *Sozialisationstheorien. Eine Einführung in den Zusammenhang von Gesellschaft, Institution und Subjektwerdung*. Reinbek bei Hamburg: Rowohlt.

Weber, A., Hörmann, G., & Heipertz, W. (2007). Arbeitslosigkeit und Gesundheit aus sozialmedizinischer Sicht. *Deutsches Ärzteblatt, 104* (43), 2957-2962.

Weber, B., & Weber, E. (2013). Bildung ist der beste Schutz vor Arbeitslosigkeit. *IAB-Kurzbericht, 4*(2013), 2-8.

Zinnecker, J. (1991). *Jugend als Bildungsmoratorium. Zur Theorie des Wandels der Jugendphase in west-und osteuropäischen Gesellschaften*. Weinheim & München: Juventa.

全球虚拟市场中的小经济学家：
数字虚拟世界与儿童经济参与之间关系的分析

Cornelia Mayr

1. 引言

　　本文旨在对全球消费文化作用的相关讨论进行批判性描述和说明，并对儿童的状况进行特别说明。本文重点讨论了消费文化正在经历的变化，以及这种变化的数字化和技术媒介化趋势。一般认为，虽然市场和消费模式的经济全球化可能造成儿童偏好和体验在全球范围内的同质化，但这也催生了"数字儿童"亚文化，将儿童塑造为新媒体技术的"赋权"专家消费者和积极的信息生产者。通过对文献中全球化和儿童消费文化相关论述的综述及梳理，本文主要试图回答以下问题：（1）什么是全球化？全球化与儿童消费文化的关系程度如何？（2）儿童对全球虚拟世界的经济参与程度如何？与全球数字市场的关系如何？本文选取七个在线虚拟世界作为案例，它们提供更普遍且更具"参与性"的技术，反映了一种将儿童塑造成积极经济主体的新尝试。这反过来又要求我们重新思考：一方面，儿童的成长受数字虚拟世界影响；另一方面，儿童又代表了一种生产力，对全球化、经济和数字化进程产生影响。正如本文所示，数字虚拟世界可能会催生一种看似"统治"游戏玩法的"全球商业化童年",但这对儿童本身不一定是不利的。

2. 消费文化的全球化

不可否认,研究全球化相关问题时需要将经济活动(生产、分配和消费)考虑在内。这与以当代西方消费文化为中心的全球化理论有关。如果一种文化的秩序是由多个市场决定的,那么就可以视其为一种全球文化,因为全球动态和进程会在经济行为上留下印记。只要看看超市货架上各种统一的产品和品牌,人们就很容易辨别全球消费文化的各种概念。穿耐克运动鞋、喝星巴克咖啡或可口可乐、在麦当劳买午餐、观看情景喜剧、在Facebook上分享照片,所有这些消费行为都代表了全球文化标准化的一个侧面。然而,这些全球消费文化现象可能被视为某些评论家所谓的"地球村"的标志,让人联想到千篇一律、多样性减少以及标准化的品位和欲望。这种全球范围内消费偏好和体验的同质化也常被称为"可乐殖民"(Coca-Colonization)(Mlinar,1992)、"麦当劳化"(McDonaldization)(Ritzer,1993)或"美国化"和"迪斯尼化"(Bryman,2001)。然而,本文认为全球化绝不仅仅是世界范围内的统一化和标准化那么简单。

本文中,我们将注意力从全球化的影响转移到全球消费市场中消费者互动和相互联系的模式上。在全球消费市场中,互联网、数字消费和在线社区扮演着重要的角色,借助它们,社会关系得以塑造并改变特定形式的消费文化。那么,当代全球消费文化的特征和消费者对全球数字市场的反应是什么呢?

对于消费文化概念,不同学科(如文化人类学、社会学、文化研究、传播与媒体科学或社会心理学)建立了不同理论和研究方法。从社会学角度来看,消费文化是由符号、象征、表征和意义组成的社会整合系统（Warde，2014）。社会学认为，消费者既是文化的生产者，也是文化的消费者。他们与商品和服务建立享乐、审美或仪式性的关系，以彰显身份、地位或生活方式，并获得幸福和满足。作为特定消费文化的成员，人们或群体间彼此互动以分享共同的价值观、规范和信仰（Zelizer，2011；Featherstone，2007；Arnould and Thompson，2005）。因此，品牌、商品和服务可以被视为暗示某种意义、信仰或价值观的文化符号与对象。所有与消费有关的行为，如渴望、挑选、购买、使用、分配、送礼或浪费，都是以商品作为文化对象为导向的。

然而，文化的概念包含了许多直接和隐性假设。例如，文化只能存在于群体成员对象征意义的共同投射中（Blumer，1969）。因此，品牌名称和标志、商品或服务可能具有"文化"意义，前提是人们赋予它们意义，并在群体中分享这种意义。消费文化的另一个特点是文化是后天习得的。文化不是与生俱来的，而是通过后天的互动、观察、模仿和语言习得的。此外，文化会在代际间传递，但这种传递并不一定是原封不动的。由于各种因素（如历史、经济、生态或技术事件）均会对文化产生影响，过去、现在和未来几代人之间的文化会有所不同。因此，消费文化是在沟通和互动过程中不断产生的。而在这些过程中，消费对象、价值观和规范的意义也在不断地再现、变化和调整。对消费的社会文化维度进行研究甚至催生了一种新的研究视角，即消费文化理论（consumer culture theory，CCT）（Arnould and Thompson，2005）。CCT研究关注特定消费文化下的消费实践。从这个意义上说，消费文化是由一群通过购买来建立认同和社群意识的个人构成的。文化就像一张地图，指引但却并不能严格决定消费行为。具体而言，CCT涉及四个领域：消费认同投射（构建和表达认同）、市场文化（创造消费亚文化）、消费的社会历史模式（研究对消费的影响）、以大众为媒介的市场意识形态和消费者的解读策略（研究广告和大众媒体中的意义系统）。

虽然本文是对全球消费文化相关讨论的介入，但更多是讨论现有理论，而不是解决问题。目前，本文主要尝试对全球数字世界中的某些消费文化进行阐释，而不是对所有消费文化理论进行详尽综述。因此，本文选取了Arnould和Thompson的消费文化理论，并特别关注该理论的第二个领域，即市场文化。

研究市场文化能够提供一个有用的样本，可以用来说明消费者如何通过追求和分享共同经济利益来形成社会团结感，并创造和参与数字虚拟世界。下一节我们将深入探讨数字虚拟经济。市场文化概念的作用是提供一个理论框架，以便更好地解释和理解消费者在数字虚拟经济实践中的集体创造与集体参与。将市场文化作为经济行为的实例开展调查研究，有助于理解消费者对数字虚拟市场环境的应对和驾驭方式。

3. 虚拟市场文化

市场文化研究主要将消费者视为文化生产者，而不仅仅是文化承载者。本文遵循Arnould和Thompson的市场文化研究传统，目的同样是研究一种特定的消费亚文化。因此，本节将进行文献综述，回顾近期数字虚拟世界消费群体领域的相关研究。

数字虚拟世界可以被理解为一种基于计算机的模拟环境，用户在其中创建个人化身（Belk，2013），探索虚拟场所，参与经济活动，与其他用户互动和交流。参与在线社区可以培养一个人的自尊，提供一种被接受和自由的感觉，并通过满足消费者与他人"联系"的愿望促进友谊的建立和社会性的保持。虚拟世界让消费者有机会茁壮成长，尝试新的个性，从现实生活中可能面临的社会规范和期望中解脱出来（Denegri-Knott and Molesworth，2010）。消费者拥有几乎无限的机会来满足自己的幻想，满足自己的欲望，并使自己的梦想成为现实，这是物质商品和实际经历所不能提供的（Campbell，1987）。

这种可能性意味着有机会得到各种各样的虚拟物品，并与之进行充分互动，这些物品可以是常见的，充满异域风情的，甚至是魔幻的或虚拟的。虚拟世界可能会邀请消费者"购买"豪华汽车，取得奇幻物品，如魔法药水、宝剑或宇宙飞船，或者尝试新角色，摇身一变成为巫师、罪犯或企业家（Denegri-Knott and Molesworth，2010）。此外，参与数字虚拟世界还有利于不断提高对社区文化的承诺水平。用户可以在社区中发展个性，调整虚拟身份使其适应特定的虚拟世界。成为虚拟世界社区的一员，让人萌生一种"共同体"意识。正如McAlexander等人指出的，"社区可以促进人类的幸福感。通过社区，人们可以分享认知、情感或物质方面的必需资源"（McAlexander et al.，2002，p. 38）。本文特别关注的是青年亚文化在数字虚拟环境中的参与、互动和经济实践。作为新媒体和技术的"早期采用者"，儿童和青少年可以被视为数字虚拟世界的重要参与者（Kafai et al.，2013；Buckingham，2007；Montgomery，2001）。

4. 数字儿童——一种新兴的消费亚文化

与"经济小白"的形象相反，儿童积极参与各种各样的经济关系。事实上，儿童的消费能力可以被视为一种全球现象（Buckingham，2007；Zelizer，2002）。这里必须强调的是，本文不会研究所有关于儿童和消费的近期文献，也不会研究儿童经济活动的历史或其在世界范围内的变化情况。因此，本文接下来的部分将集中分析儿童在数字虚拟世界中的经济实践和社会互动。尽管网络世界不是儿童经济活动发生的唯一空间，但互联网（包括数字虚拟消费网站）似乎提供了一个重要场所，让儿童可以参与众多形式的社会经济活动。随着市场环境日益全球化和虚拟化，一种新的"数字儿童"消费亚文化已经出现，将儿童塑造为新媒体技术的"授权"专家和（虚拟）经济的积极参与者。

从这个意义上说，今天的儿童可以被描述为"数字原住民""是手握鼠标出生的人"（Lindstrom and Seybold，2003，p. 24）。其他学科发明了各种术语用来描述这群孩子，比如"Z世代"、"网络世代"（Tapscott 2009）、"后千禧一代"（Oblinger，2005）和"新的沉默一代"（Saldik，2007）。当前这一代"数字原住民"指的是20世纪90年代中期至2005年左右出生的孩子，他们是第一批在数字设备、信息网络和持续互联陪伴下长大的孩子，从小就习惯了科技和社交媒体。他们对虚拟经济的参与提出了一种儿童消费者的新建构，这反过来又需要我们重新思考消费文化理论的一些基本假设。长期以来，儿童在经济实践中的被动地位掩盖了其消费能力，导致儿童消费能力在很大程度上被学术界忽视或边缘化（Buckingham and Tingstad，2017；Martens et al.，2004；Zelizer，2002）。

市场研究人员、心理学家和教育家大量研究的主要是数字环境对儿童的积极或消极影响。主要例子包括近期对市场营销和广告策略（Grimes，2015a；An and Stern，2011；Marsh，2010），非正式学习和认知发展（Kafai et al.，2019；Kafai，2010），儿童识字（Wohlwend et al.，2011；Marsh，2010），社交互动（Willett，2015），性别和互动（Black et al.，2013）等领域的研究。虽然上述研究讨论了数字虚拟世界中儿童经济行为的一些事实，但未对所涉及的经济过程进行全面分析。这种现象的一个必然结果是，儿童积极参与经济交易（主要是在数字虚拟世界中）及其对儿童日常生活和消费社会化影响的相关研究严重不足（Cook，2010；Ekström，2006）。Cook（2010）认为，学习消费不应被视为父母对孩子的单向信息传递，而应被视为与各种社会环境、社会关系和社会参与有关的协商及实践过程。

儿童应被视为经济活动的积极参与者，而不仅仅是外部影响的被动接受者（Cook，2010）。

因此，本文将着重讨论经济行为和社会关系在儿童参与数字（在线）虚拟世界过程中的作用及目的。互联网上数百个为儿童打造的虚拟"目的地"，可以被视为一种新的"数字儿童"消费亚文化的一部分，这种亚文化正在迅速走向舞台中心，为儿童提供了前所未有的消费机会。与此同时，在对已发表研究进行选择性专题回顾后发现，"数字儿童"消费亚文化已针对数字虚拟世界进行了适应性调整（见表1）。近期，从消费者研究角度来看，儿童的虚拟经济行为已很少受到关注。例如，Grimes（2018）和Grimes（2015a）研究了儿童参与在线虚拟世界与商业术语之间的关系。这些研究的结果证明了市场原则（微交易、付费订阅）和促销手段是如何塑造及限制年轻用户在虚拟环境中的游戏维度的。

表1　分析中选取的七个在线虚拟世界

名称	年龄限制	用户数	所有 / 制作方，国家	发布日期	研究实例
Bella Sara	年龄段：7～13岁	800万+	Hidden City 娱乐股份有限公司 华盛顿，美国	2007	Grimes（2018）
Club Penguin（改写后名称）	年龄段：6～14岁	1.5亿+	迪士尼 加州，美国	2005 2017（停止运营）	Grimes（2015a，b）Willett（2015），Marsh（2010）
Moshi Monsters	年龄段：6～12岁	8000万+	Mind Candy，英国，欧洲	2008	none
Neopets	年龄段：8岁起	1.7亿+	Knowledge Adventure 股份有限公司 加州，美国	1999	Grimes（2018）Grimes and Regan Shade（2005）
SqwishLand	年龄段：8～13岁	100万+	Tubz Brands 有限责任公司 英国，欧洲	2010	none
Webkinz	年龄段：6～13岁	4000万+	Ganz 安大略，加拿大	2007	Wohlwend et al.（2011）
Whyville	年龄段：8～14岁	700万+	Numendon，加州，美国	1999	Kafai（2010）

Grimes 的另一项研究（2015b）深入分析了六款虚拟世界儿童商业游戏，揭示了游戏行为是如何与"新浪漫主义、消费主义思潮"联系在一起的（Grimes，2015b，p. 142）。在六个案例中，Grimes 特别关注儿童通过自主行动和消费实践在塑造虚拟环境中发挥的多种功能。Grimes 对儿童玩家的不同配置方式展示了儿童虚拟世界与传统的青少年和成人虚拟世界之间的差异程度。六个案例以符合"安全"游戏和"安全"体验的高度意识形态化与规范化方式，对儿童玩家进行了反映、配置和再现。

Hota 和 Derbaix（2016）研究了儿童在线游戏和参与大型多人在线角色扮演游戏（MMORPG）如何促进虚拟购物动机与行为的发展。研究结果显示，消费行为存在性别差异。Hota 和 Derbaix 认为，男孩通常会进行虚拟购物，因为他们希望在游戏中获得进展和权力，而女孩购买虚拟物品主要是为了提高自己的社会地位。

Mäntymäki 和 Salo（2011，2013）研究了青少年持续使用数字虚拟世界的驱动因素，并调查了在多大程度上可以通过持续使用预测其购买行为。研究结果表明社会影响对年轻用户虚拟世界购买行为的重要性。因此，虚拟物品消费在很大程度上受好友或其他相关用户的影响。需要特别指出的是，群体隶属关系和对地位的追求是增加用户购买意愿的关键驱动因素。

Ruckenstein（2011）的研究展示了儿童参与数字虚拟世界和经济生产之间的另一种关系。研究关注的重点是数字虚拟世界如何从用户生成内容（user-generated contents，UGC）中受益，以及儿童如何借助虚拟环境积极创造自己理想中的世界。Ruckenstein 发现，儿童在设计虚拟空间时展现出的创造力不仅增强了其自主意识和决策自由度，而且还有助于创造经济效益，因为虚拟世界的运营方可以利用消费者的想法驱动服务改善和研发新产品。

与Mäntymäki和Salo（2011，2013）的思路类似，Lehdonvirta等人（2009）研究了年轻用户在数字虚拟世界中购买虚拟物品的动机。结果表明，虚拟商品与物质商品具有相同的社会功能。和"真实"商品很像，数字虚拟世界市场上购买的物品也具有象征意义。特别是，虚拟商品会被用来表明社会地位，区分成员和非成员，体现群体从属关系和彰显（自我）认同。已出版的专著也对数字虚拟世界儿童经济行为研究做出了进一步贡献（Dellinger-Pate and Conforti，2010；Wasko，2010）。虽然上述研究向着理解儿童参与数字虚拟环境背后的经济和社会动力迈出了第一步，但对于数字虚拟世界中儿童扮演的经济角色，我们仍然知之甚少。因此，需要通过进一步研究来填补这种知识空白，并解释儿童从"经济小白"（Zelizer，2011）向经济活动积极参与者转变的全过程。

5. 儿童的数字虚拟世界

数字虚拟世界只是快速增长的全球数字媒体基础设施的一个组成部分。它们的出现和在青年中的流行象征着新技术、数字媒体与虚拟现实当前在儿童经济行为中发挥的巨大作用。除了数字营销策略、广告活动和品牌建设（Buckingham and Tingstad，2017；Buckingham，2007；Montgomery，2001），各种形式的经济实践正在迅速成为虚拟"儿童空间"中的普遍存在。蓬勃发展的数字虚拟世界为儿童提供各种虚拟体验、工具、产品和消费品，满足他们不同的兴趣、偏好和品位。在数字虚拟世界环境中，儿童往往扮演着富有创造力且知识丰富的消费者角色。事实上，进入网络虚拟世界后，儿童会在其中查看银行账户中新到账的存款，为虚拟化身或虚拟宠物购买衣服或其他虚拟物品，与其他用户交易或闲逛。儿童对虚拟经济活动的积极参与，在年轻消费者和市场之间建立了新的关系，打破了儿童和经济之间的传统障碍，让儿童作为经济主体的形象得以显现。在虚拟市场中经济主体（特别是6~13岁儿童）会开展各种形式的虚拟经济活动和社交互动。在研究过程中，我们首先对欧洲青少年虚拟世界报告进行了简要回顾（Yamada-Rice et al.，2017；Jackson et al.，2008；ENISA，2008）。虽然目前世界范围内存在超过400个以儿童为唯一受众的虚拟世界（Grimes，2018），但本文主要关注最受欢迎的北美和欧洲在线虚拟世界，选择标准如下：

（1）必须是"实时的"和线上的，满足这两个标准意味着可以在虚拟世界中与他人互动；

（2）必须是仍在运行并向公众开放的（可以免费或部分免费访问）；

（3）运营方总部设在欧洲和北美；

（4）针对6~13岁的儿童；

（5）对游戏、经济和社会活动有明确规定。

满足上述标准的在线虚拟世界数量减少为七个。

所有最终选定的七个数字虚拟世界都在其游戏、护理和建构环境中融入了经济活动。通过对数字虚拟世界官网信息与同行评审期刊上发表的研究、新闻报道和通信稿件中的信息进行交叉引用，研究人员确定了虚拟世界目标年龄群体的人口统计数据，以及用户数量、所有方/制作方、国别和发布日期等信息。本文选择样本研究时基于一条标准，即相关研究必须主要集中在儿童在数字虚拟世界中的行为或年轻用户的消费行为上。虽然对研究结果进行全面描述超出了本文的范围，但还是对研究进行期间选定的儿童数字虚拟世界进行了概述。

研究结果表明，上述虚拟世界用户的平均年龄在15岁以下（Grimes，2018；Wasko，2010；Marsh，2010）。尽管数字虚拟世界很受年轻人欢迎，在经济上取得了成功，且用户数量也呈指数级增长（Grimes，2018），但关于儿童参与其中的研究仍处于萌芽阶段。除了行业内部调查、报告和媒体报道，人们对虚拟世界的社会和经济内涵以及儿童在其中的消费行为知之甚少。13岁以下消费者的数据目前还没有得到充分的研究。相关研究的缺乏似乎与儿童在线隐私保护政策有关，这些政策禁止或限制对13岁以下用户个人信息的访问（Grimes，2018）。例如，在线数字世界，如Habbo hotel、sMeet、Dofus、RuneScape、AdventureQuest、Stardoll或魔兽世界（World of Warcraft），在其使用条款或隐私政策中设定了年龄限制，阻止或限制13岁以下用户访问，主要原因是游戏主题内容被归入不适合13岁以下儿童的范畴。由于年龄限制，这些在线数字世界没有包括在本研究的名单中。最终，只有七个在线虚拟世界符合预先设定的收录标准。

这七个对儿童友好的在线虚拟世界，四个来自美国，一个来自加拿大，一个来自欧洲。其中最引人注目的是Webkinz采用的玩具搭售模式。玩家购买的每个Webkinz毛绒玩具上都附加一个标签，上面印有一行独一无二的"密码"。输入"密码"后，用户就可以在Webkinz在线虚拟世界中和密码对应的虚拟宠物玩耍。虽然用户仍然可以通过创建免费账户，而无需购买配套玩具和密码的方式进入游戏，但这样做将无法访问整个Webkinz世界。总的来说，虽然七个在线虚拟世界最初进入时都是免费的，但官方在游戏进程中向用户推荐的付费会员模式会向用户提供各种奖励，包括特色功能、福利、游戏和奖品，而这些是常规免费账户无法访问的。此外，一些在线虚拟世界（如Neopets）还规定，除非父母允许，否则用户仅能在某些限定区域内活动。在与其他用户互动方面，只有一款在线虚拟世界（Club Penguin）可被归类为大型多人在线游戏（MMOG），另外五款主打社交、协作性经济互动或与其他儿童用户一起玩耍。MMOG通常被定义为由在同一台服务器（通常是企业服务器）上托管的大量玩家共同参与的在线游戏。在游戏环境中，用户可以在任何时间与其他用户互动。最后一款在线虚拟世界可以被定性为一个确定的虚拟世界（Grimes，2018），用户能够在共享的在线空间内进行社交或经济互动。总的来看，七款虚拟世界都属于在线世界，玩家可以在其中创建一个在线化身，扮演生产者、分配者和消费者角色，并通过聊天、参与在线游戏、交易虚拟物品或分享信息等方式与其他玩家社交。本文不会对所有七个虚拟世界进行全面描述，分析侧重点将是七个案例的共同主要特征和相似之处，聚焦其内部商业流程的符号学和文本维度。

本文余下部分描述了七个在线虚拟世界中有关经济和商业方面的发现。在此需要特别强调的是，本研究并未涉及儿童对数字虚拟环境的体验及其特征。尽管如此，本研究还是迈出了必要的一步，建立了儿童如何在全球网络环境中成为经济主体（或受害者）方面的细致认识，为儿童数字消费文化经济维度的相关研究提供了特别助力。

6. 儿童成为全球数字市场的目标用户

营销人员对儿童客户的兴趣绝非一个新现象。近年来，儿童作为潜在目标客户群体变得越来越重要，各个市场都希望与之建立并维持长期的融洽关系。儿童非但没有被视为需要小心保护的独特、无辜的群体（Zelizer，2002），反而越来越被理解为可以产生经济效益的经济环境的参与者。儿童的消费及其对成年人购买决策和营销人员带来的影响，都将他们建构为精通媒体和消费的赋权主体。因此，花样翻新的市场营销策略更为直接地以儿童为目标受众，以期俘获后者的心灵、思想和钱包。

由于能够呈现令人心驰神往的儿童和青年文化，数字虚拟世界是一个有利可图的市场领域，对媒体和玩具公司而言尤其如此。在这些全球虚拟环境中，儿童遵守市场规则，接受当代（数字）消费文化的意识形态。事实上，数字虚拟世界与现实市场之间是存在可比性的。每款数字虚拟世界中，都存在一个虚拟市场，用户可以在其中购买虚拟物品或与其他用户进行交易。价格是由供求关系决定的。每款虚拟世界都有自己的官方虚拟货币，通常被称为积分，用来表示虚拟产品、服务或活动的成本。同现实生活一样，用户必须通过赚钱才能享受各种虚拟世界提供的服务。一般来说，用户可以通过参与小游戏、某些活动或比赛赚取虚拟货币，然后用它们建造和装饰自己的虚拟房屋、购买虚拟商品或宠物，或照顾虚拟同伴。从这个意义上说，数字虚拟世界遵循现实市场的经济逻辑和理念。

由于渴望接触年轻消费者，数字虚拟世界可以与儿童市场的全球性扩张以及日益增长的网络商业化紧密结合在一起讨论（Buckingham，2007）。童年和市场经济之间曾存在的"神圣"又明显的界限（Zelizer，2002，2011）在消失的同时也得到了加强。儿童越来越多地参与全球（数字）市场，参加经济交易，从而塑造了自己积极、有创造力的"儿童经济学家"形象。然而，活动的发生并不一定意味着自主性的存在。一方面，数字虚拟世界声称"赋予"儿童自主创造自己世界的能力，从而提高了他们的认知能力、社交能力和经济素养。另一方面，数字虚拟世界又设法使儿童用户的行为符合它们对盈利的追求。这导致了观点上的对立：儿童究竟是主动的、生产性的消费者，还是被动的、被虚拟世界的商业市场意识形态引导和操纵的玩家？

本节将讨论这些观点，并提出一些摆脱二元思维的可行性方法。数字虚拟世界的出现，以及儿童在其中进行的内容生产和各种消费实践，可能催生了一种超越国界和文化差异的"全球商业化童年"，但这种情况未必对儿童不利。虽然有学者认为人类生活的"数字"商业化对童年的神圣性构成了威胁（Grimes，2018；Zelizer，2005），但也有学者强调儿童运用自身的社会和经济能力，推动了"产消合一"（prosumption）现象的出现（Buckingham and Tingstad，2017；Ruckenstein，

2011，2013；Ritzer and Jurgenson，2010；Jenkins，2006）。

正如本文的余下部分所示，儿童对数字虚拟世界的参与不仅印证了"参与式文化"正在不断发展的说法（Jenkins et al.，2016），而且还引起了人们对儿童日益沉迷数字消费文化的担忧。然而，本文不会讨论消费自主性和市场力量的紧张关系，而是关注二者之间的关联性。自主性在这里被视为通过经济行为（生产、分配、消费）来实践的一种创造性贡献形式。市场力量则被视为一种非孤立或操纵的调节形式，其目的是吸引儿童用户并鼓励他们积极进行内容创造。数字虚拟世界则是上述两种属性互相交织的媒介。

通过对七款在线虚拟世界和儿童之间相互作用的批判性分析，这种消费者与市场间互动的关系过程可分为三类：（1）虚拟生产，（2）虚拟分配，（3）虚拟消费。可以发现儿童的经济行为差异取决于其对数字虚拟环境的参与度。线上世界似乎是将生产者、分配者和消费者进行创新式整合的最普遍的场所。

6.1 虚拟生产

回顾在线虚拟世界的相关研究可以发现，学者们分析的第一步都是对生产进行广义上的定义，可见这种做法的实用性。本文中的生产指任何形式的参与、劳动或能够创造价值的努力（Ritzer and Jurgenson，2010；Prahalad and Ramaswamy，2004）。从资本主义的角度来看，这样的定义并没有什么新意。消费者通常是价值链的一部分，他们在消费购买的产品之前会对其进行进一步加工和处理，从而赋予了产品以附加值（例如烹饪或将产品改造为其他用途）。与"产消合一"相比，数字虚拟世界中的生产形式出现在用户为公司创造价值的情况下。"在这些情况下，消费者（通过设计、知识生产或客户反馈）创造价值，这些价值被公司吸收并转售，以取得剩余价值"（Humphreys and Grayson，

2008，p. 970）。这种价值的共同创造将本研究与以下问题联系起来：儿童是如何借助价值链为数字虚拟世界中的交换价值创造过程做出贡献的？

儿童的积极参与和创造性投入与剩余价值关系密切，而经济盈余又是线上虚拟世界盈利的关键。从这个意义上说，大多数虚拟世界都需要依赖并利用用户生成内容，而儿童用户则在此过程中将自己转变成无偿劳动者。强调儿童通常会自发为某些经济实践提供帮助（Zelizer，2011），是为了引出一个重要的观点。研究表明，在某些情况下，儿童拒绝为他们的工作接受任何形式的报酬，这通常是因为他们认为获得金钱是令人讨厌的贿赂行为（Zelizer，2011）。即使在网络虚拟世界中，儿童也不期待自己会因为做出创造性贡献而获得任何奖励。其实，儿童用户通过参与而获得的价值仅仅是参与本身带来的热切期待和享受（Ruckenstein，2011）。大多数儿童加入虚拟世界社区背后的无形驱动因素包括自主感、社会归属感、群体归属感或社会地位（Grimes，2015b；Ruckenstein，2011，2013；Lehdonvirta et al.，2009）。此外，许多儿童几乎没有注意到一个事实，即在线虚拟世界的盈利能力取决于用户的参与、灵感和内容创造（Ruckenstein，2011）。这就提出了一个问题，即虚拟世界中的"内容"是如何产生的。在对七个在线虚拟世界进行分析后，我们对价值创造过程中儿童的参与和贡献进行了总结。

从七个在线虚拟世界及其虚拟生产形式的结果中可以看出（见表2），七个案例都邀请年轻用户以不同的方式加入虚拟世界并成为其创造者。例如，《Neopets》提供了一个复杂的在线世界，用户可以在其中收养一只虚拟宠物（Neopet）或定制全新的Neopet。用户可以赋予Neopet独一无二的名字、性别、颜色、属性和个性。与《Neopets》类似，《Club Penguin》《Whyville》《SquishLand》或《Bell

《Sara》的新用户也需要创建一个化身，作为其在虚拟世界中的代表。《Moshi Monsters》和《Webkinz》用户只能从给定的物种列表中进行选择，无法像其他虚拟世界一样对化身／宠物的肤色、头发、五官、衣服和配饰进行自定义。

表2　七个在线虚拟世界及其虚拟生产形式

在线虚拟世界	虚拟生产形式
Bella Sara	自定义化身 自定义马匹 自定义马厩／房间 画廊和同人小说
Club Penguin（改写后名称）	自定义化身（企鹅） 自定义冰屋 自定义服装 自定义选手卡 插图和同人艺术品 游戏内比赛 "本周最佳企鹅"
Neopets	自定义宠物（Neopets） 自定义房间 创建个人宠物网站、艺术画廊、诗歌中心 比赛和聚光灯（针对艺术家、作家、编译员或游戏程序员）
Moshi Monsters	自定义怪兽（Moshlings） 自定义房子 艺术画廊 设计一次莫希怪兽比赛
SqwishLand	自定义化身（Sqwavatar） 自定义房间 自定义宠物（Sqwishlanders）
Webkinz	自定义宠物（Webkinzs） 自定义房间 自定义服装 同人艺术展、同人视频 设计一次由伴侣宠物参加的 Webkinz Newz Contests 比赛
Whyville	自定义化身（Whyvillian） 自定义房子 自定义宠物（Whypets） 游戏设计比赛

　　除此之外，用户不仅可以选择和定制化身／宠物，还可以设计和个性化自己的虚拟住所。七个案例都为用户提供了建造和装修虚拟住宅的机会。

　　《Club Penguin》《Whyville》《Neopets》和《Webkinz》都是在线虚拟世界的典型代表，在这些虚拟世界中，玩家可以用各种家具、物品、地板和壁纸来装饰与定制自己的家。其他形式的价值创造包括让儿童参与叙事、故事线或者与角色或宠物有关的同人艺术创作。在线虚拟世界的蓬勃发展和盈利，需要儿童的创造性贡献和参与。出于这个原因，五款虚拟世界使用了游戏内方法来激发儿童对虚拟产品的兴趣。为了满足儿童用户愿望并维持其生产力，《Club Penguin》《Moshi Monsters》《Webkinz》《Whyville》和《Neopets》通过认可和奖励儿童的创新成果鼓励他们持续创造内容。例如，《Club Penguin》通过奖励用户主题服装的方式激发其创造力，获得奖励的用户可以给他们的企鹅化身穿上漂亮的衣服。如果化身的装扮出挑、时尚且独特，企鹅化身就有机会被提名或被选为"本周最佳企鹅"，获得荣誉称号。以上由儿童作为创造性生产者的例子表明，儿童的参与是大量在线虚拟世界网站和活动产生及发展的主要因素之一。

　　在线虚拟世界不仅利用用户生成内容，还对创造内容的儿童予以积极支持和奖励。这种对儿童创造潜力的重视，是促进虚拟生产形式发展的社会动力。在线虚拟世界和儿童用户之间的互动似乎为价值创造提供了空间（Prahalad and Ramaswamy，2004）。虚拟世界和儿童共同创造价值，结果是双方受益。因此，虚拟生产将儿童纳入了一种与虚拟市场互惠的经济关系中。正如七个在线虚拟世界所表明的那样，儿童与虚拟市场之间的生产性联系在内容上有很大差异，但有两点是共通的：一方面，虚拟环境都是对用户友好且以儿童为特定受众的；另一方面，儿童用户都对虚拟环境进行了热情的、创造性的投入。

6.2 虚拟分配

与虚拟生产一样，儿童也参与了各种形式的虚拟分配。在本研究中，分配不仅指等价交换，还包括其他形式的重要转让。在虚拟世界社区中，儿童经常参与有组织的分配系统，涉及各种各样的物品、礼物、虚拟货币和信息。表3列出了七个案例中与分配相关的游戏内活动。

参与经济转让活动是游戏玩法中获取虚拟世界金钱和道具的必要部分。因此，银行转账、储蓄存款、股票市场、拍卖和物物交换在《Club Penguin》《Neopets》与《Whyville》中发挥着重要作用（见表3）。这里的关键在于，许多虚拟世界中的经济都是以价值交换为前提的。参与经济转让活动需要儿童理解一个相当复杂的分配系统。与现实世界的商业交易类似，儿童用户必须谨慎管理其在游戏中的收益和投资。

道具的转让通常以礼物或交易的形式在玩家之间发生。到目前为止，只有《Webkinz》支持用户向其他用户发送礼盒（见表3）。三个在线虚拟世界（《Webkinz》《Whyville》《Neopets》）提供了特殊的交易设施，供用户之间出售或交换道具使用。《Moshi Monsters》和《Bella Sara》通过不断引入新的集换卡鼓励用户进行交换。每张卡附带一串密码，玩家凭密码获得额外的道具、宠物或进入新的游戏区域。儿童可以在现实世界中与其他用户交换卡片，以丰富其收藏和可用游戏功能。从表3可以看出，多数虚拟世界中都诞生了组织广泛且具有差异化的儿童分配经济。

表3　七个在线虚拟世界及其虚拟分配方式

在线虚拟世界	虚拟分配形式
Bella Sara	交易：集换式卡片交易 交流渠道：博客、论坛、讨论版
Club Penguin （改写后名称）	货币兑换：股票交易大楼，拍卖 交流渠道：聊天室、论坛、短信、博客

在线虚拟世界	虚拟分配形式
Moshi Monsters	交易：集换式卡片交易 交流渠道：聊天室、论坛、博客
Neopets	货币兑换：股票市场、保险箱 交易：小商店、拍卖行 交流渠道：聊天室、论坛、即时通讯、电子邮件
SqwishLand	交流渠道：安全聊天系统、发送明信片给朋友、博客、论坛
Webkinz	交易：交易论坛 交流渠道：聊天室、内部论坛、博客、消息中心 其他：发送礼盒
Whyville	货币兑换：银行系统 交易：交易室 交流渠道：聊天区、公告栏、The Whyville Times、电子邮件、博客

然而，并不是所有的转让都涉及金钱或物品的交换。儿童的分配性活动也发生在信息交换中。在大多数情况下，虚拟世界的内置聊天系统是用户相互交谈和分享信息的主要途径。七个在线虚拟世界都至少使用了一种玩家间通信系统。《Club Penguin》《Neopets》《Whyville》《Sqwishland》《Webkinz》和《Moshi Monsters》内置的安全聊天系统最引人注目。与成年人社交网络不同的是，在线虚拟世界会利用对话过滤器来限制不当词语的使用。因此，玩家虽然可以互写信息或聊天，但只能使用预先批准的词语。除此之外，在《Neopets》中，所有13岁以下玩家在使用电子邮件系统、阅读留言板或聊天程序之前必须得到父母的许可。

然而，通信功能特别激发了年轻用户表达自我、展示自我（通过作品让其他玩家印象深刻）和炫耀地位与财富的意愿。事实上，儿童的许多创造性想法和创新内容都是通过虚拟世界的社区论坛、博客与同人艺术呈现的。如果循着儿童的分配实践去研究他们与在线虚拟世界之间的关系，我们就会发现玩家间的互动和信息交换机制是如何被虚拟世界充分利用的。

即便儿童什么都不做只是和其他用户聊聊天，他们之间的交流对于虚拟世界的概念提升似乎也是不可或缺的。与虚拟世界相关的内容不仅包括儿童在其中的创造物，还包括用户在世界各地的博客、论坛、聊天室或即时通信工具上发布的任何类型的信息。这背后的经济学原理是，儿童的聊天话语间接地将信息传递给了运营虚拟世界的公司。因此，仅仅通过与他人交流，儿童用户也能支持虚拟世界的运转。他们的话语在帮助我们深刻理解其社交渴望、欲望、思想和创造方面是有价值的。此外，儿童之间经常性的相互激励和启发，也会促使其购买新的虚拟物品，改造虚拟住宅/角色/宠物，从而为价值创造做出贡献。研究结果表明，儿童对信息的分配为虚拟世界的运营公司和儿童用户本身都带来了经济和社会价值。

6.3 虚拟消费

本节将梳理儿童通过各种形式的消费活动与在线虚拟世界之间形成的关系。在这里，消费指虚拟世界中商品或服务的获取，而不是它们的最终处置方式。表4展示了模拟购物和模拟商品消费是如何成为七个在线虚拟世界游戏玩法的核心元素的。

第一次进入在线虚拟世界时，年轻玩家立即就能理解其消费逻辑，并参与模拟消费活动。七个在线虚拟世界的消费主义本质中最引人注目的一个方面是游戏内货币。从表4中可以看出，每个虚拟世界都使用自己的货币来表示虚拟道具、活动或服务的成本。赚取虚拟货币并用其进行投资是游戏玩法的核心，充分彰显了消费主义的精神内核。每一项消费实践（购买虚拟物品、食物、衣服、家具、道具和其他工具或设施）都是围绕支出虚拟货币展开的。

表4　七个在线虚拟世界和虚拟消费

在线虚拟世界	虚拟消费形式
Bella Sara	货币：马蹄铁 购物地点：集市 课金方式：附带密码的"Bella Sara"集换卡 权限：初始免费
Club Penguin （改写后名称）	货币：硬币 购物地点：购物区/各类商店 权限：初始免费，支付订阅费加入会员
Neopets	货币：Neopoints 积分 购物地点：Neopets 大市场、Neopets 集市、维修厂 课金方式：附带密码的"Neopet"集换卡 权限：支付订阅费获得 Neopets Premium 服务
Moshi Monsters	货币：硬币/Rox 购物地点：非会员商店，会员商店 课金方式：附带密码的"Moshi Monsters"集换卡（"彩蛋大搜索"） 权限：初始免费，支付订阅费加入会员
SqwishLand	货币：Sqwash 购物地点：各类商店 课金方式：附带特殊密码的 Sqwishland 玩具 权限：初始免费，玩具搭售模式，支付订阅费加入会员
Webkinz	货币：KinzCash 购物地点：W-Shop 商店、Curio-Shop 商店 课金方式：附带特殊密码的 Webkinz 玩具 权限：初始免费，玩具搭售模式，支付订阅费加入会员
Whyville	货币：蛤蜊/珍珠 购物地点：购物区、维修厂 课金方式：用真钱购买珍珠 权限：初始免费，付费订阅类服务

　　在所有虚拟活动中，儿童都必须明白其行为对应的货币价值。两个虚拟世界（《Webkinz》和《SqwishLand》）就采用了玩具搭售模式，让线下购买毛绒玩具的玩家在虚拟世界中获得其对应的虚拟版本。例如，每个线下购买的 Webkinz 毛绒玩具都附送一行特殊密码。使用密码进行注册的用户默认可以访问在线虚拟环境中的附加功能和区域。而不用密码创建免费账户的用户则只能访问 Webkinz 世界的有限区域。此外，还有三个虚拟世界是需要用户购买实体交易卡的。每张卡都带有一行特殊

密码，输入密码后可以激活游戏内权益或增加玩家持有的虚拟物种数量。除搭售模式外，用户初次进入七个在线虚拟世界时都是免费的，但在付费订阅后，有些虚拟世界会提供高级会员资格，给予用户访问游戏内各类设施的排他性"特权"。

每个在线虚拟世界都将课金（micro-transaction，又译"微交易"）作为其盈利模式的一部分。课金的目的是鼓励儿童玩家自掏腰包获得额外内容，并通过升级其化身/宠物或获得特殊道具来改善游戏体验。虽然课金操作经常受到批判（Grimes，2015a），但双方（儿童和在线虚拟世界）都可以从中受益。由于本研究强调的是年轻用户和虚拟世界公司之间的互惠关系，课金操作可以更好地将二者串联在一起。一方面，付费用户可以通过解锁额外功能和独特元素而获得附加值并提升游戏体验。另一方面，课金可以极大增加虚拟世界公司的利润。从这个意义上说，在线虚拟世界的盈利能力取决于拥有付费意愿的人群规模。用户在解锁和扩展游戏玩法上投入的金钱越多，游戏公司的营收就越高。因此，课金将现实世界的资本主义市场系统整合到了以儿童为受众的虚拟经济中。

上文解释了几种将游戏玩法与真钱购买联系起来的方法。然而，参与游戏内消费的方式也多种多样。例如，在七个虚拟世界中，可以通过购物轻松获得新道具。每个虚拟世界都包含一个由商店、服务行业、目录和多种消费设施构成的复杂商业系统。儿童可以自由选择各类虚拟物品和道具。选择化身、宠物、配饰、服装、食物、物品、家具和其他工具是做出购买决策的背景。在七个虚拟世界中，购买上述项目是游戏玩法的必要组成部分，服务不同的目的：例如，养育和训练虚拟宠物/物种，给化身/宠物/物种穿衣，布置和装饰自己的家，访问特殊的游戏区域，参加社交活动（如聚会、赠礼）。和现实世界类似，每个虚拟消费实践的概念化都是通过虚拟货币计算的成本和收益实现的。更重要的是，受希望在虚拟世界中取得进展愿望的驱使，儿童通常也有动力去购买所有这些项目。因此，对儿童用户和在线虚拟世界内消费市场间的这种互惠关系可以进行以下解释：儿童用户经常返回虚拟世界网站的目的是进行消费，并借此提升自己的玩家地位。

此外，四个虚拟世界邀请儿童参与集换类游戏。收集物品大多为虚拟物种或集换卡片，也可能会激励大量儿童用户不断返回游戏网站。

尽管本文列举的虚拟商品采用弹性供应，但许多只是限时特供。例如，圣诞树或万圣节南瓜等季节性物品只能在一年中的特定时间购买。由于供应有限，这些"稀有"物品具有特殊性，可能吸引大量用户购买。除此之外，有些线虚拟世界（如《Club Penguin》《Neopets》《Webkinz》或《Whyville》）还会使用一种针对儿童的消费语言来影响其消费行为。"疯狂的一天，疯狂的交易！"（《Club Penguin》），"参加'三倍周末'活动，赢取三倍蛤蜊奖励"（《Whyville》），"半价日！店内商品全部半价！哇——不要再犹豫了！"（《Neopets》），"'赛博星期四大促销'——精选房间主题五折优惠"（《Webkinz》）——上述口号是为了引导儿童参加优惠活动。

总而言之，研究结果表明，在线虚拟世界以不同的方式维持了对虚拟消费文化的承诺。创建身份、定制虚拟住所或照看宠物等方面都被转化为经济语言。从这个意义上说，七个虚拟世界均涉及虚拟商品的获取和扩散，融入了强烈的消费主义精神。因此，消费代表的绝不仅仅是个人购买决策。通过消费，儿童积极融入了一种获取和消费的虚拟文化。更为重要的是，通过消费，儿童与线上虚拟世界的资本主义消费逻辑之间建立了动态的差异化联系。

7. 结论

通过对七个在线虚拟世界的选择性阐述，本研究尝试阐明儿童对数字市场的参与方式，并揭示"支配"游戏玩法的复杂社会和经济动态。本文最后一部分将总结研究七个案例后的主要发现，并以对（虚拟）市场和新"数字儿童"亚文化之间关系的讨论作为全篇收尾。

对七个在线虚拟世界进行内容分析的结果揭示了儿童通过生产、分配和消费与数字市场之间建立的关系。从个人主义角度叠加市场文化理论来看（Arnould and Thompson，2005），虚拟环境为研究不断涌现的在线社区提供了机会。若涉及儿童，社会性、归属感、游戏和经济素养等话题似乎特别容易激发人们的兴趣。本文特别关注影响虚拟世界运营公司实践和儿童行为的经济互动与参与过程：一方面，本文突出了在线虚拟世界对儿童的爱玩天性、参与和创造能力的依赖；另一方面，本文也揭示了儿童用户（特别是6～13岁儿童）如何在一个成人主导的世界将自己从预设的经济无力地位中解放出来（Cook，2007；Zelizer，2002）。本研究最大的亮点或许是分析了一种全新的（数字）青年文化是如何围绕全球虚拟市场的风气产生和发展的。需要强调的是，这些在线虚拟世界并没有把儿童描绘成必须接受教育的不完整的"人"，而是把他们视为有知识、有创造力的"人"。这一视角支持了本研究的推论，即在线虚拟世界显然具有相当大的权力决定儿童用户的虚拟环境设定，但儿童本身也在创造这些设定的过程中发挥着重要作用。

事实上，当代"数字儿童"文化是全球（虚拟）商业不断扩张的一个领域，在这个领域中，生产、分配和消费的形式是相互关联的。随着对全球网络环境参与的持续扩展，网络一代在创造在线内容方面发挥了重要作用，并为数字虚拟世界的盈利做出了实质性贡献。儿童（尤其是6～13岁年龄段）越来越多地沉浸在虚拟消费文化中，其影响不一定如一些研究案例所声称的那样令人担忧（Grimes，2018；Dellinger-Pate and Conforti，2010；Grimes and Regan Shade，2005）。当然，经济盈亏方面的考量将进一步给儿童贴上有效利润来源的标签，而儿童的创造性"赋权"仍将继续引发争议。尽管坚信一个理念，即儿童作为不断发展进步的个体，能够积极参与某些经济活动，但在线虚拟世界也是资本主义市场体系框架内诞生的最新成果。在此类体系中，儿童用户的行为纯粹是受商业需求和经济意识形态所驱使的，这让许多家长、教育工作者和批评家们感到不安（Wasko，2010；Grimes and Regan Shade，2005）。

然而，从简单的资本主义市场战略视角进行研究是不合适的，因为当代消费文化的大环境正在发生变化（Buckingham and Tingstad，2017；Ruckenstein，2011；Ritzer and Jurgenson，2010）。事实上，在线虚拟世界的有趣特征之一是它们与儿童之间的互惠关系，而这种关系是基于用户的自由度和创造力的。在线虚拟世界更有可能甘当背景，较少干预儿童玩家对内容的生产、分配和消费。这种理念更多的是让儿童以他们希望的方式参与这个世界（与安全、游戏条款、行为准则等有关的问题除外），而不是试图控制他们。在线虚拟世界不需要命令儿童去使用虚拟设施，但如果它们真的这样做了，实际效果反而会更糟（Ritzer and Jurgenson，2010）。因此可以得出结论，虚拟世界和儿童用户之间的相互作用由协同与矛盾构成。尽管如此，这种关系还是为虚拟世界运营公司和儿童用户双方都带来了价值与好处。若是如此，我们可能还需要考虑一个问题：儿童的经济参与是否只有在符合产生经济利润的预期时才能得到充分的理解和欣赏？

总而言之，在线虚拟世界在全球数字青年文化中发挥的作用属于新兴研究领域，本文对该领域的研究做出了适度贡献。通过指出在线虚拟世界中的变量和潜在的关系机制（将儿童玩家视为生产者、分配者和消费者），本文填补了知识空白。本研究最引人注目的发现是为一种分析提供了支持，该分析指出通过对儿童认知、社会和经济能力的关注，数字虚拟世界推动了近期"产消合一"现象的发展。研究人员可以利用本研究的结果提出相关假设，并进行实证研究。

此外，本文特别提出了有关儿童在全球（数字）市场中特殊作用的额外考虑，特别是关于儿童能力和脆弱性的假设，以及儿童积极经济参与的视角。21世纪，儿童和青年日益成为全球（虚拟）市场的核心与理想目标群体。因此，童年的现代意义将越来越多地与（虚拟）经济活动交织在一起，并在（虚拟）经济活动的支持下不断发展。

本研究的发现仅仅触及了冰山的一角，还需要后续研究提供更多见解。本研究的重点是对七个在线虚拟世界（目标用户为6~13岁儿童）进行内容分析，其结果仅提供了对急需研究领域的部分见解，而全面研究则需要运用实证方法，分析线上虚拟世界儿童用户的视角、观点和经历。因此，未来研究应侧重于揭示儿童作为生产者、分配者和消费者的观念是如何被全球（数字）市场建构与强化的，以及儿童是如何以经济活动积极参与者的身份对这些观念进行体验和塑造的。

参考文献

An，S.，& Stern，S.（2011）. Mitigating the effects of advergames on children. *Journal of Advertising*，*40*（1），43-56.

Arnould，E. C.，& Thompson，C. J.（2005）. Consumer culture theory （CCT）: Twenty years of research. *Journal of Consumer Research*，*31*（4），868-882.

Belk，R. W.（2013）. Extended self in a digital world. *Journal of Consumer Research*，*40*（3），477-500.

Black，R. W.，Korobkova，K.，& Epler，A.（2013）. Barbie girls and Xtractaurs: Discourse and identity in virtual worlds for young children. *Journal of Early Childhood Literacy*，*14*（2），265-285.

Blumer, H.(1969). *Symbolic interactionism: Perspective and method.* Englewood Cliffs, NJ: Prentice-Hall.

Bryman, A.(2001). The disneyization of society. *Sociological Review,* *47*(1), 25-47.

Buckingham, D.(2007). Childhood in the age of global media. *Children's Geographies,* *5*(1), 43-54.

Buckingham, D., & Tingstad, V.(2017). Children as Consumers. In M. Keller, B. Halkier, T. A. Wilska, & M. Truninger(Eds.), *Routledge handbook of consumption*(pp. 303-313). New York: Routledge.

Campbell, C.(1987). *The romantic ethic and the spirit of modern consumerism.* London: Blackwell-IDEAS.

Cook, D.(2007). The disempowering empowerment of children's consumer "choice": Cultural discourses of the child consumer in North America. *Society and Business Review,* *2*(1), 37-52.

Cook, D. T.(2010). Commercial enculturation: Moving beyond consumer socialization. In D. Buckingham & V. Tingstad(Eds.), *Childhood and consumer culture*(pp. 63-80). London: Palgrave Macmillan.

Dellinger-Pate, C. & Conforti, R. J.(2010). Webkinz as consumerist discourse: A critical ideological analysis. In I. R. Berson & M. J. Berson (Eds.), *High tech tots: Childhood in a digital world*(pp. 249-270). Charlotte: Information Age Publishing.

Denegri-Knott, J., & Molesworth, M.(2010). Concepts and practices of digital virtual consumption. *Consumption Markets & Culture,* *13*(2), 109-132.

Ekström, K.(2006). Consumer socialization revisited. In R. W. Belk (Ed.), *Research in consumer behavior*(pp. 71-98). Oxford: Elsevier.

ENISA, European Network and Information Security Agency.(2008,

June 2019）. *Children on virtual worlds—What parents should know.* Retrieved from https：//www.enisa.europa.eu/public ations/archive/children-on-virtual-worlds/at_download/fullReport.

Featherstone，M.（2007）. *Consumer culture and postmodernism.* London：Sage.

Grimes，S. M.（2015a）. Playing by the market rules：Promotional priorities and commercialization in children's virtual worlds. *Journal of Consumer Culture*，*15*（1），110-134.

Grimes，S. M.（2015b）. Configuring the child player. *Science, Technology and Human Values*，*40*（1），126-148.

Grimes，S. M.（2018）. Penguins，hype，and MMOGs for kids：A critical reexamination of the 2008 "Boom" in children's virtual worlds development. *Games and Culture*，*13*（6），624-644.

Grimes，S. M.，& Regan Shade，L.（2005）. Neopian economics of play：children's cyberpets and online communities as immersive advertising in NeoPets.com. *International Journal of Media and Cultural Politics*，*1*（2），181-198.

Hota，M.，& Derbaix，M.（2016）. A real child in a virtual world：Exploring whether children's participation in MMORPGs transforms them into virtual retail shoppers. *International Journal of Retail & Distribution Management*，*44*（11），1132-1148.

Humphreys，A.，& Grayson，K.（2008）. The intersecting roles of consumer and producer：A critical perspective on co-production，co-creation and prosumption. *Sociology Compass*，*2*，1-18.

Jackson，L.，Gauntlett，D.，& Steemers，J.（2008，June 2019）. *Children in virtual worlds，adventure rock users and producers study.*

Retrieved from http：//www.bbc.co.uk/blogs/legacy/knowledge exchange/ westminsterone.pdf.

Jenkins, H.（2006）. *Convergence culture：Where old and new media collide*. New York：New York University Press.

Jenkins, H., Ito, M., & Boyd, D.（2016）. *Participatory culture in a networked era*. Cambridge：Polity Press.

Kafai, Y. B.（2010）. World of Whyville an introduction to tween virtual life. *Games and Culture, 5*（1）, 3-22.

Kafai, Y. B., & Fields, D. A.（2013）. *Connected play：Tweens in virtual world*. Cambridge：MIT Press.

Kafaia, Y. B., Fields, D. A., & Ellisa, E.（2019）. The ethics of play and participation in a tween virtual world：Continuity and change in cheating practices and perspectives in the Whyville community. *Cognitive Development, 49*, 33-42.

Lehdonvirta, V., Wilska, T. A., & Johnson, M.（2009）. Virtual consumerism：Case Habbo Hotel. *Information, Communication & Society, 12*（7）, 1059-1079.

Lindstrom, M., & Seybold, E.（2003）. *BrandChild*. London, Sterling VA：Kogan Press.

Mäntymäki, M., & Salo, J.（2011）. Teenagers in social virtual worlds：Continuous use and purchasing behaviour in Habbo Hotel. *Computers in Human Behavior, 27*, 2088-2097.

Mäntymäki, M., & Salo, J.（2013）. Purchasing behavior in social virtual worlds：An examination of Habbo Hotel. *International Journal of Information Management, 13*, 282-290.

Marsh, J.（2010）. Young children's play in online virtual worlds.

Journal of Early Childhood Research, *8*(1), 23-39.

Martens, L., Southerton, D., & Scott, S.(2004). Bringing children (and parents) into the sociology of consumption—Towards a theoretical and empirical agenda. *Journal of Consumer Culture*, *2*(4), 155-182.

Marx, K. (1867). *Capital: A critique of political economy.* Harmondsworth, Middlesex, UK, New York, NY: Penguin Books in Association with New Left Review.

McAlexander, J. H., Schouten, J. W., & Koenig, H. F.(2002). Building brand community. *Journal of Marketing*, *66*(1), 38-54.

Mlinar, Z. (1992). Individuation and globalization: The transformation of territorial social organization. In Z. Mlinar (Ed.), *Globalisation and territorial identities*(pp. 15-34). Aldershot: Avebury.

Montgomery, K. C.(2001). Digital kids: The new on-line children's consumer culture. In D. Singer & J. L. Singer (Eds.), *Handbook of children and media*(pp. 189-208). Thousand Oaks, CA: Sage.

Oblinger, D., & Oblinger, J. L.(2005). Is it age or iT: First steps towards understanding the net generation. In D. Oblinger & J. L. Oblinger (Eds.), *Educating the net generation*(pp. 2.1-2.20). Melbourne: Educause.

Prahalad, C. K., & Ramaswamy, V. (2004). Co-creation experiences: The next practice in value creation. *Journal of Interactive Marketing*, *18*(3), 5-14.

Ritzer, G. (1993). *The McDonaldization of society.* Thousand Oaks, CA: Pine Forge Press.

Ritzer, G., & Jurgenson, N.(2010). Production, consumption, prosumption: The nature of capitalism in the age of the digital 'prosumer'. *Journal of Consumer Culture*, *10*(1), 13-36.

Ruckenstein，M.（2011）. Children in creationist capitalism. *Information，Communication & Society，14*（7），1060-1076.

Ruckenstein，M.（2013）. Spatial extensions of childhood：From toy worlds to online communities. *Children's Geographies*. https：//doi.org/10.108 0/14733285.2013.812309.

Saldik，S. L.（2007）. *The new recruit：What your association needs to know about X，Y & Z.* Andover，MN：Expert Publishing.

Tapscott，D.（2009）. *Growing up digital：How the net generation is changing your world.* New York：McGraw-Hill.

Warde，A.（2014）. After taste：Culture，consumption and theories of practice. *Journal of Consumer Culture，14*（3），279-303.

Wasko，J.（2010）. Children's virtual worlds：The latest commercialization of children's culture. In D. Buckingham，V. Tingstad（Eds.），*Childhood and consumer culture：Studies in childhood and youth*（pp. 113-129）. London：Palgrave Macmillan.

Willett，R.（2015）. Friending someone means just adding them to your friends list，not much else' children's casual practices in virtual world games. *Convergence：The International Journal of Research into New Media Technologies*，1-17. https：//doi.org/10.1177/1354856515599513.

Wohlwend，K. E.，Vander Zanden，S.，Husbye，N. E.，& Kuby，C. R.（2011）. Navigating discourses in place in the world of Webkinz. *Journal of Early Childhood Literacy，11*（2），141-163.

Yamada-Rice，D.，Mushtaq，F.，Woodgate，A.，Bosmans，D.，Douthwaite，A.，Douthwaite，I. et al.（2017，June 2019）. *Children and virtual reality：Emerging possibilities and challenges.* Retrieved from http：//digilitey.eu/wp-content/uploads/2015/09/CVR-Final-PDF-reduced-size.pdf.

Zelizer，V. A.（2002）. Kids and commerce. *Childhood*，9(4)，275-296.

Zelizer，V. A.（2005）. *Purchase of intimacy*. Princeton，NJ：Princeton University Press.

Zelizer，V. A.（2011）. *Economic lives*：*How culture shapes the economy*. Princeton，NJ：Princeton University Press.

结语

————

    在全球化不断深化的今天，青年文化作为一个跨越国界的重要议题，展现出了丰富多彩的面貌和深远的影响。本书《全球化世界中的青年文化》汇集了来自亚洲、欧洲、北美、非洲和澳洲等地区多个国家青年研究者的智慧与见解，探讨了青年在全球化进程中的文化表达、身份认同和社会参与等话题。目前，国内类似主题的著作和译著都相对较少，所以本书的翻译出版或可对相关研究者提供有益的启发。

    对外经济贸易大学青年人文交流研究中心成立于2017年11月，得益于中外经贸和人文交流日益密切交融的发展趋势。中心成立以来，先后举办了7届国际青年人文对话大会，来自30多个国家和地区的青年与专家参与其中，我们走访了世界多个国家青年研究机构，结识了一大批志同道合的学者朋友。本书英文版主编吉拉德·纳普是奥地利克拉根夫大学教育学院教授，是我们对话大会的常驻嘉宾，正因如此学缘，他决定与我们团队联合举办全球化与青年国际论坛。2019年9月，我们在美丽的意大利北部海滨城市利尼亚诺举办了此次学术研讨，十余个国家地区的青年和学者参与，大家深入探讨和热情交流，在思想的碰撞中产生了这本关注全球化和青年文化的论文集，并于2021年由施普林格出版社出版发行。拿到这本书的第一时间，我们感觉到这对国内研究国际青年文化一定会产生积极影响，应该尽快引进版权并翻译出版，使这本书与国内读者见面。在此过程中，施普林格出版社北京办公室和纳普教授本人都给予了大量帮助，在此特致谢忱。

通过这本书的阅读与翻译，我们深刻体会到，青年文化不仅是国家和地区间交流的桥梁，更是全球文化多样性的重要组成部分。青年在面对日益复杂的全球挑战时，展现出了前所未有的创造力和勇气。他们的声音和行动，不仅塑造着当下的社会风貌，也对未来的发展方向产生着深远的影响。下一步，我们期待着更多的跨学科研究和深入探讨，以深化对青年文化在全球化语境中的理解。同时，我们也深感数字化技术的迅猛发展、可持续性发展的迫切需求以及文化交流的不断深化，将为青年文化研究带来新的挑战与机遇。

中国商务出版社周青主任、刘玉洁编辑在版权引进和编辑出版期间付出了大量精力，她们的专业指导和辛勤工作使得本书能够顺利问世，在此一并表示我们衷心的感谢！愿大家的共同努力能为全球青年文化研究贡献智慧和力量，此为吾等之志。

王宇航　潘梦阳
二〇二四年夏